本书系下列研究项目成果：

1．湖北省社科基金一般项目（后期资助项目）："基于超网络的负面口碑舆情识别与预警研究"（2021219）

2．湖北省人文社科重点研究基地大别山旅游经济与文化研究中心资助项目："面向多源异构数据的农产品口碑舆情预警机制研究——以湖北省农产品为例"（202014704）

3．黄冈师范学院中斯文化交流与经济发展研究中心资助项目："融合多源异构数据的海洋情报数据交互共享研究——以斯里兰卡为例"（202126204）

4．黄冈师范学院博士基金项目："面向多源异构数据的口碑舆情预警机制研究"（2042020023）

基于超网络的负面口碑评论信息识别与预警研究

王阳　著

武汉大学出版社

图书在版编目(CIP)数据

基于超网络的负面口碑评论信息识别与预警研究/王阳著.—武汉：武汉大学出版社,2022.11
ISBN 978-7-307-23357-7

Ⅰ.基… Ⅱ.王… Ⅲ.网络传播—研究 Ⅳ.G206.2

中国版本图书馆 CIP 数据核字(2022)第 185581 号

责任编辑：朱凌云　　责任校对：汪欣怡　　版式设计：韩闻锦

出版发行：武汉大学出版社　（430072　武昌　珞珈山）
（电子邮箱：cbs22@whu.edu.cn　网址：www.wdp.com.cn）
印刷：武汉邮科印务有限公司
开本：720×1000　1/16　印张：15.75　字数：219 千字　插页：1
版次：2022 年 11 月第 1 版　　2022 年 11 月第 1 次印刷
ISBN 978-7-307-23357-7　　定价：68.00 元

版权所有，不得翻印；凡购买我社的图书，如有质量问题，请与当地图书销售部门联系调换。

前　　言

　　互联网通讯技术的快速发展促使网络平台中越来越多的应用软件涌现，网络信息的传播方式与传播速度也因为5G时代的到来而产生飞跃转变。社交网络的迅猛膨胀将人类社会生活中的百味杂陈全部转移到网络平台，自此，无论什么样的事物都可以通过新媒体形式利用网络通讯传播扩散至世界任意角落，无论什么样的人只要拥有一部网络通讯终端设备，就可以接收到来自世界各地的各种新媒体形式信息。网络中的信息传播可以不受时空限制，网民们可以对任意热点事件进行关注、评论、转发分享，于是热门新鲜话题极易在短时间内发酵，且传播速度快、交互性强，在短时间内就可能产生较广范围的影响。网络用户们每天如同领便当一样接收着来自各行各业各种领域的网络信息。

　　本书结合当下互联网口碑评论信息传播现象的普遍性与集聚性，以及网络负面口碑评论带来的强大的负面影响力，在现有的关于网络口碑评论识别与传播研究的基础上，利用线上口碑评论信息，基于超网络理论方法构建网络负面口碑评论预警模型，旨在对网络口碑评论信息实现精准识别与挖掘，进而对负面口碑评论做出应急预警，从而使品牌口碑在网络环境中健康可持续发展。

　　本书通过对相关文献的收集整理与归纳综述，认识到当下关于网络负面口碑评论预警的研究仍有很多可深入拓展的地方，基于此本书提出如下拟继续深入研究的问题：（1）面对网络中多源庞大的媒体数据信息，如何将关于口碑主题的关键点进行精准识别并解析其传播特点、作用？(2)在负面口碑评论的显著影响效应下探究其究竟通过哪些因素如何对潜在网络消费者产生影响？影响因素间联动作用是怎样的？是否受到调节变量的调节效应？(3)网络口碑评论的传播演化规律是怎样的？如何对演化规律进行精准提炼演绎进而为及时有效管控负面口碑评论提供科学依据？(4)负面口碑评论下不同类型商家反馈策略对潜在消费者的信任和购买意愿的正向影响机理是怎样的？怎样的反馈策略效果较为显著？(5)负面口碑评论下商家反馈的归因解释方式对潜在消费者信任的修复作用是怎样的？(6)如何划分网络负面口碑评论的危机等级进而构建负面口碑评论预警模型以实现对网络负面口碑评论的有效监测？围绕以上几个问题本书构建了整体研究框架并分别从以下几部分具体展开。

第一，基于超网络的负面口碑评论关键点识别的研究。本部分研究以超网络模型为理论基础，依据超网络各层子网划分的方法对口碑评论传播网络进行子网划分解析，并在各个子网进行建模，应用神经网络分析方法挖掘口碑评论传播各个子层中的关键节点，并对关键节点的特征、作用、情感进行分析，最终对口碑评论的发展转变有精准明晰的认识，为后续口碑评论的监测提供理论依据。

第二，负面口碑评论信息的负面影响机理研究。本章节分析了负面口碑评论不同于正面口碑评论的特点，对负面口碑评论的影响因素进行了归纳，利用 ELM 模型理论对影响因素的作用路径进行分析，对比研究其对潜在消费者购买意愿的作用，最后探讨了消费者动机性调节变量是否对负面影响因素的作用路径有调节效应，并对假设检验结果进行讨论总结。

第三，基于超网络的口碑评论主题演化方法研究。本章节对口碑评论动态主题演化的过程进行了深入分析，归纳了口碑评论主题发展演化的规律特征，对负面口碑评论的管控与治理提供了可行性科学依据。通过对口碑评论涉及的各类要素进行主题演化分析，针对口碑评论主题发现超网络模型的时序子网变化属性，进而构建拓扑指标，基于超边数量和消退变化机理分析网络口碑评论主题演化规律。

第四，比较负面口碑评论下不同类型商家反馈策略和反馈组合策略对潜在消费者信任和购买意愿的正向影响作用。基于社会交换理论，首先探讨不同类型反馈策略对信任的不同维度的修复效果差异对比，通过T检验验证出道歉+解释比单独的道歉对潜在消费者信任和购买意愿的正向作用有显著增强，而不同类别商品下的评论不会对反馈策略的补救效果产生调节作用，信任在反馈策略与购买意愿间具有完全中介作用。

第五，探讨负面口碑评论下商家反馈解释策略中归因方式对潜在消费者的信任修复作用。基于归因理论，依据因果归因和属性归因对商家反馈归因解释不同方式进行了细化研究，通过对操控目标的设定检验不同归因方式的修复效果，结果表明：商家反馈归因中，对负面评论的外部归因比内部归因使潜在消费者信任受损小；内部归因中，不可控性归因比可控性归因使消费者信任受损小，不稳定性归因比稳定性归因使消费者信任受损小。

第六，基于评论挖掘的网络负面口碑评论预警模型构建研究。本章节利用对评论数据的挖掘与情感模糊计算方法来测量负面口碑评论危机程度并进行预警控制。对照构建的情感隶属推理词典对评论中匹配的情感词的隶属度进行计算，利用计算出的情感强度模糊性数值，运用模糊评判方法以及顾客满意度四象限分类图对负面口碑评论危机预警进行计算分类，最后利用平台数据对预警模型的监测评估效果进行评价。

以上六部分对网络负面口碑评论的精准识别与有效预警方面相关理论研究做出了积极补充与拓展。获得的研究结论为商家及时管控网络负面口碑评论并采取有效预警措施提供了科学依据。本书的研究意义主要体现在理论与实践两部分。

本书的理论研究意义：①通过对网络负面口碑评论识别方法的探究丰富完善了网络口碑评论挖掘与识别理论体系；②通过对负面口碑评论的负面影响机理分析为负面口碑评论的负面影响效应研究拓展了新的研究思路；③通过对基于超网络的口碑评论主题演化方法的研究，开拓了口碑评论演化规律演绎的新视角，并对超网络理论的应用研究进行了拓展深入；④通过对不同类型反馈策略对信任的不同维度修复效果的对比分析，细化了反馈策略相关理论研究；⑤通过对负面口碑评论下商家反馈解释策略中归因方式对潜在消费者信任修复作用的研究，对反馈策略与信任的相关理论研究做了有益拓展；⑥通过对基于评论挖掘的网络负面口碑评论预警模型构建的研究，为负面口碑评论预警问题的研究提供了文本情感挖掘模糊评判新方法。

  本书的实践研究意义：①有效地实现了网络负面口碑评论的监测与预警。口碑评论的监测与预警有助于商家及时地了解网络潜在消费者对产品的感知与信任程度，为未来产品的改善与进步提供参考依据，同时也是对社交网络健康持续发展的有力保障。②为商家精准识别负面口碑评论提供可能性。超网络模型方法提供了将复杂互联网细分不同层次子网的方法，对如何准确挖掘与识别网络负面口碑评论提供了可能性。③提升了网络负面口碑评论的预控能力。在掌握负面口碑评论关键点识别的同时对口碑评论动态发展的规律进行分析，进而对未来口碑评论的发展方向及发展势头有所掌握。④为学者们后续在反馈补救策略方面的深入研究提供了参考，并为线上商家提供了具有针对性和理论依据的策略与建议。⑤为商家如何创建良好口碑以提升知名度提供建议，对如何减弱网络负面口碑评论并促进正面口碑评论的传播有积极作用。

目 录

1 绪论 …………………………………………………………………… 1
  1.1 研究背景与选题意义 ……………………………………………… 1
  1.2 研究内容与研究方法 ……………………………………………… 9
  1.3 研究技术路线 ……………………………………………………… 13
  1.4 研究的主要创新点 ………………………………………………… 14

2 相关文献述评 ………………………………………………………… 17
  2.1 多源数据融合相关研究 …………………………………………… 17
  2.2 品牌负面口碑评论产生与传播相关研究 ………………………… 20
  2.3 负面口碑评论信息相关研究 ……………………………………… 25
  2.4 负面口碑评论影响效应相关研究 ………………………………… 28
  2.5 商家反馈相关研究 ………………………………………………… 33
  2.6 在线商品分类相关研究 …………………………………………… 36
  2.7 负面口碑评论监测相关研究 ……………………………………… 38

3 相关概念与理论基础 ………………………………………………… 41
  3.1 超网络理论 ………………………………………………………… 41
  3.2 网络口碑评论组织模式及方法 …………………………………… 47
  3.3 网络口碑评论传播要素分析 ……………………………………… 55
  3.4 网络口碑评论消极影响机理 ……………………………………… 62

  3.5 网络口碑评论演化机理 ································ 66
  3.6 消费者信任 ······································ 72

4 基于超网络的负面口碑评论关键点识别 ····················· 80
  4.1 微博负面口碑评论关键点挖掘 ························ 81
  4.2 微博负面口碑评论信息超网络构建 ···················· 83
  4.3 网络负面口碑评论子网络量化 ························ 84
  4.4 网络负面口碑评论关键节点挖掘 ······················ 85
  4.5 本章小结 ·· 88

5 负面口碑评论信息的负面影响机理 ························ 89
  5.1 假设提出与模型构建 ······························ 90
  5.2 研究方法 ·· 94
  5.3 数据分析与假设检验 ······························ 100
  5.4 研究结论 ·· 108
  5.5 本章小结 ·· 109

6 基于超网络的网络口碑评论主题演化方法 ··················· 111
  6.1 静态主题分析 ···································· 111
  6.2 动态主题发展演化分析 ····························· 119
  6.3 本章小结 ·· 122

7 负面口碑评论反馈对潜在消费者正向修复作用 ··············· 124
  7.1 研究模型与假设 ·································· 126
  7.2 研究设计 ·· 132
  7.3 因变量的测量 ···································· 135
  7.4 被试与程序 ······································ 135
  7.5 数据分析与假设检验 ······························ 136

7.6 结论与讨论 …… 145
7.7 本章小结 …… 147

8 负面口碑评论反馈解释的信任修复作用
——基于归因理论探讨 …… 149
8.1 研究模型与假设 …… 151
8.2 研究方法 …… 154
8.3 数据分析与假设检验 …… 161
8.4 评论与反馈信息爬取与论证 …… 168
8.5 本章研究结论 …… 182
8.6 本章小结 …… 183

9 基于评论挖掘的网络负面口碑评论预警模型构建 …… 185
9.1 基于评论挖掘的网络负面口碑评论预警问题的提出 …… 185
9.2 网络负面口碑评论预警模糊推理设计 …… 186
9.3 数据实证检验及分析 …… 193
9.4 本章小结 …… 197

10 研究结论与展望 …… 198
10.1 研究结论 …… 198
10.2 研究局限与展望 …… 204

参考文献 …… 206

附录 …… 229
附录1 研究内容二的调查问卷 …… 229
附录2 八爪鱼采集器爬取评论与商家反馈结果示例
（归置 Excel 表） …… 234

附录 3　研究内容四的调查问卷 …………………………………… 236

附录 4　研究内容五的调查问卷 …………………………………… 239

附录 5　研究内容五的评论采集数据分析代码 …………………… 242

1 绪 论

1.1 研究背景与选题意义

1.1.1 研究背景

1.1.1.1 多源信息融合的必要性

随着互联网信息技术的快速发展，5G时代势如破竹，网络平台中网民的发言与评论每天以指数级态势增长，形成了网络口碑评论的迅速传播效应，郭宇等(2017)提出电商平台潜在消费者越来越倾向于参照在线评论数据形成的网络口碑信息，做出购买行为；网络社交平台的网民们越来越倾向于在社交网站就话题或事件进行评论或转发；网络中上传的微视频也会因奇异性或惊险性在各类网站平台中传播扩散。张艳丰等(2016)验证出网络口碑评论信息传播的易存性、自由性和广泛性能够放大企业的品牌营销效果，但同时也增加了曝光企业产品缺陷的风险。

与大众传媒时代由企业主导的、垂直方式、单向传播的广告相比，社交媒体时代由消费者发布、水平方式、多向扩散的在线口碑，更能集中体现消费者群体对产品和服务的了解、体验，逐渐成为消费者信息获取的主要方式之一，对消费者的购买决策和企业的经营产生巨大影响。

贺凯彬等(2016)举例网民看电影会提前浏览该电影的相关影评,买书会看当当亚马逊排行榜,网购会参考"买家秀"。由此可见,网络口碑评论已经成为网民们做出行为决策的重要依据。

据此,学者们分别从网络口碑评论的重要性与负面评论信息传播的危险性作了深入研究,例如,Jonah(2014)在对口碑评论扩散初期——口碑评论产生阶段的分析中得出,企业有效地进行负面口碑评论信息监测,识别负面口碑评论"爆点",防止由负面口碑评论引发网络口碑危机至关重要。面对网络信息技术的迅猛发展,网络数据载体形势的多样性,全面精确掌握来自多种数据源中的负面评论源数据,并根据负面口碑评论传播的趋势与规律精准地预测出负面口碑评论危机的爆发点与威慑力,是对负面口碑评论信息进行监控和预警的前提。随着网络信息技术的发展,口碑评论发生与发展的条件特征也随之变化,我们对口碑评论危机的监控不再是简单地根据网民情绪加以判断,而是侧重分析相互关联的人物之间的情绪传递。大数据一方面加大了网络负面口碑评论信息管理的难度,另一方面也为网络负面口碑评论危机的治理带来了新的机遇。卿立新(2014)认为,借助大数据分析,可以更加全面地掌握网络负面口碑评论的运行规律及其与现实社会的相互影响,更加精准地把握网民情绪,预判发展趋势。

当下数据融合的关键点是融合异构信息网络,我们需要更深层次的融合方法将多源信息融合。常志朋等(2017)认为信息的多源往往导致数据的异构性,并且来源不同的数据会出现信息重叠和交叉等情况,使评价指标之间存在一定交互性,进而导致评价失真。于亚秀等(2017)提出地理位置、平台架构和数据结构方面的不一致使得数据在各自系统内部形成自治的"信息孤岛"。谢卫红等(2019)针对负面口碑评论危机监控局限于单一的数据类型,只基于文本而没有考虑事件和用户的差异化特点和动态变化情况,从技术、管理和应用等三个角度提出了网络负面口碑评论监控算法的优化改进建议。

基于以上分析,本书认为,负面口碑评论信息源涉及多种类、异构、不完备等多个方面问题，如何将负面口碑评论危机涉及的来自多种信息源、异构、不完备的信息通过时序性关联分析与主题抽取进行综合与集成，生成完整、准确，对负面口碑评论预测及时有价值的信息，对准确把握负面口碑评论危机的特征并挖掘识别出负面口碑评论关键点具有重要意义。

1.1.1.2 网络负面口碑评论信息传播的显著效应

华为等品牌形象的树立不仅具有经济价值，同时也展示了品牌的社会性、民族性、世界性。因此对于品牌口碑树立来说，数据源选择上不仅要考虑网络经营层面口碑传播效应，同时也要考虑国家社会层面口碑传播效应。如何利用品牌口碑评论信息传播效应扩大产品优势，提升品牌形象并有效控制负面口碑评论信息的传播与扩散，不仅是学术界深入研究的热点问题，也是企业商家亟待解决的现实经营问题。网络口碑评论传播造成的社会舆论效应极大地影响着在线市场决策方向，使得网络口碑评论信息监测变得愈发重要。网络负面口碑评论危机特点的提炼、发展规律的掌握以及驱动因素的识别是对品牌口碑评论发展趋势准确预测的基础。

网络口碑评论传播的动机即消费者发表相关消费品的评论信息的动机。从社会心理学的角度，Cheung 等(2012)指出消费者传播网络口碑评论的动机包括自我主义、利他主义、集体主义、自我效能和道德义务5个方面。李吉等(2019)认为网络口碑评论融合了大众传播与人际传播特征，通过计算机、新媒体等平台形成一种散步型网状传播结构，信息覆盖面更为广泛。Deng 等(2018)验证出口碑评论传播过程中包括口碑评论传播者、口碑评论接受者、传播渠道与信息载体，这四个要素对口碑评论传播效应有重要影响。

现有的研究从网络口碑评论传播的动机，口碑评论传播的散步型特点，口碑评论传播的效应等方面对网络口碑评论传播进行了深入分析，并分别通过构建模型与实证研究进行了检验，但在品牌网络负面口碑评论的发展特点、发展规律以及驱动因素等方面较少给予深入关注。

1.1.1.3 商家反馈对负面口碑评论的积极作用

现有的大量相关研究证实，商家反馈对线上产品负面口碑评论具有及时的补救效用，例如：Siomkos 和 Kurzbard（1994）检验了产品负面事件发生后商家信誉、外部反应和商家对负面事件反馈的努力程度对消费者之于产品负面风险型感知和将来购买该商家其他产品的意愿有显著影响。

然而，是否只要商家对负面口碑评论提供了反馈，就一定能够获得积极的成效呢？学者 Smith 和 Bolton（1999）指出，虽然优良的服务补救可以改善消费者的满意度和增加消费者的惠顾意愿，但如果服务补救措施使用不当则可能会给商家带来道德风险或其他成本。所以我们认为，负面口碑评论下合理的回复会减轻潜在消费者的感知风险，减弱负面评论的说服力，使潜在消费者维持原有的购买决策，从而增强商品销量。而且，不同类别的负面口碑评论对消费者会产生不同程度的影响，例如，涉及商家诚信问题的负面口碑评论会使消费者对商家正直程度产生怀疑；涉及商家产品质量问题的负面口碑评论会使消费者对商家服务能力产生怀疑。由此，我们应针对不同类别负面口碑评论的不同负面影响采取有效的反馈方式来修复其导致的潜在消费者对商家信任的损害。

1.1.1.4 商家反馈归因是信任修复的关键

已有关于信任修复的研究，学者们大多偏向于从公平理论视角进行，他们认为感知公平会影响信任的动态变化，在线商品的负面评论背后，无论卖家是否有过错，潜在消费者的立场始终在评论发布者即经验消费者一方，商家是否采取补救措施，让潜在消费者心理恢复平衡，并产生感知公平，是信任修复的关键。而关于商家反馈的研究大多基于传统的服务补救理论并对其进行延展，重点强调对经验消费者的补救，例如，学者杨学成等（2009）基于对服务业专家和消费者的访谈，将补救措施归纳为三个维度：物质补偿、精神补偿、响应速度。学者李宏（2011）通过对国内电子商务网站中大量商家回复的整理和分析，将商家对在线负面口碑评论的反馈归纳为三种类型：道歉、归因、物质补偿。以上研究强调从补救措施方面弥补失败经验消费者信任，认为感知公平是影响潜在消费者信任变化的关键，而忽略了线上情境特征。商家反馈线上形式特点与传统补救措施的区别的研究相对欠缺。在线商家反馈更多地是传递给潜在消费者信息，内容上采取怎样的解释方式对潜在消费者而言更容易吸取，商家反馈中失败交易的归因对潜在消费者的信任修复具有更重要的影响。我们认为，对于潜在消费者，商家反馈策略中除传统补救措施例如道歉、赔偿使潜在消费者心理平衡并产生感知公平外，商家反馈对失败交易的归因对潜在消费者信任修复更重要，潜在消费者更重视商家对失败交易的归因解释，以消除心中的疑惑，并促进购买行为。潜在消费者对失败交易产生原因的归因会影响其行为倾向（购买、增强或减弱购买意愿），因此，面对线上产品下的负面口碑评论引发的潜在消费者信任受损，商家反馈对归因策略的选择会影响到最终的信任修复效果。

现有的研究中，许多学者指出归因理论尤其适合信任修复相关理论研究（Tomlinson & Mayer，2009），商家归因偏见、对失败交易的责任归属、稳定性的判断等都会对潜在消费者信任修复产生影响（Kim P H, et al.，2004，2006）。基于以上讨论，本书对反馈解释方式的探讨将借助归因理论，探讨因果归因与属性归因对潜在消费者信任修复的差异作用。

1.1.1.5 负面口碑评论信息识别与预警的重要性

现有的研究较多集中在对网络负面口碑评论信息的监控上，但对负面口碑评论危机研判的剖析与挖掘仍不够深入。我们在关注负面口碑危机并实施管理的同时，忽略了中性的或正面口碑评论信息的深度挖掘，而中性或正面口碑评论信息背后往往体现的是社会普遍需求。而且，负面口碑评论缺乏相关人群感情偏好即结合社会行动的深度研究。此外，无论是经典算法、拓展算法、情感倾向分析算法、综合智能监控算法还是负面口碑评论发展预测算法，几乎都是以文本为研究对象，甚少有关于音频、视频和图片的监控算法，然而现实中往往是文本、图片，甚至音频和视频同时存在，谢卫红等（2019）认为仅仅是针对文本进行监控，很可能达不到预期的监控效果。

预测算法从网络口碑评论发展的统计规律和用户的网络关系、行为特征等客观因素出发，对网络口碑评论发展进行预测，虽然取得一定成果，但由于没有考虑到正负面口碑评论不同的发展趋势可能有较大差别以及用户情感态度等主观因素，导致预测达不到预期效果。

因为网络负面口碑评论信息的产生与传播速度迅猛，覆盖面广，负面口碑评论危机发展呈现不同特点，所以精准识别负面口碑评论信息传播的驱动因素，根据口碑评论传播规律及时控制负面口碑评论危机发展尤为重要，因此本书在识别负面口碑评论信息关键点的基础上对负面口碑评论发展的规律进行分析，进而为预警机制的构建提供决策依据。

对于新用户，基于统计学的监控算法束手无策，基于机器学习的监控算法效果甚微，所以对于新用户比例较高的平台，情感倾向监控算法和预测算法的效果都不太理想。现有的研究多将负面口碑评论信息客体作为研究对象，并未深入研究用户的内心世界和变化情况，仅以用户的过去行为和情感作为判断依据，没有及时更新变化信息，可能导致误判，进而影响网络负面口碑评论监控效果。只有实现了负面口碑评论的有效监测，我们才能提升对负面口碑评论危机的预警与响应能力，进而建立出有效的负面口碑评论预警管理机制。

1.1.2 选题意义

本书从负面口碑评论危机预测的角度分析如何将多源信息进行综合与分析并识别口碑评论危机发生的特征及驱动因素，进而依据负面口碑评论传播与发展的规律构建负面口碑评论危机预测机制。本研究为商家把握品牌负面口碑评论动态提供了参考依据，为负面口碑评论监测评估提供了决策方案；超图/超网络的建模思想，促进网络口碑整体与负面事件结点融合方法的优势互补；对负面口碑评论发展规律、产生原因、形成机理的深入研究有助于负面口碑评论信息的监控算法更精准；负面口碑评论发展的网络动态捕捉及时预判了用户在平台上的情感倾向和言行变化，从而有助于对网络负面口碑评论危机做出更精确的判断和预测。

(1)本书的理论意义

①完善了负面口碑评论信息挖掘与识别理论体系

互联网通讯技术的快速发展以及网络环境的日益复杂性，使得网络传播的速度与广度日渐增大。网络负面口碑评论的产生与传播也愈加迅速，负面口碑的产生对于企业商家来说无疑是口碑的巨大打击，其负面影响效应显著。为了及时识别负面口碑评论并进行有效控制，本书探究了基于超网络理论的负面口碑评论信息识别方法，旨在于负面口碑评论传播的不同阶段对具有不同特征的主题关键点进行精准挖掘与识别，为后续对负面口碑评论危机进行有效的控制提供监测依据。负面口碑评论危机的产生与形成来源于不同类型的多源数据，因此如何将多源异构的数据进行有效融合并精准提炼出负面爆发点是本书研究的第一重点。总的来说，从多源异构数据中精准地识别出负面口碑评论爆发点，是对负面口碑评论数据挖掘与识别理论方法体系的研究的丰富和拓展，也为后续负面口碑评论危机的监测提供了可行性理论依据。

②丰富了负面口碑评论作用于消费者的影响机理

本书在探究负面口碑评论对潜在消费者影响机理的过程中对负面口碑评论从外围情境感知与核心认知加工两条路径分别探讨影响作用机理，并对各个影响因素进行了深入分析。在现有的关于评论情感挖掘的研究的基础上为负面口碑评论负向情感倾向的挖掘提供了新的切入点，为负面口碑评论理论研究拓展了新的思路。

③拓展了负面口碑评论演化规律的演绎新视角

本书在对负面口碑评论发展演化规律进行分析时基于超网络理论模型，将产品负面口碑评论可能产生的论坛、微博、门户等类型网站结构利用超网络理论分离出多层子网，进而从不同层子网分析关键节点及节点间超边关系，再将不同层次进行对应相辅链接，将负面口碑评论演绎的复杂网络分层简单化，并一静一动地演绎主题发展演化时序属性特征，对负面口碑评论演化规律从新视角进行了归纳总结。同时也对超网络理论的应用进行了拓展和丰富，使得超网络理论应用更广，对复杂网络的描述解析更形象生动。

④为负面口碑评论预警问题研究开辟了新的视角

在负面口碑评论预警问题研究中，多数研究者青睐于应用评论数据挖掘的方法，通过对评论文本的分析，获得负面口碑评论危机评判的依据，分析评论文本情感时方法单一。本书在挖掘评论文本时，从评论情感倾向出发，对应至情感词典，从以往的评分转变到现在的真实文本，监测评估口碑评论文本，计算其情感强度并进行模糊推理，为负面口碑评论预警问题的研究开辟了文本情感挖掘模糊评判新方法。

(2)本书的实践意义

①有效地实现网络负面口碑评论的监测与预警

对网络负面口碑评论爆发关键点的精准识别，有助于了解口碑评论网络中各类节点的特征。对平台中各类用户进行准确地描述与识别，并根据关键节点间的网络关系对口碑评论未来发展演化方向进行预测，有助于企业商家对负面口碑评论实施有效监测与管控，及时遏制负面口碑评论朝更恶劣方向发展。负面口碑评论的监测与预警有助于商家及时地了解网络潜在消费者对产品的感知与信任程度，为未来产品的改善与进步提供参考依据，同时也是社交网络健康持续发展的有力保障。

②为商家精准识别负面口碑评论危机提供可能性

互联网的快速发展促使网络结构日趋复杂化，网络中的用户与用户间互联关系也因网络结构的复杂化而变化难测，互联网的社会化使得其越来越像社会环境一样错综复杂，因此对网络用户间关系的识别与评估的重要前提是对互联网络的结构进行精准解析衡量。而超网络模型方法正好提供了将复杂互联网细分为不同层次子网的方法，对如何准确挖掘与识别网络负面口碑评论信息提供了可能性。

③提升了网络负面口碑评论的预控能力

本书对网络负面口碑评论爆发点识别的方法进行探究，利用构建超网络模型的方法对负面口碑评论子网的关键点进行识别与挖掘，对负面口碑评论主题的演化通过静态网络模型和动态网络模型分别设计不同层次子网的拓扑指标，进而利用指标对负面口碑评论信息的主题演化进行演绎。在掌握口碑评论关键点识别的同时对负面口碑评论动态发展演绎的规律进行分析，进而对未来口碑评论的发展方向及趋势有所掌握。综上所述，本书的实践意义就包括提升了网络负面口碑评论的预控能力。

④为商家如何创建良好口碑以提升知名度提供建议

网络口碑评论作为潜在消费者线上网购商品、服务的重要参考依据，对产品销量具有重要影响。经验消费者通过在商务平台发布购物体验的文本、音视频，分享线上购物的体验，潜在消费者通过浏览商品评论获取口碑评论信息进而做出购买决策。本书从经验消费者发布的商品评论信息出发，通过监测评论信息的情感倾向进而识别出负面口碑评论信息并进行预警，因此本书对如何减弱消费者负面感知并促进正面口碑评论的传播有积极作用。

1.2 研究内容与研究方法

1.2.1 研究内容

本书结合当下互联网口碑评论传播现象的普遍性与集聚性，以及网络负面口碑评论带来的强大的负面影响力，在现有的关于网络负面口碑评论信息识别与传播研究的基础上，以网络负面口碑评论传播预警为基点，从网络负面口碑评论信息的识别方法、影响机理、主题演化特征、商家反馈的积极作用、商家反馈解释归因的修复作用、口碑评论危机有效预警等几个方面进行了深入探究，并通过抓取网络平台评论等相关数据信息对提出的方法、模型进行了实证检验，最终提出如何准确评估网络负面口碑评论危机等级并进行有效预警的对策。

本书的主要研究内容通过以下分章节进行表述：

第1章，绪论。本章节针对当下网络负面口碑评论的研究背景进行了阐述，并提出现有的研究在哪些方面存在不足，对负面口碑评论发展变化模式的研究存在哪些短板，进而提出本研究的主要研究问题，并对问题进行了简要概述，提出了本研究的创新点。

第2章，相关文献述评。本章节从多源数据融合识别方法、口碑评论形成与传播的特征等方面对现有的国内外最新研究进行了文献述评，进而为后续章节的开展做铺垫。

第3章，相关概念与理论基础。本章节对研究所涉及的理论概念及相关方法进行了阐述，包括超网络理论概念与方法、口碑评论组织模式与方法、网络口碑评论传播要素、负面口碑评论消极影响机理、网络负面口碑评论危机演化机理、消费者信任等方面。在阐述研究方法最新发展现状的同时对如何应用于本研究实现问题的验证做了说明。

第4章，基于超网络的负面口碑评论关键点识别。本章节以超网络模型为理论基础，依据超网络各层子网划分的方法对口碑评论传播网络进行子网划分解析，并在各个子网进行建模，应用神经网络分析方法挖掘口碑评论传播各个子层中的关键节点，并对关键节点的特征、作用、情感进行分析，最终对网络口碑评论的发展转变有精准明晰的认识，为后续网络口碑评论的监测提供理论依据。

第5章，负面口碑评论信息的负面影响机理。本章节分析了负面口碑评论不同于正面口碑评论的特点，并对负面口碑评论的影响因素进行了归纳，利用 ELM 模型理论对影响因素的作用路径进行了分析，并对比研究了其对潜在消费者购买意愿的作用，探讨了消费者动机性调节变量是否对负面影响因素的作用路径有调节效应，最后对假设检验结果进行了讨论总结。

第 6 章，基于超网络的网络口碑评论主题演化规律。本章节对口碑评论动态主题演化的过程进行了深入分析，归纳演绎了口碑评论主题发展演化的规律特征，对网络负面口碑评论的管控与治理提供了可行性科学依据。通过对负面口碑评论涉及的各类要素进行主题演化分析，针对负面口碑评论主题发现超网络模型的时序子网变化属性，进而构建拓扑指标，基于超边数量和消退变化机理分析网络负面口碑评论主题演化规律。

第 7 章，负面口碑评论反馈对潜在消费者正向修复作用。通过对在线商家反馈的内容分类得出三种不同反馈策略与两种反馈组合策略，利用对潜在消费者信任的探讨比较三种反馈策略对潜在消费者信任不同维度的影响差异性；两种反馈组合策略对潜在消费者信任和购买意愿的正向影响作用。并探讨商品类型在该影响过程中是否具有调节作用，信任在反馈策略与购买意愿间是否具有完全中介作用。

第 8 章，负面口碑评论反馈解释的信任修复作用。经过相关文献述评，我们得出商家反馈解释归因方式对于潜在消费者的信任修复起到关键作用，归因理论将归因分为两个环节：因果归因和属性归因。依据归因理论提出反馈解释的三个假设：外部归因比内部归因好；不可控性归因比可控性归因好；不稳定性归因比稳定性归因好。利用问卷调查实证方法与数据爬取和分析方法对假设进行验证，以此为在线商家解释方式的选择提供指导性建议。

第 9 章，基于评论挖掘的网络负面口碑评论预警模型构建。本章节利用对评论数据的挖掘与情感模糊计算方法来测量负面口碑评论危机程度并进行预警控制。对照构建的情感隶属推理词典对评论中匹配的情感词的隶属度进行计算，利用计算出的情感强度模糊性数值，运用模糊评判方法以及顾客满意度四象限分类图对负面口碑评论危机预警进行计算分类，最后利用平台数据对预警模型的监测评估效果进行评价。

第10章，研究结论与展望。本章节对全书各个章节的讨论分析进行了梳理，对最终的结论进行了汇总综述，同时，还对研究过程中方法、样本的选取存在的不足进行了阐述，对下一步研究进展的方向进行了探讨构思。

1.2.2 研究方法

根据本书的研究思路与上述研究内容，为了实现研究目的，本书主要采用以下几种研究方法。

（1）文献分析法。围绕本书的研究主题收集相关文献与资料，并对文献进行筛选、阅读、整理，从不同的研究角度出发对相关的文献进行罗列综述，并分析其研究的不足与可继续探究的方向。将与本书主题相关的文献进行归纳分析，在研究已有学者的研究成果与方法上，通过学习借鉴相关理论进一步明确本书的研究问题与研究范畴，同时利用高度相关成果为本书研究的开展提供理论与方法指导，实证检验案例的举证。

（2）文本挖掘法。本书在负面口碑评论关键点识别内容研究中首先对评论数据进行抓取，再利用自然语言处理方法和机器语言处理方法对抓取文本内容进行结构化和规范化，包括筛选、切分；利用超网络方法对网络口碑评论进行分层处理，对各个层次主题、关键点、超边进行识别与特征提取，最终转换的数据为后续演化规律的分析与预警等级的划分提供依据。

（3）实证研究法。本书在负面口碑评论影响作用机理研究中，对提出的假设通过设计测量变量，收集问卷并统计分析的方法进行实证检验，验证影响因素与调节变量的作用是否显著；在对负面口碑评论危机预警模型构建研究中，通过抓取天猫平台商品评论数据并对应 ACSI 模型的四要素对评论情感词进行模糊计算，进而综合评判负面口碑评论危机对应等级及分类，最终通过召回率和准确率来实证检验预警模型的有效性。

（4）行为学实验法。通过科学的行为学实验设计——情景实验方法使被试者体验"正面评论—负面评论—商家反馈"过程中的态度变化，研究在线负面口碑评论和商家反馈对潜在消费者信任态度变化的影响。在负面口碑评论类型与反馈类型划分中，对电商网站评论与反馈利用八爪鱼采集器爬取数据，对信任各个维度进行测量后利用结构方程方法对相关关系进行验证，并探讨负面口碑评论与商家反馈对潜在消费者购买意愿作用关系中信任的中介作用。

（5）情感分析法。本书在对评论语句中情感词及商品特征词进行负面口碑危机情感强度模糊评估时，首先构建网络负面口碑评论危机的模糊情感词典，基于 ACSI 模型四因子要素运用模糊综合评判方法对危机进行等级分类，再结合抓取的实例对评估方法进行验证，检验负面口碑危机评估方法是否具有好的过滤筛选效果。

1.3　研究技术路线

本书的各个部分的研究方法技术路线图如图 1-1 所示。

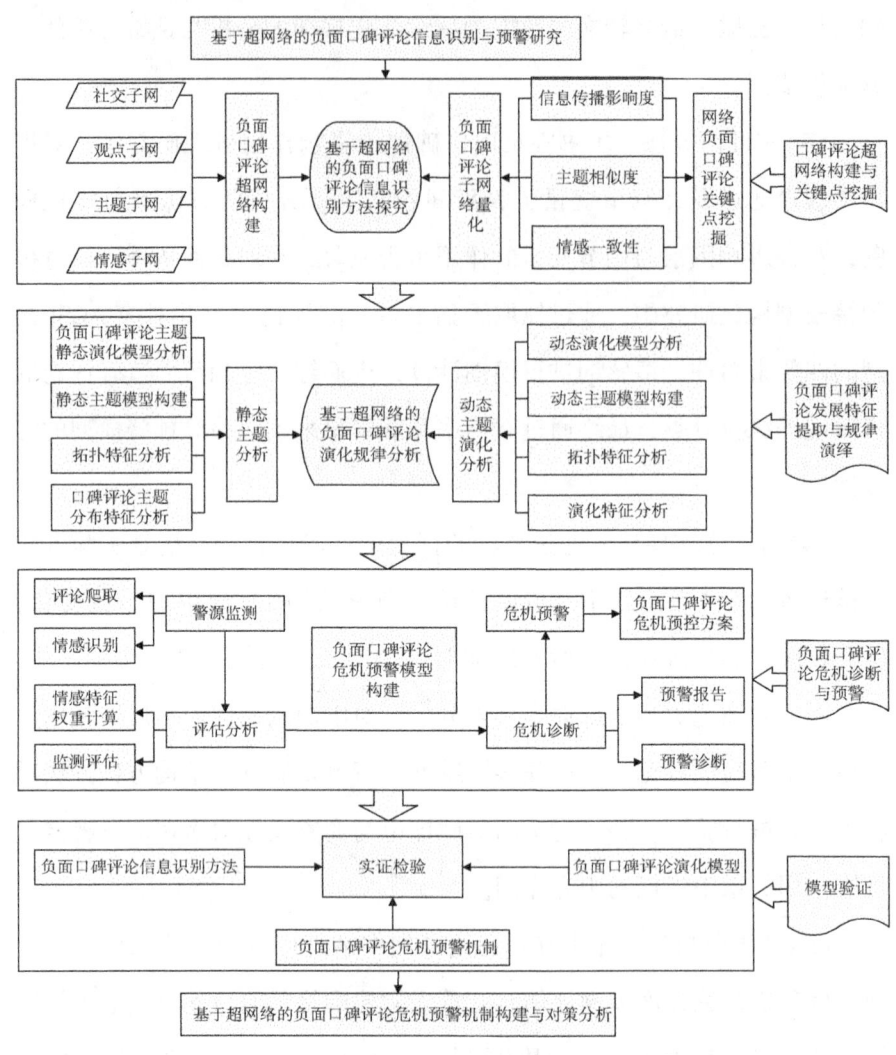

图 1-1 技术路线图

1.4 研究的主要创新点

面对网络负面口碑评论信息传播与扩散所带来的强大的负面影响力,在现有的关于网络负面口碑评论识别与预警研究的基础上,以网络负面口碑评论传播管控与预警为基点，从网络负面口碑评论的识别方法、影响机理、网络口碑主题演化特征、负面口碑评论有效预警四个方面进行分析研究，并通过抓取网络平台口碑评论等相关数据信息对提出的方法、模型进行实证检验与有效性检验，最后得出结论为如何准确评估负面口碑评论危机等级并进行有效预警提供科学依据。

本书的主要创新点是通过对负面口碑评论的影响、负面口碑评论识别、负面口碑评论演化、负面口碑评论危机预警四个方面的研究将产品的负面口碑评论的整体演化过程进行演绎，将各个阶段间口碑评论关键点的相互关系进行串联，这对于研究的连贯性与可持续性具有创新意义。具体来说，创新点体现在以下六点。

第一，对网络负面口碑评论关键点识别的研究。本书选取超网络视角对负面口碑评论产生的各层次子网分别进行特征分析，从节点与超边关系为负面口碑评论挖掘与识别提供了新的视角。

第二，对负面口碑评论影响消费者购买意愿的研究。依据 ELM 模型理论从外围情境感知和核心认知加工路线对影响机理进行剖析，对影响效应的因素的分析体现了全面性、多视角性。

第三，对网络口碑评论传播与演化规律的研究。从超网络视角分别描述静态主题演化模型和动态主题演化模型，并分别依据拓扑指标属性对模型的演绎效果进行了检验，最终对口碑评论传播演化的特征进行了宏观演绎分类阐述。

第四，通过不同类型商家反馈策略对信任的不同维度修复效果的对比分析，细化了反馈策略相关理论研究，潜在消费者信任的引入为负面口碑评论与商家反馈搭建了相关关系研究桥梁，为后续深入研究奠定了基础，并为线上商家提供了具有针对性和理论依据的策略与建议。

第五，商家反馈策略中解释对潜在消费者信任修复至关重要，潜在消费者会凭借商家反馈归因解释的理由来判断商家及其所提供的商品或服务是否能达到期望水平。因此除道歉等传统补救措施弥补消费者心理上的感知公平外，归因解释方式的恰当运用对赢取潜在消费者重新的信任更有意义。本书由此对反馈策略与信任的相关理论研究也做了有益拓展。

第六，利用对评论数据的挖掘与情感模糊计算方法来测量负面口碑评论危机程度并进行预警控制。对照构建的情感隶属推理词典对评论中匹配的情感词的隶属度进行计算，运用模糊评判方法以及顾客满意度四象限分类图对负面口碑危机预警进行计算分类，对负面口碑评论预警的分类从情感角度进行了模糊评判，对评论内容情感成分的分析丰富了口碑评论传播的研究视角。

2 相关文献述评

2.1 多源数据融合相关研究

2.1.1 多源数据融合方法相关研究

大数据背景下我们对问题的研究在数量上有了显著扩充,同时数据来源的不同迫使学者们需要将多源数据融合进行探究才能更为立体、全面地反映出问题的真实形态和发展趋势。而对于如何融合多源数据的方法,由于研究问题的不同,也使数据融合方法产生了不同的自适应性。在基于聚类的数据融合方法上,M. Zitnik 等(2015)采用直和方式形成新的矩阵,并提出一种惩罚矩阵三因素分解方法,通过聚类将多源信息进行网络融合。惠国保(2017)通过深度学习的方法解决了多源数据融合的问题,并进一步对多源异构数据进行关联挖掘。刘彤等(2016)认为多重关系网络的提出是为符合研究者的目的,即从网络结构内部提取出不同关系构建多种同质/异质信息网络,而融合操作主要是对这些子网络进一步处理形成融合。

在生物学领域的应用上,Fu 等(2016)提出一种基于元路径提取的监督型机器学习模型,对生物医学领域的异构信息网络进行有效的融合。医学研究者们在 M. Zitnik 提出的网络融合算法基础上进行了深入应用研究,提出了病毒预测研究方法,SAM 等(2016)提出了精准医疗研究方法。张维冲等(2019)提出，对于新兴技术发展趋势的研究，不同类型的数据反映的科技信息重点不同，为了揭示新兴技术的发展趋势，如何将不同来源的异构数据同构化并进行多源信息间的融合分析、横向对比，是其中一项重要技术挑战，同时也具有重要的研究意义。

对于多源数据的融合研究，我们需要根据信息技术发展的不同特点集结不同特征类型的数据信息进行相应的融合分析，这是新兴技术发展趋势，也是当前大数据有效分析的重要前提，多源数据融合对于后续信息技术的应用发展具有重要意义。

2.1.2　异构数据同构化相关研究

多源数据融合分析时数据异构性是研究该课题的学者们首先面临的问题，在对异构数据同构化研究中，学者们提出了适应不同领域的方法，并对应用的效果进行了验证。

Suo Q 等(2015)针对由书籍、电影和音乐评论构成的异构信息网络，提出一种应用超网络分析用户评级数据的新方法。罗永恩等(2017)结合共享熵提出一套模块划分方法，对原始异构信息网络进行聚类划分，该方法具有良好的异构数据融合效果。滕立(2015)在超网络基础上提出共现网络分析方法，消除了异构信息网络中的孤立节点。

随着异构数据同构技术的不断发展与深入，学者们在其他应用信息系统领域也提出了许多解决方案。例如，于亚秀等(2017)认为图书馆开展决策支持服务过程中进行多源数据库融合非常必要，并提出了一种基于多源异构数据库融合开展决策支持服务的模型，并结合华东师范大学图书馆案例验证了模型的实施效果。刘婧(2016)针对海洋情报信息系统间的异构数据提出了一种面向多源异构情报的数据交互共享解决方案，可实现海洋情报异构信息的集成共享和交互访问，这是异构数据同构化在海洋情报信息系统中的应用。常志朋等(2017)针对公租房退出的问题，提出基于多源异构数据的模糊积分融合退出方法，该方法将多源异构数据进行同构，进而计算单个属性的全局重要度，根据模糊测度确定方法通过专家逐级打分计算属性集重要程度，最后验证了该退出方法是可行有效的。

2.1.3　主题识别相关研究

在多源异构数据融合的过程中，主题识别在异构信息同构化中起着重要作用，进行多源信息主题分析及同构融合能提升负面口碑评论信息研判的精准性、有效性。学者们在主题识别方法上探究出了一系列网络融合建模的方法。

许海云等（2017）在对主题识别方法进行综述时认为常见的主题识别技术有主题词获取方法、知识单元的关联强度计算以及面向多元关系融合的主题分析方法等。武华维等（2018）将二模网络社区识别方法应用于交叉学科网络，增强了研究主题识别效果。张维冲等（2019）提出了基于摘要的主题解析方法，从多源异构文本中获取主题词，并进行数据融合与主题关联分析，通过时序性关联分析和主体关联分析，揭示了区块链技术在科技文献中的产生过程与主题扩散演化轨迹。

关于多源数据融合的研究，学者们采用多源数据融合方法、异构数据同构化方法，以及在此基础上形成的主题识别凸显等方法对多源数据如何进行立意分析与负面口碑研判做了非常详细深入的研究，也设计了分别针对不同应用领域信息系统的解决方案。

在电商平台与社交平台中数据源类型多重，图片、音频、视频等多种形式的信息交汇融合呈现在网络大数据平台中，我们如何全面、精准地掌握口碑评论发展趋势并准确预测负面口碑评论危机，如何精准地测量出互联网中人物之间情绪的传递，这需要我们探究更为深层次的数据融合方法。而且我们还需要将网络传播过程中人的主观意念融入口碑评论传播扩散的过程中，使负面口碑评论真正获得监控与预测。

2.2 品牌负面口碑评论产生与传播相关研究

当下的网络口碑评论危机,是指一段时间内、一定数量的网民通过互联网媒介来传播或表达个人对某一共同社会事件的认知、意见或情感,而这种传播形成了较大规模的网络危机。邓福成等(2014)认为网络口碑评论是网民在网络公共空间上通过网络语言或其他方式,对自己所关注的话题如公共事务、公共任务、价值观念、政策环境和历史评价等,公开表达自己具有强烈冲击力和影响力的公共性意见。

2.2.1 网络口碑评论特征与传播规律相关研究

口碑评论的传播一般有两方面动机,一是消费者心理动机,比如自我展示、印象管理、独特性需求等;二是消费者所处的外部客观环境,包括产品市场环境和消费者所处的社会环境。Xiao等(2015)的研究中对于口碑评论传播较多关注某一类因素对口碑评论的作用,而缺少内外部因素之间的交互研究。史伟等(2016)研究认为一些社交网络既有社交功能,又有信息传播功能,如百度贴吧、小米社区等。而Doherty等(2017)认为网络口碑评论是一定时期内公众对现实社会中的各种现象、问题所表达的思想、心理、意见和情绪的集中反映。例如曾子明等(2018)在公共安全事件社交平台情感分析中发现,当发生群体事件时,网络上往往会充斥着大量虚假信息,这些信息被部分不知情的网民转发后,煽动人们的负面情绪,有可能导致事态愈加恶化。张继东等(2021)为了探究移动社交网络中群体行为对用户个体的影响方式与效果,通过对SEIR模型进行优化与改进,增加群体规模、从众效应和社会强化效应的影响机制,对四类群体在社会网络中的口碑评论传播机制进行动态分析。结果表明,在无标度网络下进行仿真分析,规模大的社群口碑评论传播会对规模小的社群产生间歇性影响,群体从众效应对信息传播深度和广度有显著影响,社会强化效应在一定方位内会增加信息传播的概率。

口碑评论的传播规律可依据学者们的建模研究成果划分为三类：一是根据口碑评论传播与病毒传染扩散的相似性，对 SIR 传染病模型进行拓展。Zhao 等(2013)考虑到群体的记忆和遗忘因素，基于非均匀网络提出了 SIHR 谣言传播模型；赵俊等(2016)在分析信息发酵过程基础上，建立了带有发酵期的口碑评论传播模型；王治莹和李勇建(2017)借助多案例研究给出了带有政府干预的口碑评论传播控制系统；Huo 和 Ma(2017)基于脉冲免疫和免疫周期延迟设计了带有政府科普教育的谣言传播模型。二是引入系统工程方法对口碑评论传播过程进行建模。Tian 和 Liu(2014)基于系统建模和网络拓扑分析，构建了网络口碑评论超网络模型；苏创等(2015)基于口碑评论传播的不同阶段设计了不确定微分方程；邓青等(2016)考虑到个体特性和外部因素，建立了口碑评论传播的元胞自动机模型；Yan 等(2016)建立了传播概率受口碑评论信息间距离影响的不确定性传播模型。三是针对特定事件或传播渠道下的建模。刘怡君等(2016)通过提取"8.12"天津港爆炸事故中的网络口碑评论传播特征，构建了集主体、信息、心理、观点的多层多属性模型；Lee 和 Chun(2016)基于社会判断与沉默螺旋理论设计了识别口碑评论传播规律的实验模型；于凯等(2015)基于社会心理学和传播学理论提出了口碑评论传播的线上线下双层网络模型。

2.2.2 网络口碑评论发现与识别相关研究

2.2.2.1 网络口碑评论发现相关研究

网络口碑评论信息发现是网络口碑评论监控的基础工作，而对于网络口碑评论信息发现重要的是进行口碑评论分类，即把网络上关于网民的认知、意见和情感的文本信息进行分类。关于网络口碑评论的分类算法现有研究主要分文本分类和聚类分类两种算法。关于文本分类算法，是指根据数据集的特点来构建分类模型或分类函数，进而将待检测的信息样本划分到已设定好的集合类别中。较典型的有集成学习算法，以 Bagging 和 Boosting 算法为代表。关于文本聚类算法，是指无监督的学习算法，无需提前预设训练集与类别，而是根据文本内容相互间相似度的高低来划分不同类别。其中层次聚类算法以 Rock 和 Birch 为代表，划分聚类算法以 K-prototypes、K-means、K-mesoids 为代表。

2.2.2.2 网络负面口碑评论识别相关研究

网络口碑评论是口碑评论多种表现形式其中一种，然而对于网络口碑评论的定义，很多学者有不同的解释，至今都没有统一的标准（李明 & 曹海军，2019）。网络口碑评论的传播与互联网技术的发展是相互呼应的，在当今大数据时代，互联网已经成为推动世界政治、经济、文化、社会全面发展的巨大力量，随之而来的是网络中无时无刻的产品负面口碑评论危机发生，文本、图片、音频、视频等因为互联网的迅速传播，使得任何形式的媒体产物都能在网络中以飞速方式传送至互联网任意终端。

网络负面口碑评论的识别是指在网络信息中区分与识别出与网络负面口碑评论相关的信息，并通过一定的数据挖掘算法评估负面口碑评论的危机程度与紧急程度，进而采取及时有效的预警控制决策行为。负面口碑评论识别一般采用的核心技术是 NLP 技术，涉及的识别项目内容包括热点发现与跟踪、文本挖掘、情感识别等。学术界在网络负面口碑评论识别中已经获得了较为丰硕的成果，涉及负面口碑评论从发现、识别到预警、控制全过程。随着人工智能技术的不断发展与提升，机器学习的方法在负面口碑评论挖掘领域发挥越来越重要的作用，而且逐渐取代了人工识别的模式。

采用机器学习方式对网络负面口碑评论进行识别的流程一般分为训练和测试两个步骤。在训练阶段，创建模型来表述负面口碑评论采集属性的特征，负面口碑评论集合中的每种负面评论信息均属于给定的类别，利用类别标签对负面口碑评论信息的文本进行标识区分。一般用于创建模型的网络负面口碑评论数据信息集成为训练集,它可以用公式、判定树或者神经网络等模型来描述预先拟定的负面口碑评论集合,该阶段是对负面口碑评论信息不断监督并认知学习的阶段。在测试阶段,利用训练阶段创建的模型在网络负面口碑评论信息提炼的测试文本集上进行预测,并将测试结果与实际结果进行对比分析,进而再利用测试集预测出的结果对负面口碑评论识别的模型进行有效性评估,最终,利用拟合修正好的模型对网络负面口碑评论数据进行识别。

2.2.3 网络负面口碑评论传播驱动因素与演化相关研究

2.2.3.1 网络负面口碑评论传播驱动因素相关研究

Wang 等(2016)的研究表明,社交网络服务中成员间的关系强度与创新程度均积极影响其对网络口碑评论信息的传播意向。罗汉洋等(2019)通过构建网络口碑评论传播影响机制探讨了影响口碑评论传播的因素及影响路径。黄敏学等(2019)从社会影响理论角度分析,认为消费者在社会网络中建立的网络关系是一种典型的社会存在,并通过对美国购物点评网站 Epinion.com 的实证研究发现,当消费者拥有更多网络关系时会触发更强的自我展示动机,从而发起更多的在线口碑评论。袁国栋(2021)认为现有的方法在分析网络负面口碑评论危机演变特征时,无法明确网络口碑评论传播过程中演变特征影响因素之间的因果关系,导致分析结果的灰色关联度低、小误差概率小、均方差比大,因此提出了网络负面口碑评论危机演变特征及其预警方案创新方法,采用系统动力学对网络负面口碑评论危机演变变量和影响因素进行仿真和建模,获取网络负面口碑评论危机演变的主要影响因素,结合网络口碑评论传播热度与各因素之间的因果关系分析网络负面口碑评论传播系统,实验结果表明该方法分析网络口碑评论危机演变特征时,结果灰色关联度高、小误差概率大、均方差比小。冯兰萍等(2021)探讨政府干预和主流情绪引导对突发事件网络负面口碑评论危机群体负面情绪转移和演化的影响，为政府网络治理提供理论依据。其提出一种基于政府干预—主流情绪的突发事件网络负面口碑评论群体情绪演化模型。采用 EGM(1，1)作为基础演化模型，并运用简化粒子群算法(SPSO)描述群体情绪间的转移和演化，结合案例验证模型的可行性。最后结果表明，此模型能够刻画主流情绪对负面情绪的引导能力，以及不同情绪和不同强度下政府干预对主流情绪引导能力的影响；能够很好地描述群体负面情绪向其他情绪转移的方向和程度，以及群体负面情绪的演化趋势。

2.2.3.2　网络负面口碑评论演化规律相关研究

丁晟春等(2021)通过对已知主题生命周期演化轨迹的分析、热点与非热点主题演化过程的对比，发现可以更好地把握热点主题演化规律。他们提出将 TF-IDF 算法融合评论影响力选择主题特征词，并在此基础上通过计算主题强度与相似度提出 6 种主题演化形式，并在主题演化阶段将主题强度与主题内容两方面结合通过可视化实验验证出各个时间窗里的主题内容及主题强度，分析与挖掘出负面事件中网民观点随时间的演化形式与演化规律。张艺炜等(2021)认为网络负面口碑评论演化具有类似自然生态系统的递进特征，满足 Logistic 模型，因此基于共生理论视角，研究网络口碑评论演化全过程中参与网民群落内部的交互作用，为细化网络口碑评论要素研究及调整负面口碑评论危机处理模式提供参考，其通过对新浪微博中管控合理和管控不当的两例负面口碑评论数据验证了网络负面口碑评论生态系统二维共生模型的合理性，总结了不同演化阶段和管控条件下参与网民各个单元间的共生关系成因。Tinggui C. 等(2019)将网络负面口碑评论演化发展视作闭环，在重点考虑负面口碑评论参与者个体特征及交互作用的基础上建立了负面口碑评论参与主体观点演变模型，并分析了群体行为成因。赵丹等(2017)从信息生态理论层面对网络负面口碑评论特征量进行分析，认为网络口碑评论生态系统中参与人相关的信息环境特征量包括评论量、点赞量等。

现有的学术研究对负面口碑评论的特征、传播规律以及负面口碑评论的发现与监控方面作了较为全面的研究，并分别从不同角度进行了算法分类。

然而就负面口碑评论传播演化究竟受哪些驱动因素的影响，学者们仅仅从表象上对其进行了描述，没有对驱动因素进行系统深入的探究与归纳。这也是本书选择负面口碑评论传播驱动因素作为研究切入点的缘由。

2.3 负面口碑评论信息相关研究

2.3.1 在线负面口碑评论的概念

20世纪50年代，口碑概念首次被引入学术界（Brooks，1957）。在线口碑评论是传统口碑评论向电商平台发展趋势的延伸形式，是口碑评论发展的变迁与升华。Richins等（1983）认为负面口碑评论是经验消费者接受失败交易行为后将失败交易经验分享给周边朋友，或者是消费者对某商品的诋毁；Luo（2009）在以往相关文献基础上对负面口碑评论的概念进行了完善，即经验消费者发布负面口碑评论是为了劝阻别的消费者购买；Dellarocas（2003）延伸负面口碑评论的定义将在线负面口碑评论表述为消费者将失败不满的消费经历表达为文字信息于网络与其他消费者分享的行为。国外学者对在线口碑评论的文献研究非常丰富并深入，而国内学者对照国内电商发展特点普遍将在线负面口碑评论定义为消费者通过电商平台表达个人对商品或服务的消极信息，包括失败交易经历和负面情绪。

2.3.2 在线负面口碑评论的特征

在线负面口碑评论信息由于其数量更稀疏、内容更真实、感情更丰富而备受潜在消费者关注。Lee等（2008）在已有相关研究的基础上进行了深入，将评价负面口碑评论质量的指标划分为5个，分别为：真实性、客观性、可靠性、易懂性、理由充分性，而且负面口碑评论的质量正向影响着消费者的感知有用性。李爱国等（2016）通过对网购消费者的行为调查发现，85.34%的网购消费者会查看产品下全部评论，9.55%的被调查者只看负面评论，远远高于1.81%的只看正面评论者。Chevalier和Mayzlin（2004）通过研究发现酒店评论中五星级好评远没有一星级差评对潜在消费者影响效应显著。

2.3.3 在线负面口碑评论的分类

当下的电子商务网站中，好评率同差评率对比悬殊以及评论得分的虚假现象使得潜在消费者们更加关注评论的内容，尤其是负面口碑评论信息内容；同时，负面口碑评论常常因其内容的详实性和生动性使潜在消费者受到更为显著的影响作用。学者们认为现有的负面口碑评论信息主要集中在商品、服务和第三方物流三个方面，包括商品与店家描述不一致、商品有色差瑕疵、价格不合理、店家服务态度差、不能及时有效解决问题、发货速度慢、物流速度慢、物流服务差、商品有损坏等负面消息。现有的研究对负面口碑评论较为主流的分类方法是Pulling和Netemeyer（2006）提出的将负面口碑评论按照德和能两个维度划分为道德类负面口碑评论和能力类负面口碑评论。学者李宏（2012）从在线负面口碑评论的内容特点出发，通过对大量负面口碑评论的整理和分析，根据内容特征将负面口碑评论划分为三类：第一，产品方面；第二，物流方面；第三，卖家态度方面。

已有的负面口碑评论相关研究大多集中于产品或服务的质量问题，尤其关注产品质量问题的起因，有的学者将负面口碑评论信息中产品质量问题划分为可辩解型和不可辩解型两类（吴思，2011），并在此基础上深入探究了失败交易对经验消费者的负面影响以及采取怎样的补救措施弥补经验消费者的信任受损和对品牌的忠诚度（王晓玉等，2006；祝瑶，2010；方正等，2010；青平等，2012）。然而，口碑效应发展至今，负面口碑评论内容中不仅涉及产品质量问题，还包括商家的诚信问题和客服服务态度问题，因为在当下电商竞争发展迅速，同样等级产品众多的前提下，商家的诚信与服务态度是决定其能否获得消费者信任的关键。诚信问题与服务态度问题造成的负面口碑评论对潜在消费者有更严重的负面影响。尽管已有研究者关注到此类负面口碑评论，如商家违情行为(黄静等，2010)、道德违背行为(Wojciszke，1993)，可是将此类负面口碑评论信息对潜在消费者信任的影响同产品质量类负面口碑评论对潜在消费者作用进行比较的研究却有待进一步拓展。

本书通过采集国内电子商务网站——天猫上商品的评论信息并对信息进行文本挖掘、归置、梳理，在现有的文献基础上对负面口碑评论的内容特征进行分析、归纳，并进行了专家访谈，利用负面口碑评论的关键性特征对其归纳为三类：产品质量问题、商家诚信问题和服务态度问题。评论采集结果如图 2-1 所示。对于三类问题，本书归纳为：第一，产品质量问题，主要涉及产品质量、产品功能等方面问题；第二，商家诚信问题，主要涉及商家在交易过程中不守承诺、有意欺诈等方面问题；第三，服务态度问题，主要涉及商家客服人员的态度、服务响应速度等方面问题。

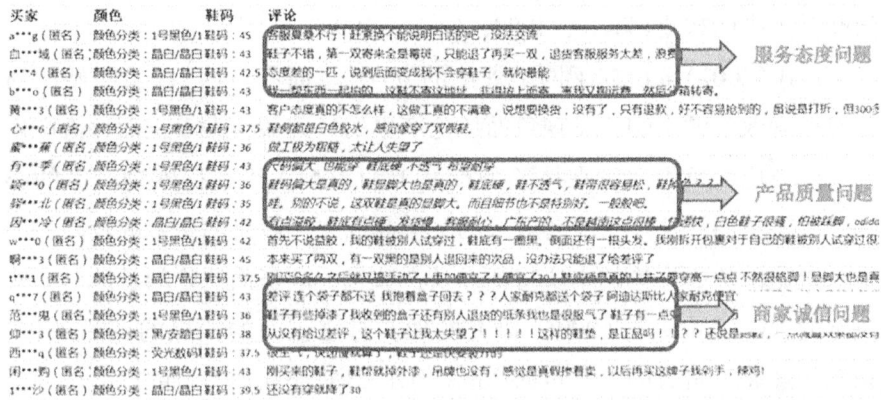

图 2-1　在线负面口碑评论采集结果分类图

2.4 负面口碑评论影响效应相关研究

关于在线评论的定义，我们已经对相关文献作出详细的述评，综合已有研究，本书认为在线评论就是网购消费者能够通过电商平台获得的，先前、实际的经验消费者以文本信息的形式表述的对商品、服务、商家等的特征或消费体验，这类评论信息可以是正面积极的也可以是负面消极的（郝媛媛，2010）。即消费者发表的关于商品的好的或差的观点（Li&Hitt，2008）。

2.4.1 负面口碑评论对消费者态度影响研究

对于负面口碑评论的影响作用学者们从影响效果和消费者态度方面进行了大量深入的研究。在负面口碑评论的影响效果方面，有学者认为，网络评论会影响人们的判断，使之产生偏见，并且负面评论对于消费者的决策影响程度远大于正面评价（戚芳等，2013）；负面口碑比正面口碑的影响更为突出（Basuroy & Ravid，2003）。相关研究发现，在评价事物时，负面信息的可诊断性更强（Maheswaran & Meyers-Levy，1990），比正面信息有更强的说服力（Skowronski & Carlston，1987），会被赋予更高的权重（Fiske，1980；Klein，1998）。

Park（2007）等研究了网络评论的方向（正面和负面）以及网站的信誉对口碑效应的影响，发现负面评论产生的口碑效应大于正面评论产生的口碑效应，负面评论在体验型产品上的影响大于在探索型产品的影响。对于负面评论产生显著效果的关键起因之一就是消费者的较高关注度，这是由负面评论的本质特征以及在数量上同正面评论的悬殊对比所决定。Goldsmith 等（2006）研究发现，对比正面的积极的商品评价，来源于经验消费者的消极负面产品评论信息对潜在消费者的产品认知会产生更显著影响。印象理论和前景理论相关文献表述，消费者对于消费中的"损失"经历会更敏感，负面评论信息更能引发潜在消费者注意，同积极的正面的评论信息相比，负面评论信息被认为更具有参考价值。苏莹等(2012)通过负面评价的个性化推荐算法研究认为电商推荐系统中的负面差评信息相比正面好评信息能更贴切更忠实地反映出用户的兴趣特征。郝媛媛等(2010)也发现，消费者在关注在线评论内容时往往更加关注负面评论，因为负面评论往往能够客观详细并明确地揭示商品的质量问题或缺点。相较于传统的零售领域，在线商品负面评论以飞快的传播速度与广阔的传播范围大大加速了其消极影响效果(王琦和王琳，2015)。

在消费者态度方面，消费者对产品的负面态度转变相比正面态度转变更难。对于负面信息，消费者一旦在认知态度结构中形成，那么再面对正面信息，就需要克服原有态度中的负面认知，所需要的信息投入更高，因此负面信息对于消费者的认知影响具有显著效应(Klaus 等，2000)。Arndt(1967)通过实证研究发现，收到有关产品正面评价的人比没有收到正面评价的人购买该评论产品的概率高出12%；而收到有关产品负面评价的人比没有收到的人购买评论产品的概率降低了24%。Bambauer-Sachse 等(2011)从信任度、产品专业知识等消费者个体特征差异，对比了潜在消费者在看到负面评论前后态度的转变。由此可见，与正面评论相比，负面评论更能引起消费者的注意，同时一旦负面评论构成潜在消费者初始印象，那么改善其对商品负面印象的态度比改变正面印象的态度更难，因此，负面评论会对消费者态度造成显著影响效应，继而影响消费者的购买决策。

除了以上负面口碑评论在影响效应和消费者态度方面的全面深入研究外，面对在线负面口碑评论被网购消费者高度关注的现象，在线负面口碑评论对潜在消费者的影响机理方面也有学者进行了细致研究。有学者研究表明，当下网购现象的普及、电商的发展使得网购交易数与日俱增，于是网络口碑问题，尤其消极负面评论，逐渐受到消费者的较高关注(迈克尔等，2014)。而且，单初和鲁耀斌(2010)认为，电商消费者更容易从负面评论中判断出商家的服务或者产品质量。尤其，在负面评论内容中对产品的描述类负面言辞会引发电商用户根据描述与其脑海认识中已储存的负面偏见之间的相似程度来判断其代表性（张燚等，2015）。总而言之，负面口碑评论对潜在消费者已表现出较为显著的影响效果。

已有的相关研究对负面口碑评论的显著效应现象问题分析得非常全面，也从消费者认知态度上进行了解释，然而关于负面口碑评论特征性因素对消费者具有怎样的影响以及影响是否显著方面的研究相对缺乏，因此本书从负面口碑评论所处情境宏观特点和负面口碑评论本身微观特征出发探讨其对潜在消费者购买行为的负面影响机理，并以此构建结构方程模型，通过实验与实证研究对模型进行验证。

2.4.2 负面口碑评论对消费者购买决策影响研究

电子商务的迅猛发展，促使影响消费者网上购物行为的因素发生巨大改变，消费者不仅有机会在购买决策前在电商网站上搜集各类与商品相关的评论和信息，同时，在购买或者对商品体验过后可以将自己的购买经历共享至评论中，供其他潜在消费者参考。这种评论可以是详实的文字，也可以是评级或者打分，因此电商发展促使在线商品评论成为影响潜在消费者购买行为的重要决策依据之一。国内外的相关文献研究及咨询机构的统计分析也验证了这一结论。

就消费者而言，在线口碑评论通常具有积极和消极双重效应，正面口碑评论对消费者购买决策具有正向积极影响，而负面口碑评论对消费者购买决策有负向消极影响。现有相关研究结果证实，电商网站中商品下的负面口碑评论对潜在消费者购买决策的影响大于正面口碑评论。为了进一步论证并剖析在线负面口碑评论对潜在消费者购买行为决策的影响作用机理，研究者们从不同方面对其进行了深入研究与探讨。基于决策理论，科特勒研究发现消费者购买行为受信息发散者的影响，主要包含说服强度，信息发送者与消费者的关系以及发送者的权威性三个维度。

近年来关于在线负面口碑评论影响消费者购买决策的研究主要围绕两个方面：一是围绕在线负面口碑评论同消费者购买决策内在相关关系方面；二是围绕负面口碑评论本身特点因素通过消费者感知进而影响其购买决策方面。下面具体介绍相关研究。

2.4.2.1 内在关联性方面

1. 调节效应关系

金立印（2007）选择在校大学生作为实验群体对象，以手机和CD机作为实验主体，采用2（评论传播方向）×2（评论信息类别）×2（消费者涉入程度）实验，验证了各个自变量间的交互效应，结果证实无论正面评价或负面评价在各个交互关系中对潜在消费者的购买决策行为均起到显著的影响作用，而且通常负面评价的影响效应明显高于正面评价的影响效应，即证明了负面口碑的影响效应高于正面口碑。李宏（2012）利用情景实验方法通过实证研究检验了负面评论的质量对负面评论影响效应是否具有显著效应，结果证实消费者的涉入度和商品类型对负面评论的质量与潜在消费者购买意愿间关系具有显著的调节效应。张耕等（2012）从负面评论的一般性特征包括评论数量、发布者专业性、商品价格三个维度分析了在线负面商品评论对后续商品销量变化的影响，并探讨了商品的畅销度和价格档次两个调节变量对负面评论数量和评论发布者的专业度同后续商品销量间关系的调节效应。李爱国等（2016）以体验型产品为例，探讨了负面评论相关的专业程度、消极程度等四个相关维度同商品后续销量间的关系，并验证了管理反馈的及时性和高效性对负面评论与后续商品销量间存在调节效应。

2. 中介效应关系

李慧（2008）利用消费者购买决策理论、卷入理论，通过问卷调查实证研究发现负面口碑的信息性、发布评论者的专业度对酒店潜在顾客是否决定入住酒店具有显著的影响作用，并且信任在理论研究模型中起到中介效应，消费者的涉入度在相关关系中起到一定程度的调节效应。

宁连举等(2014)通过实证研究检验了负面评论的负面程度、评论数量、内容相关性和评论专业度四个方面维度对负面评论与消费者购买意愿间影响关系是否具有增强效应，并且实证结果证实了四个维度均存在显著的加强作用。经归纳，我们将负面口碑评论与消费者决策内在关联性相关研究通过框架图 2-2 表达。

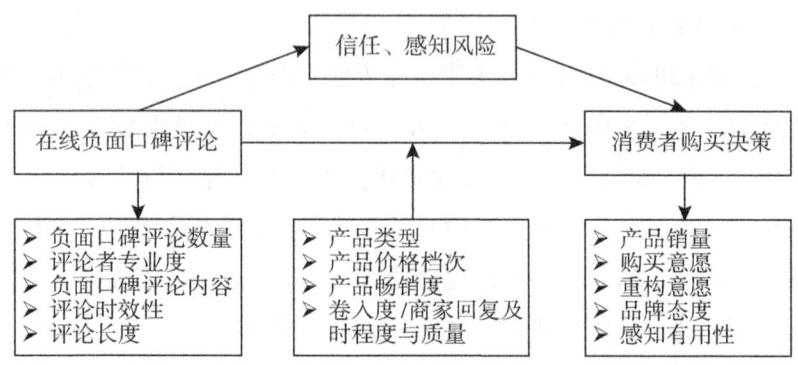

图 2-2　负面口碑评论对消费者购买决策内在关联性相关研究文献归纳

2.4.2.2　影响因素与特征方面

Bambauer-Sachse 等(2011)根据以往研究从消费者的信任度、自身对商品的专业知识的差异性，探讨了不同消费者在接收到在线负面评论信息后对商品可适性价值评估的差异性。史小娜(2012)结合线上问卷和线下问卷两种形式，分析了产品口碑特征、传播者的个体差异对潜在消费者购买意愿的影响，研究结果证实产品口碑的质量、时效性，以及评论的接收者对商品的涉入度对消费者信任变化均有正向影响，而感知风险对信任和购买意愿有显著的负向影响。李亚平(2014)根据信息处理理论和消费者从众理论，验证了在线商品负面评论的数量和负面程度对消费者购买行为有显著负向影响，消费者的感知有用性对购买行为也具有显著影响作用。

2.5 商家反馈相关研究

2.5.1 商家反馈的必要性

负面口碑评论信息带来显著效应的同时，不仅降低了潜在消费者对商品的购买意愿，而且对商家的日常营销造成非常不利的影响，这也是为何众多线上商家倾尽所能去解释反馈负面口碑评论信息的原因。商家有必要针对出现的过失服务尝试采取补救措施去阻止情况变坏，从而降低消费者的不满意度。在线补救措施中最直接的方式就是反馈消费者的评论，也称为在线管理反馈。当下，电商产品的负面口碑评论既有客观理性的信息表述，也有主观感性的情绪发泄；线上商家的反馈方式，既有摆事实讲道理的方式，也有说好话博同情的方式。

在电子商务环境中，线上商家在收到购买消费者对商品或服务的评论后，通过在线回复的方式对消费者的负面评论进行反馈是对其服务进行补救的一种措施。商家对负面评论的反馈与回复，可以修复潜在消费者对商品形成的负面印象，从而缓和其信任态度，提高购买行为可能性。李爱国等(2016)选取体验型商品代表——在线餐饮作为实验主体，证实了负面评论后商家反馈的及时程度和质量对商品后续的销量存在重要的调节作用。李子茹(2015)以旅游网站中酒店选取为背景，从酒店反馈经验顾客的及时性、反馈速度、反馈篇幅、反馈语言四个维度验证了在线管理反馈对消费者满意度修复具有显著的正向影响。基于此类研究，Hyounae等(2015)从共鸣、复述、速度三个层面分析了酒店管理反馈的负面评论对消费者满意度修复的影响，结果显示反馈语言表达中包含有共鸣、复述语句后对潜在消费者的评判具有正面影响，然而反馈的时效性对潜在消费者的评估并没有显著影响。Tiffany等(2013)利用问卷调查的实证方法探讨了顾客满意度和商家回复的相关性，顾客满意度涉及酒店形象、入住意愿、再次入住意愿三个维度，研究结果表明酒店对顾客的负面评论进行必要的回复等补救措施对顾客满意度涉及的三个维度均有正向影响作用。Beverley 等(2016)运用实验法分析了酒店对顾客负面评论进行回复(涉及四个变量：回复来源、沟通方式、回复效率、回复行为状态)对潜在消费者评判酒店具有正向相关关系。

基于以上文献述评，我们得出商家回复或反馈对商品或服务的销售量虽起不到决定性作用，但却修复了负面口碑评论本身造成的负面不利影响，甚至在一定程度上缓和并提升了潜在消费者的信任与购买意愿。商家反馈所采取的方式重点围绕交易失败而开展，既有针对经验消费者的服务补救也强调了对潜在消费者信任的修复，商家反馈是对传统的服务补救理论的延伸与拓展。

2.5.2 商家反馈的分类——商家反馈策略

对于商家反馈的研究，学者们多集中于对反馈分类方面，对于服务补救维度的归纳各有所异。学者杨学成等(2009)基于对服务业专家和消费者的访谈，从企业可控角度出发，剔除了消费者的感知可靠性、便利性等难以控制的因素，最终将补救措施归纳为三个维度：物质补偿、精神补偿、响应速度。学者李宏(2012)通过对国内电子商务网站中大量的商家反馈进行整理和分析，并在参考传统零售市场服务失误补救类别划分的基础上，将线上商家对负面评论的反馈归纳为：道歉、道歉+归因、道歉+归因+物质补偿。唐小飞等(2011)采用情景模拟实验的方法，以线上餐饮商家为抽样对象，分析了针对经验消费者差评的补救时机和人格特质的划分对补救绩效的影响，并验证了服务补救不可盲目实施，要针对不同类别负面评论进行恰当补救，应遵循匹配性原则。梁剑寒(2014)基于归因理论，从内部归因、外部归因、情境归因三个维度，将感知合理性、感知商家责任并入理论研究模型，分析了商家对负面评论的回复对潜在消费者购买意向的影响。郑春东等(2015)以电脑作为实验主体，研究发现商家针对评论的回复可以从一致性和区别性两个维度使潜在消费者关注评论回复信息的内容而取代评论信息主体的地位，进而降低负面评论的不利影响。

综合以上相关文献研究，我们在确认商家反馈有必要性的基础上，验证了商家反馈的形式、补救的类型是否匹配负面口碑评论对于商家反馈更重要，因此探寻商家反馈的有效方式进而补救负面口碑评论的负面不利影响对电商可持续发展具有重要的战略指导意义。

通过文献归纳，以上关于商家反馈对潜在消费者影响的理论文献研究可总结表述为图2-3。

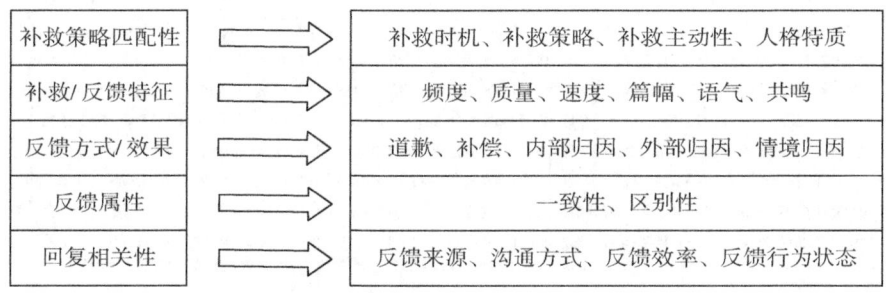

图2-3　商家回复/反馈的相关文献研究归纳

当下关于商家反馈的研究大多从传统营销领域延伸而来，对于网络环境和传统环境的差异区别研究较少，原有的补救理论对当下网络购物环境是否适用还有待验证。再有，学者们对于服务补救措施的研究大多针对经验消费者的信任弥补，其实对潜在消费者来说，商家反馈策略除传统补救措施例如道歉、赔偿使潜在消费者心理平衡并产生感知公平外，商家反馈中对失败交易的归因对潜在消费者信任修复更重要。如图2-4，根据笔者在天猫网站采集到的商家反馈信息，对于负面口碑评论，多数商家采用归因解释的方式，以缓和经验消费者的不满意，同时也为了消除潜在消费者对商家与产品的质疑。

然而，关于反馈归因解释的相关文献研究较为缺乏，因此本书在完成比较反馈策略效果研究后专门探寻反馈策略中解释策略对潜在消费者信任修复的作用机理。本书的研究内容三中将针对商家反馈策略的解释方式,基于归因理论,探讨因果归因与属性归因中什么样的归因解释方式对潜在消费者信任修复最好。

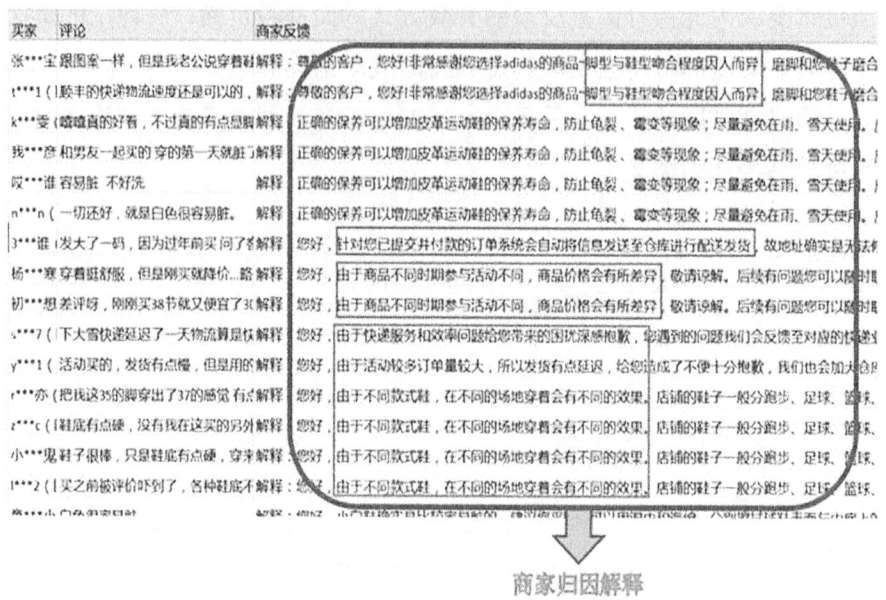

图 2-4　商家反馈归因解释采集结果

2.6　在线商品分类相关研究

本书在研究负面口碑评论、商家反馈、信任和购买意愿各个变量间关系中,将商品类型作为调节变量,探究其在商家反馈与潜在消费者信任间关系中是否具有调节作用。因此在本章中,我们对在线商品的分类相关研究进行简要述评。

关于在线商品分类的相关文献,当下学者们引用较多的是由 Nelson (1970;1974)提出的,他将在线商品划分为搜索型商品和体验型商品,划分的依据是搜寻获得商品相关信息时所付出的成本差异。两种类型商品具体定义如下。

(1) 搜索型商品

搜索型商品是消费者在决策购买行为前已经具有了解，并能够获得相关属性信息，因此能够根据信息确定是否符合个人购买需求，比如手机、笔记本电脑等商品。这类商品的相关属性参数是消费者可以搜索获得的。

(2) 体验型商品

体验型商品是指消费者在购买前未知的，需要购买体验后才能够获取感知价值的商品，这类商品要根据个人体验才能够判断其是否符合个人适用性，比如护肤品、化妆品等。而这类商品会因为消费者体验感知上的不同而评判不一致。

Nelson(1970；1974)又按照商品购买频率，将体验型商品细分为耐用型和非耐用型。Wright 和 Lynch(1995)的研究延展了 Nelson 对体验型商品的定义范围，认为体验型商品是指消费者需要使用体验后，而不仅仅是购买后，才能判断其质量的适用性的商品，该研究考虑了消费者免费试用样品但不购买的情况。Klein(1998)直接将体验型商品定义为没有经过亲身体验就无法获知主要属性信息的商品。Darby 和 Karni(1973)在 Nelson 商品分类基础上，增加了信任型商品，认为某些商品无论消费者是否购买，都可能很难准确对商品质量进行评价，比如保健食品等。Ford、Smith 和 Swasy(1988)的研究认为信任型商品是指由于消费者缺乏专业背景无法做出客观全面的判断，而仅仅是基于信任而决定购买的商品，针对信任型商品，消费者可以凭借对商品品牌以及企业信用的认识了解来评价商品效用。

Klein(1998)基于对信息搜索划分的调查研究，将商品分为搜索型商品、体验型商品和信任型商品。本书将参照最经典的 Nelson 对在线商品分类的方式，将线上商品划分为搜索型商品和体验型商品进行研究。相应的，在本书第五章研究方法的讨论中，对于实验情景模拟，我们将按照商品类型分两组，搜索型商品组以手机作为实验品，体验型商品组以运动鞋作为实验品。

2.7　负面口碑评论监测相关研究

负面口碑评论监测是从海量评论信息中获取事件发展动态，并在此基础上对潜在发生事件做出评估，以求尽早采取相应措施控制事态发展。网络负面口碑评论监控的基本任务是从海量网络语料中快速识别新话题、热点话题和突发事件等。当前关于口碑评论监测的相关文献主要从基于情感强度的网络负面口碑评论测评和基于网络结构模型的网络负面口碑评论测评两个方面进行探讨。

2.7.1　基于情感强度的网络负面口碑评论测评相关研究

Hung(2017)依据上下文词汇构建了相关情感词典，通过词汇与偏好向量模型相结合筛选重要网络口碑文档，帮助消费者更有效地做出购买决策。Chen等(2017)提出了从市场角度度量产品网络口碑影响的框架，并结合产品竞争关系和客户沟通关系这两层网络的节点影响效应引入产品销量变量构建负面口碑评论预测模型。Hung等(2016)提出了基于产品评论上下文的词义消歧技术，并以此构建了Sys-Word情感词典，用于计算口碑情感倾向和程度。何有世等(2018)利用产品领域本体提取产品属性并构建属性层次模型，通过构建情感词典计算不同层次属性情感倾向程度分析产品在总体、属性类、单个属性三个层次的情感值。唐晓波等(2016)以手机评论为研究数据对象，通过本体对产品特征抽取、分类并以情感词典为基础，提出基于特征本体的产品评论情感分析方法。李吉等(2019)在情感词汇本体构建基础上，加深了评论口碑的情感粒度划分，采用PAD三维情感模型计算情感强度，以此分析商品评论蕴含的情感状态，进而对网络负面口碑评论进行预测评估。张艳丰等(2016)以美国消费者满意度模型(ACSI)为基础，构建了网络口碑评论监测评估模型，结合情感隶属度模糊推理算法对网络负面口碑评论进行监测评估，提出的基于情感隶属度模糊推理的网络负面口碑评论监测评估方法得到较好的实验检验结果。

2.7.2 基于网络结构模型的网络负面口碑评论测评相关研究

夏立新、毕崇武等（2019）针对网络负面口碑评论演化路径不明确、演化态势复杂等特点，定义网络负面口碑评论事件链的节点状态演化，并给出网络负面口碑评论事件链的构建过程，最后通过实证与案例验证了方法的有效性与可行性。赵洁等（2015）将文本词项作为负面口碑评论信号，将时序特征转换为频谱特征，提出一种基于频域信号分析的网络突发事件检测模型，以此预测网络负面口碑评论的突发时间和周期性非突发时间。张红宇等（2014）通过构建线性模型的方法，采用来自大众点评的数据对模型进行发现评估，结果表明口碑评论数量、口碑评论评分和负面口碑评论均部分影响消费者的在线行为。何跃等（2015）利用信息熵建立负面事件中网络口碑溢出效应评价指标体系，并以"圆通夺命快递"事件为例，对网络口碑溢出效应方向与强度进行对比分析，讨论了网络负面口碑评论危机对同类行业的溢出效应。

2.7.3 基于复杂网络的网络负面口碑评论监测与预警相关研究

网络负面口碑评论危机预警是控制负面口碑评论（顾秋阳等，2021）、制定高质量应急决策和危机公关的重要环节。对网络负面口碑评论预警的研究首先基于负面口碑评论信息精准监测，基于扫描统计量（裘江南等，2015）、条件随机风险分类模型（许诺等，2020）等手段提取负面口碑评论危机爆发时间点等主要信息，动态监测负面口碑评论危机风险。口碑评论危机预警机制的关键是预警指标筛选和预警方法设计。在负面口碑评论危机预警指标构建方面，杨小溪等（2021）从信息生态视角，将信息本体与信息环境、信息人和负面口碑评论间的关联一一映射到信息生态宽度、信息繁衍状态和信息间竞合关系，构建了网络负面口碑评论危机预警指标体系。黄炜等（2017）基于网络恐怖事件爆发的原因、进程和结果构建预警评价指标体系，发现事件传播初期的网络热度和影响力最为显著。田世海等（2021）认为现有的负面口碑评论危机预警的评价指标方法均无法较清晰直观地呈现危机预警这一复杂系统的运作规律，而随机 Petri 网对于复杂系统的仿真建模有很好的适应能力，因此利用随机 Petri 网直观呈现预警系统的动态运行过程，结合马尔科夫与 Petri 网的同构性分析多风险指标间的交互影响关系，制定行之有效的预警启动规则。

  在商家对网络进行负面口碑评论监控过程中，口碑预测尤其负面口碑评论信息的预测与识别非常关键。现有的研究分别通过口碑情感倾向的测量和网络结构的交互作用等方式对网络负面口碑评论进行了监控与测评。然而，网络负面口碑评论究竟在哪些驱动因素的作用下广泛传播扩散？负面口碑评论发展的演化机制又是怎样的？我们在对负面口碑评论信息监控的同时更希望预先推演出负面口碑评论危机的发生轨迹与传播效应，进而对负面口碑评论危机进行有效预测与防治。这也是本书研究的核心问题。

3 相关概念与理论基础

3.1 超网络理论

3.1.1 关键节点

关键节点是指网络路径中的重要点。在不同领域事物发展传播过程中，都会出现影响事物发展主要方向的关键节点。网络中口碑评论的产生与传播同样也会有不同的口碑评论关键转折点，这些口碑评论关键转折点在口碑评论传播的不同阶段起着重要的作用。当网络平台中出现突发事件时，由于多数网民在网络平台中仅仅扮演普通网民游客的角色，发表评论信息时会怀着从众心理，如果网络口碑评论传播某关键点发表差评言论，那么负面口碑评论传播的螺旋效应便会凸显，进而导致某些网络用户的观点极化现象，再加上传播蝴蝶效应的作用，那么负面口碑评论信息中的极端言论会激化煽动网民的负面情绪，严重的话甚至会造成社会广泛舆论。故网络口碑评论传播的关键点挖掘与识别和思想价值观的正确引领对商家如何有效地控制网络口碑评论正向健康发展有重要的意义。

现有的研究中，许多学者应用社会网络分析方法对网络平台中负面口碑评论传播的意见领袖进行深度挖掘与识别，以社交网络为研究的主体，意见领袖通常为转发量、粉丝数较多的大V。但是，网络负面口碑评论的传播不仅仅存在于社交网络，还存在于观点子网、情感子网、环境子网、时序子网等。因此，我们不能仅凭借转发量与评论数来挖掘负面口碑评论传播的关键点，还应当从多个角度、多个层次对负面口碑评论的关键点进行全面深入挖掘。意见领袖不仅指具有鲜明观点的博文发言者，还包括较为积极活跃、传播影响力较大的用户。

为了更全面地挖掘网络负面口碑评论传播的关键转折点，本书以超网络为理论基础对负面口碑评论形成与传播的过程进行建模，并结合神经网络、LDA、Python 等对网络负面口碑评论传播的关键点进行全面深入挖掘，最终将负面口碑评论传播的关键节点划分为六种人物，分别为活跃人物、焦点人物、意见领袖、传播人物、潜在活跃人物、潜在传播人物。对这六类关键节点的识别有助于分析网络负面口碑评论传播演化的主要方向，对负面口碑评论的有效控制具有重要意义。

3.1.2　超网络

"超网络"最早由 Y. Sheffi（1985）和 P. Denning（1985）提出，A. Nagurney（2002）给出了超网络的明确定义，是指高于而又超于现有网络的网络（刘小敏等，2018）。有学者基于负面口碑评论传播影响因素通过深入分析超网络模型同节点间的关联关系，构建了具有四层子网的微博负面口碑评论主题识别超网络模型（梁晓贺，2019）。马宁等（2015）利用超网络将微博舆论对应的网络划分为社交子网、环境子网、心理子网、观点子网。本书结合现有的研究成果和网络负面口碑评论传播的特征，将负面口碑评论传播的超网络划分为环境子网、社交子网、观点子网、情感子网、时序子网。具体如图 3-1 所示。

在负面口碑评论超网络中，核心层子网即社交子网、观点子网、情感子网是紧密联系在一起的，是负面口碑评论产生、爆发、消亡的主要条件，由此形成了舆论场。环境子网一方面正向影响着舆论场的演化，另一方面舆论场产生的舆论也会反作用于环境子网。时序子网是一直存在于负面口碑评论发展过程中的，体现着负面口碑评论演化的不同阶

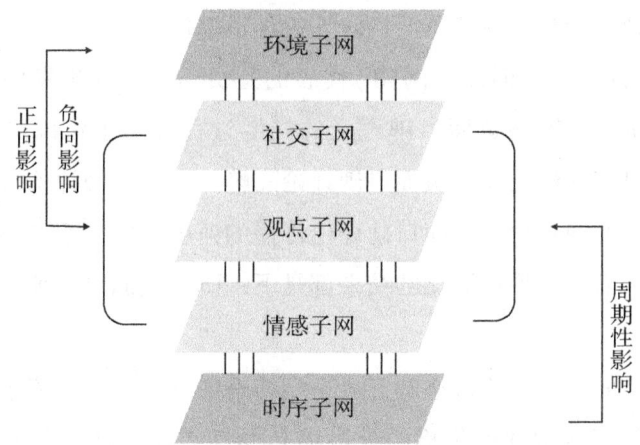

图 3-1　网络负面口碑评论超网络模型图

段。各个子网在负面口碑评论超网络中的交互作用具体阐述如下。

(1)环境子网：网络平台环境子网为负面口碑评论传播提供了网络互联互通的背景环境，环境子网的存在对舆论演化产生影响，同时负面口碑评论产生的沸腾舆论也会对环境子网产生反作用。

(2)社交子网：表示参与网络讨论的用户(U)间的交互评论与转赞关系，用户间的点评转发行为促成了负面口碑评论的扩散。其中，政府、媒体、名人等用户由于其身份的影响力、众多粉丝的关注度，使得他们的博文或评论往往成为大众用户追随的领袖意见，他们的转发行为对于负面口碑评论的传播往往具有加速引导作用。

(3)观点子网：即通过关键词(K)反映网络负面口碑评论文本的不同主题，文本特征词、关键词构成的观点子网是传统的文本主题挖掘方法的主要挖掘对象。观点子网中主题关键词的相互关联也反映了负面口碑评论内容特征属性，是对口碑主题的表现。

(4)情感子网：由于负面口碑评论的产生与传播带有一定的公众情绪和社会震慑，因此情感因素(E)常作为负面口碑评论主题识别与挖掘的重要方面。情感文本信息是论坛、微博等自媒体特征的重要体现，分析文本情感信息我们可知晓应用平台中网络用户的情绪状态，有助于监测网络口碑评论热点或者负面口碑评论危机事件。

（5）时序子网：时序子网（T）代表的是负面口碑评论发展过程中的不同演化阶段。网络负面口碑评论的产生过程经历了负面口碑评论发生—负面口碑评论发展—负面口碑评论高峰—负面口碑评论减退四个阶段，在不同的演化阶段负面口碑评论传播的速度与广度都有不同，同时上一阶段负面口碑评论演化的结果都是下一阶段负面口碑评论持续演化的诱因。

网络负面口碑评论传播的五个子网络有如下关系，环境子网与时序子网是对负面口碑评论传播的外围演化驱动表示，社交子网、观点子网、情感子网是对负面口碑评论核心主题演化的演绎，是负面口碑评论演化的核心层次。社交网络、观点子网、情感子网相互间的关系如图3-2所示：

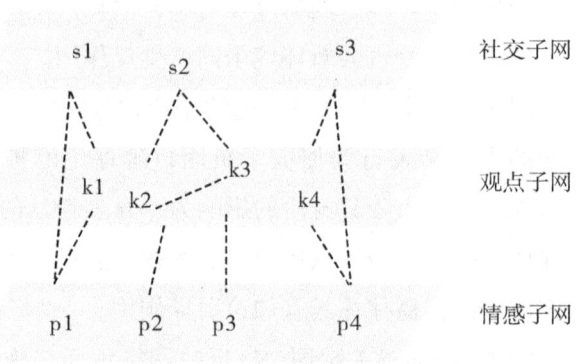

图 3-2 子网络间节点关联图

在负面口碑评论传播的超网络中，社交子网中某网络用户发表博文或评论，形成某观点主题，实现核心层次不同超网络子网相互间的关联，形成超边；并且每层子网中的节点又通过社交互动、话题关联、主题相似等相互连接，形成了负面口碑评论传播的超级网络。

为了对负面口碑评论传播的超网络中各个节点实现精准的挖掘与识别，我们引入集聚系数、节点超度、超边连接度、超边重叠度、平均最短距离、接近中心度等指标。

1）集聚系数

集聚系数是网络图中，各个顶点间集成团的程度系数。假设图 $P=(V, S)$，其中 $V=\{V_1, V_2, \cdots, V_n\}$ 表示网络图中各个节点的集合，$S=\{S_{ij}:(i,j)\}$（S_{ij}）（表示节点 V_i 到节点 V_j 的边）。因为超网络中的节点组合会形成开口三角形 P_o 和闭合三角形 P_c，因此负面口碑评论超网络的集聚系数定义为：

$$P_t = 3 \times \frac{P_c}{(3 \times P_c + P_o)} \quad \text{（公式 3-1）}$$

集聚系数的大小反映了超网络中是否存在起主要引导作用的意见领袖。$P_t=0$，代表超网络中每个节点与其他节点间均无相互关联关系；$P_t=1$，表示超网络中任意两个节点间均相互关联。但在现实场景中，网络中的众多节点必然不会产生两种极端情况，并且 P_t 会趋于 0~1 间的某个常数。

2）节点超度

节点超度是指节点参与组成的超边数量。节点超度的值越高，说明节点与周边节点联结的频率越高，那么该节点很可能是网络平台中较为活跃的用户。

3）超边连接度

超网络中，若两条超边均包含某一节点，说明这两条超边通过同一个节点相互连接。超边连接度指的是超边通过其包含的节点与其他超边相连的所有超边数量。可用公式表示如下：

$$TO = \frac{\sum_{i,j \in N, i \neq j}^{N} TO_{ij}}{C_N^2} = \frac{\sum_{i,j \in N, i \neq j}^{N} \left(\frac{|TS_i \cap TS_j|}{|TS_i \cup TS_j|} \right)}{C_N^2} \quad \text{（公式 3-2）}$$

其中，N 表示超网络模型中超边的总数量；TO_{ij} 表示两个超边 TS_i

与 TS_j 间的超边连接度。

4) 平均最短距离

平均最短距离指的是超网络中任意两节点间的最少路边数。在负面口碑评论传播的超网络中,在找到焦点人物节点和活跃人物节点的基础上,若两个节点间的平均最短距离愈小,那么该节点是意见领袖的可能性愈大。可用公式表示如下：

$$L = \frac{2}{N(N+1)} \sum_{i \geq j} d_{ij} \qquad （公式3-3）$$

超网络模型中意见领袖的挖掘与识别如图3-3所示：

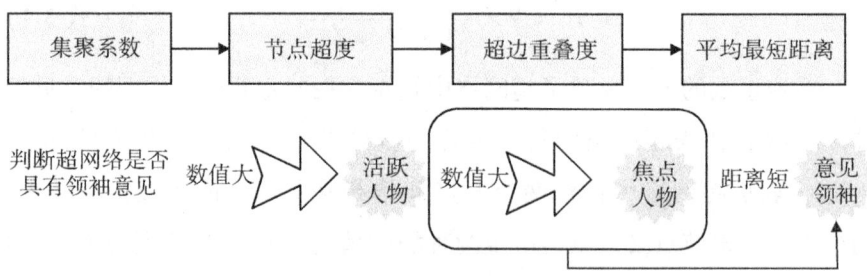

图 3-3 网络负面口碑评论意见领袖识别过程图

5) 超边重叠度

超网络模型中各个节点的连接数字本书用 E 表示,意思是该节点与其他任意节点相连的总个数。那么对于已知某一节点,存在该节点的最大连接数 E_{max} 和最小连接数 E_{min},其超边重叠度即：

$$D = \frac{(E_{max} - E)}{(E_{max} - E_{min})} \qquad （公式3-4）$$

超边的重叠度值越高,说明连接该节点的超边相似性越高,那么该节点很有可能是负面口碑评论的传播者。

6) 接近中心度

接近中心度代表的是某节点到其他所有相连节点的距离的总和,总和越小,说明该节点到其他节点的距离和越小,也就是该点距离其他节点的距离都很接近，那么该点可被认为是超网络的中心点。接近中心度体现的是某点与其他点的近邻程度。通过对超网络中各点的接近中心度进行计算，可以得知网络中较为活跃的节点，即网络上转发评论较为活跃的用户。可用公式表示如下：

$$F(x) = \frac{1}{\sum_{y} d(y, x)} \quad \text{（公式3-5）}$$

舆情网络分析作为一种揭示和解释动态复杂的负面口碑评论过程的分析手段，一直是网络信息分析的热点。然而，在现有的研究中，采用社会网络分析方法的舆情网络分析中涉及的实体要素比较单一，局限于一种或两种类型的节点，网络中节点间关系比较简单，主要是共现关系或转发/回复关系。但是负面口碑评论主题演化的过程是复杂的，其中涉及的要素种类繁多，包括用户主体信息、关键词主题信息、时序特征信息和情感特征信息等，各个要素间并不是简单单一的一对多的关系，而是复杂的作用网络关系，仅仅从单一类型的知识点和单一的关系进行分析，不仅限制了对负面口碑评论的深度挖掘，也不利于描述负面口碑评论的总体概貌。

3.2　网络口碑评论组织模式及方法

3.2.1　网络口碑评论内涵

口碑评论也即舆论（Public Opinion）。狭义的口碑评论是指作为口碑评论主体的民众对国家管理者产生和持有的社会政治态度，广义的口碑评论是指民众的全部生活状况、社会环境的主观意愿，即"社情民意"。网络口碑评论（Network Public Opinion）则是网民通过互联网表达和传播的各种不同情绪、态度和意见交错的总和。随着以微博、微信为代表的新媒体在网络舆情中的应用，公众更多的通过微博、微信等新媒体平台表达自己的观点，使互联网环境下的网络口碑评论成为舆论传播的主流。网民通过移动工具端等对现实中的某些焦点问题发表观点,具有比传统媒体舆论传播更强的影响力、更广的传播范围和更快的反应速度。

当前,不少学者广泛地开展了网络口碑评论构成要素相关研究,且取得了不菲成果。如陈力丹(1999)分析口碑评论形成由八种要素共同促成,每种要素从不同维度描述了口碑评论形成的驱动作用。顾芳芳(2011)模拟口碑评论生成机理提出包含四要素的 ECPG 模式。总体来看,当前普遍认可"5 要素"的口碑评论构成说法,即口碑评论主体、客体、载体、本体及传播模型。为此,本书亦采用"5 要素"观点剖析网络口碑评论内涵。

(1)主体外延广泛

网络口碑评论的主体除了普通用户外,还包含公众人物(如官方媒体、专家、企业家或明星等)及机构组织(如组织协会、团体、政府机构等)。

(2)客体覆盖面更宽泛

日常与民众切身利益息息相关的主题更容易引发网络情绪,如公众健康、福利、医保、学区房等问题。然而,网民的兴趣爱好、关注点是更加宽泛的,往往一点小事也容易被放大化,成为关注的对象。比如,明星结婚、离婚,公众人物的语句言语,运动员的在赛场上的一个动作等。

(3)载体与时俱进

原始的载体为人与人实体,随着科技不断发展,互联网的出现改变了载体实质,从实体变成线上虚拟空间,且随着通讯技术和物联网的普及以及科技日新月异的变革,载体方式呈现多样化,衍化出多种自媒体,如微博、抖音等,并深受网民青睐。

(4)本体复杂多变

一般而言,舆论传达的是一种言论、行为,不同的是,线下口碑评论是人与人之间通过口口相传、道听途说,而线上口碑评论是网民通过自媒体点赞、转发、评论等。相同的是两者都是对事件的探讨与意见表述或情感流露与情绪的宣泄，呈现的是网民或民众的一种态度、观点和现实社会的行为倾向。

（5）传播模式穿越时空

线下口碑评论传播往往有时间和空间的局限性。然而线上口碑评论无论是互联网还是手机移动客户端均不受时间和空间的限制，且传播速度非常迅速。一旦某事发生，通过大数据分析，只要切合网民关注点，网民可以通过互联网第一时间获取信息。

3.2.2 网络口碑评论特征

不少学者总结分析了网络口碑评论的特征，如唐涛（2014）提出网络口碑评论具有多元化特征，包括口碑评论传播中网络用户主体间"强关系"化、口碑评论客体爆发的"触发点"较多、口碑评论载体技术的泛在化、口碑评论文本信息的碎片化、口碑评论传播演化的裙带化。冯霞（2016）通过对三大手机客户端应用包括微博、微信、新闻客户端的传媒技术特征和社会网络圈文化特征的分析，得出移动互联网中口碑评论的传播具有多种方式交叉并存，多元网络主体参与，在传播过程、传播过程中功能设置失效、口碑评论传播的监督人缺失等特征。通过分析上述学者的总结，结合本研究目的，笔者重新梳理了网络口碑评论的特征，具体如下：

（1）主体规模化

随着5G时代的到来，网络渗透民众生活的每一个角落，由于网络的快捷、廉价、信息量大等特点，越来越受广大民众的喜爱，幼儿、青少年、中老年等不同年龄阶段群体，目前生活中均不可缺少网络，依靠互联网获取信息、参与公众事件讨论、发布口碑评论观点等。因此，参与网络口碑评论的用户范围宽广、覆盖面大。

（2）客体多元化

不同网民兴趣爱好各不相同，所关注的信息也不易相同。然而，随着载体不断发展,以及大数据时代的出现,网民能及时、快速获知自己关注的信息,经过广泛深入的探讨,某些信息成为(某一部分)民众舆论热点。客体多元化主要体现在网民爱好的广泛性,关注信息点的多元性。

(3)载体先进性

随着网络科技日新月异的变革,口碑评论载体随之发生变化,如由原来的台式电脑发展为笔记本电脑,再到移动设备端(手机、iPad、移动手表等),且随着网络速度的不断提升,从2G、3G、4G发展到现在的5G时代,网络传播速度从原来的kb发展到现在的MB甚至是GB,凸显出先进性特征。

(4)本体碎片化、丰富化

随着网络的不断发展,网络口碑评论的信息载体也更加丰富,不再局限于传统文字,取而代之的是网络词语、视频、语音等多种形式,如yyds、hold住、碉堡了、高富帅等,从而使网民获得的信息碎片化,若不及时关注最新信息、与时俱进,都不知道网络词语的涵义。同时导致不知情的网民利用碎片化信息进行转发、扩散、积累等,呈现本体丰富化特征。

(5)网络口碑评论交互融合

网络口碑评论的形成是多种口碑要素相互作用的结果。总体呈现出意见多样化、观点多元化、情绪极性化、态度易变化的特征。情绪的极性化使得口碑评论信息极易形成负面口碑事件,而意见的多样化、观点的多元化、态度的易变化增加了网络负面口碑监测、挖掘的难度。

(6)口碑评论形成网络交互复杂

网络口碑评论主体规模较大,客体多元化,本体碎片化、海量化,载体先进性,口碑评论信息的交互融合等特征在网络的拓扑结构中直接表现为节点多质,数量庞大,边的连接错综复杂。网络口碑评论的动态形成过程导致更多的节点和边连接到网络中,使得网络结构更加复杂。

3.2.3 网络口碑评论要素组织方法

随着时代发展,互联网已经覆盖社会生活的几乎所有角落,无论政治、经济、教育、自然、法律,都因互联网尤其移动互联网的产生与发展而经历着翻天覆地的变化。社会发展与科技的进步促使人们活动的涉及范围越来越广泛,人与人之间的关系也越来越繁密复杂,为了量化人们在社会网络中的相互关系,学者们通常喜欢利用网络模型理论来描述现实社会中人与人、物与物间各种类型、各种层次的复杂关系系统。现有的研究,越来越多的学者将网络概念引用至复杂和抽象的社会关系模型中,以帮助揭示社会关系与现象,深度挖掘网络中个体与个体间的相互关系。

3.2.3.1 社会网络分析

社会网络理论源于 20 世纪 30 年代,在 70 年代得到广泛应用与发展,直至 90 年代社会网络概念开始广泛应用于各个不同研究领域。1940 年英国人类关系学家 Radcliffe Brown 最早提出社会网络概念,他采用"社会关系网络"(Network of Social)这一名词来定义社会结构,1955 年德国古典学家 Georg Simmel 将社会中人、物间的关系结构描述为网络,将社会结构中人与人间的社会关系比喻成相互交织的网络关系。1988 年加拿大社会学家 B. Wellman 提出了较为成熟的社会网络的概念,他将社会网络定义为"由某些特定群体间的社会关系构成相对稳定的关系网络"。

社会网络分析方法的发展紧密跟随着社会网络理论的发展,社会网络最初属于人类学和心理学研究的范畴,随后社会网络理论的发展过程中衍生出了许多学派和学科分支,这些学派与学科的发展又促进了社会网络理论的发展。社会网络理论的研究大体可归纳为三条路径:第一条是测量学学派,该学派运用图论的方法对网络结构进行研究,分析网络结构中的社会关系。第二条是曼彻斯特学派,该学派是由人类学家曼彻斯特对社会网络特征进行分析时提出的,他强调将结构看作是网络,将社会网络作为分析性概念。该学派理论被应用至社会学理论中,对早期社会网络分析的系统化起到了推动作用。第三条是"新哈佛学派"。该学派产生在20世纪70年代后,由哈佛大学众多社会网络学者组成,该学派对社会网络结构提出了一系列有建设意义的理论与概念,例如该学派提出了网络结构观,强、弱关系概念,并强调弱关系与强关系在网络结构中的区别性。社会网络分析方法是一种综合实现宏观、微观角度的综合分析理论工具。

(1)社会网络定义

社会网络指的是由代表社会行动者的点以及代表行动者间关系即点之间的连线共同组成的集合(刘怡君,2016)。如图3-4所示。

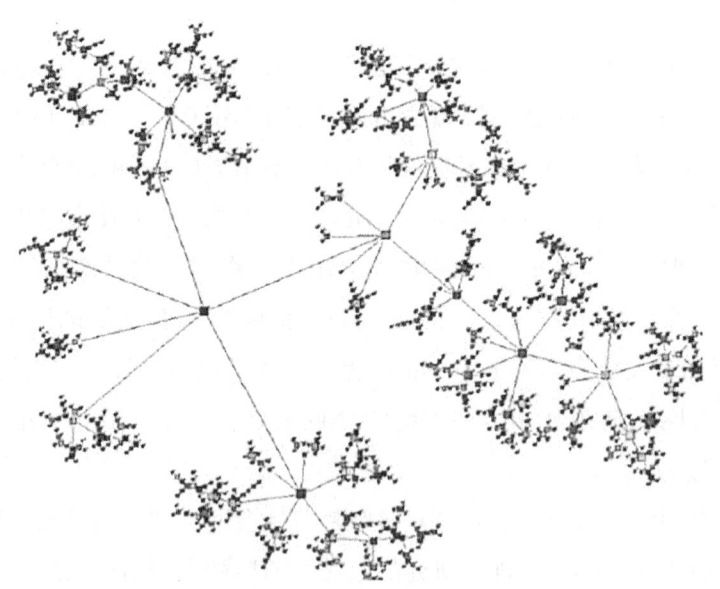

图3-4 社会网络示意图

网络中的节点代表的是社会参与者、行动者,既可以代表互联网络中发布的时刻信息,也可以代表网络用户发表评论的地点信息。比如,在网络负面口碑评论领域,网络中的节点可以是负面口碑评论下的主题、观点或某负面事件。在社会网络分析方法中,行动者的属性以及所在的各种类别的社会网络关系结构特征都是需要被考虑分析的。

社会网络中的连线是指社会行动者或参与者间的相关关系。对于网络口碑评论,网络行动者间的关系类别多种多样,可以是网络用户间的转发关系、点评关系、关注关系,也可以是网络口碑评论文本信息间的内容相似性关系或发布博文的时间相近性关系。另外,社会网络中的行动参与者间还存在着一元或多元关系,例如两名微博网络用户间既可以是粉丝关注关系,又可能涉及转发关系或评论关系。

(2) 社会网络分析方法

社会网络分析方法主要包括两种基本方法,即图论法和矩阵法。图论法是将现实社会中的行动参与者以及行动者间的关系抽象为节点与连线,并通过社群图来表述;矩阵法是利用矩阵来表示社会网络图,节点间关系通过矩阵中的元素代表,"1"表示两者间有关系,"0"表示两者间没有关系,社会网络关系中关系的分布特征可以通过矩阵的计算方法获得,矩阵法可以利用数学计算方法对社会网络构建的矩阵进行计算。

综上所述,社会网络分析方法有如下特征:①该方法主要是通过对节点之间的关系进行网络分析,而不是依据网络内在属性进行分类研究;②网络结构特征对个体行为的影响是社会网络重要的研究方向;③以上两种社会网络分析的方法均假设网络成员节点间只有一元关系。

社会网络分析方法还有一定的局限性:①不适合处理小规模、有界限约束的网络环境。由于社会网络分析中包含了大量信息,例如社会行动参与者包含多种属性,此种情况会存在大量的信息误导、不准确或不完备的约束限制。尤其对小规模、有界网络来说,其对信息分析的完备性、精确性有较高要求,因此社会网络分析方法无法实现小规模有界网络的要求进而影响结果的准确性。②社会网络分析方法尚且没有提供针对处理多源关系的网络解释。因此这种方法不适用于处理网络节点类型较多、节点间关系连线较复杂的社会网络。

3.2.3.2 超网络分析方法

由于互联网发展迅猛，现实社会关系结构日趋复杂，节点、边的类型繁多，异构化普遍泛化，仅仅通过社会网络已经不能精准地描述出日益复杂的网络关系。Bohannon（2009）指出，社会网络分析无法真实表述出网络关系特征的很重要一部分原因是图论分析对数学理论的应用不恰当、不灵活，仅仅是教条应用。超网络成为"网络的网络"在应对不同特征网络间的关系时有非常明显的优势特征，而且近年来超网络受到很多学者的广泛应用，它在网络理论中属于复杂网络范畴。当下，国内外针对超网络的研究主要围绕以下三个方面：

（1）基于变分不等式的超网络研究。变分不等式属于现代偏微分方程理论，其重要应用在最优控制问题、路径优化问题、渗流问题和弹性问题等方面。基于变分不等式的超网络研究主要应用变分不等式方法来表述多层、多维、多角度、多级的超网络模型，并在此基础上对目标函数进行优化（李晓强，2007）。同时，还有学者应用该方法尝试解决供应链优化配置问题（马军等，2013）、交通路线规划问题（Briceño，2008）、金融理财收益最大化问题（朱莉等，2015），以及广告资源最优化分配问题（杨广芬，2007）。

（2）基于系统科学的超网络模型。该方法重点强调要抓住系统整体性、结构性基本特征。具体过程是通过分析现实社会网络中的组成个体及个体间相互关联关系，进而建立超网络模型；通过对超网络模型中各个层次子网节点特征及关联关系进行深入研究，进而分析子网的局部特征；最后针对超网络自身结构的中心性、集聚性和鲁棒性等特征进行分析。该种方法常应用在知识服务与管理、组织间合作、信息通信网络设置和线上社交网络领域（王广雷，2013；石福丽等，2011；刘怡君，2012）。

（3）基于超图的超网络模型，即利用超网络进行的拓扑结构模型构建。该方向的研究大多集中在连通性、超树、最小分割、有向超图等方面。该方面的研究通常是在保证节点同质、超边同源的前提下，注重描述超网络的统计性属性特征。超图理论的应用领域主要包含数据规范化表示、科研合作网络、知识表示及在线社交网络等(李雪等,2015;胡枫,2013;倪子健等,2013;谭婷婷等,2011)。

3.3 网络口碑评论传播要素分析

3.3.1 网络口碑评论传播主体要素

网络信息人是网络口碑评论传播的主体,包括个体网民,即在舆论空间采用新媒体信息技术发布或传播网络口碑评论信息进而表达用户本身的观点态度以及情感倾向的任何个体;包括引领网络口碑评论发展的意见领袖;还包括对网络口碑评论的传播与扩散进行控制与管理的管控主体。这三类主体是网络口碑评论拓扑结构中的重要节点。口碑评论传播三类主体要素间的关系结构如图 3-5 所示。

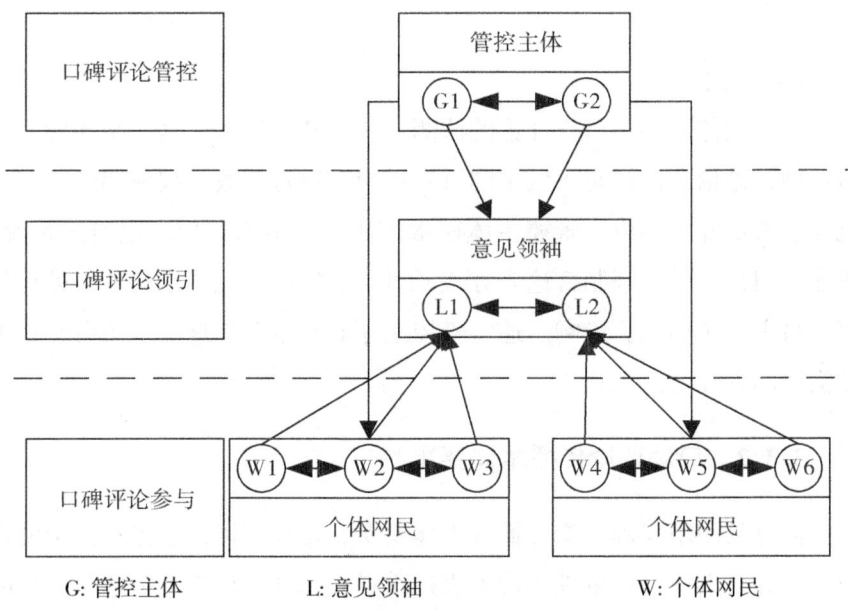

图 3-5 网络口碑评论传播主体要素结构图

(1) 个体网民

个体网民是社交网络中口碑传播的重要参与力量。在众多类型的社交平台中，包括微博、论坛、新闻门户网站，个体网民可以是口碑评论信息的生产者、发布者、传递者、分解者、接收者，他们数量庞大、类型众多、分布地域非常广泛。个体网民是网络口碑评论的主要信息消费者，是社交网络口碑评论传播的主要参与者。普通网民在网络口碑评论形成与传播过程中主要以评论、转发意见领袖或关键节点的博文或评论为主，节点的显现度较低、入度较大（杨小溪，2012）。

(2) 意见领袖

意见领袖通常是具备较高信息素养并且具有较强法制意识的主要信息生产者，他们受教育水平较高，文化道德水平也通常较强。意见领袖的博文或文章通常被普通个体网民大量阅读、评论、讨论及转发，具有非常高的网络引导力和影响力。意见领袖的凸显度较高，入度较低，主要是被评论或被转发。意见领袖代表的是普通个体网民的意见和声音，是网络口碑评论的引领者，是推动社会网络口碑评论发展的中间核心力量。

(3) 管控主体

管控主体是网络口碑评论的监测、引导和控制者，是社交环境下网络口碑评论信息传播与扩散中的重要用户，通常由政府权威部门、科研机构、舆情专家组成。管控主体通常依法采取负面口碑评论监测预警、正能量舆论引导、限制言论等方式，对负面口碑评论产生的危机进行化解以减少其负面恶劣影响。通常管控主体既是重要信息的发布者又是关键信息的管控者。

3.3.2　口碑评论传播本体要素

信息是网络口碑评论传播的本体要素，是口碑评论主体在社会网络环境中针对舆情突发事件或现象表达观点、态度、认知、情感、意见的具体数据内容，在当下新媒体技术环境下包括两方面信息，分别为内容形式的信息和工具形式的信息。社会网络环境下口碑评论传播本体要素如图 3-6 所示。

图 3-6　网络口碑评论传播本体要素示例图

(1) 内容形式信息

新媒体技术环境下内容形式的信息包括表情符、语音、静态图片、动态图片、视频等。该形式的信息区别于传统媒体信息形式，尤其表情符、语音、动态图片、视频与传统纸质媒体技术截然不同。表情符表达了网络用户的口碑评论情感、情绪含义，其效果是简单的文字表述无法比拟的。动态图片使得口碑评论信息呈现更具生动性，音频和视频信息不仅丰富了口碑评论表达形式也提高了口碑评论承载的信息量。因此，我们认为新媒体技术环境下的内容形式信息更能准确表达网民情感情绪，具有呈现形式多样、信息承载量大且生动等优点。

(2) 工具形式信息

新媒体技术环境下工具形式信息是通过移动 APP 发布的传统媒体文本信息同新媒体内容形式信息的相互融合体。虽然此种方式的信息仍然以文本为主，但在文本内容及表述形式上产生了巨大变化。首先，因为互联网新媒体技术日益更新，网络用户的"信息快餐文化"逐渐缩短了网民阅读文本信息的时间投入，人们使用移动工具端的时间也从以前较为集中的"大段时间"逐渐切分为"碎片时间"，因此，口碑评论文本内容信息的文字长度一般较短且包含较为精简的语句。其次，移动APP端和各大论坛、门户网站人性化的设计使得用户有能力高效率生产包含文本、图片、音频、视频等及其组合形式的口碑评论信息。因此，移动工具端的使用促使口碑评论文本信息内容简短，口碑评论信息生产高速，载体形式组合灵活多样。

3.3.3 口碑评论传播媒体要素

网络口碑评论传播媒体是网络口碑评论信息从发布者到传递者、分解者、接受者之间的传播路径以及控制和管理各类口碑评论的技术媒介总称。互联网环境下网络口碑评论传播媒体要素主要包括两类，一类是电脑或移动端工具，是网络用户登录互联网的工具；另一类是各大微博、门户网站应用技术平台。

（1）新媒体移动端工具

新媒体移动端工具是运用移动通讯技术、物联网技术等的移动智能终端设备，包括智能手机、Ipad和其他信息传输感应设备。网络用户可以通过利用移动端设备安装APP、应用软件等通过移动通讯网络接入无线互联网络，从而进行信息的发送与接收。也正因为移动工具的灵活性、随时性，使得网络信息的传播不受时间空间限制，随时随地可以产生口碑评论信息，随时随地可以传播口碑评论信息。

（2）微博、论坛等应用平台

微博、论坛等应用平台是综合应用通讯技术、大数据技术的应用软件，有面向电脑UC端的应用软件，也有面向智能手机、Ipad的APP。微博、论坛等应用网站平台是基于社会网络关系的社交网络SNS，人们在SNS中发布、分享新鲜的事物，或接收、转发、传播评论观点。App具有UC电脑端Wap网站无法实现的精准性、灵活性、互动性，当下越来越多网络用户对于移动设备上的APP已经发展至很深的用户黏性。

因此我们说，微博、论坛等应用平台是网络口碑评论形成、传播中不可或缺的重要硬件技术平台。

3.3.4 口碑评论传播空间要素

信息所处的时空环境是网络口碑评论传播的空间要素，是口碑评论传播所在网络平台和空间。移动通讯技术从 3G 发展为 4G，再到现在的 5G，现实世界中越来越广阔的空间镜像都可以瞬间呈现在网络用户的终端，移动工具的普及使得无论哪个年龄段的网民都可以感受现实世界的广阔，人们也在接收人间百态的缩影过程中心理不断扩张，"信息环境的现实环境化"是移动互联网特有的社会现象（Balahur，2015）。信息环境的空间要素包括信息时空、信息伦理、信息制度，互联网环境下口碑评论传播扩散的空间环境要素如图 3-7 所示。

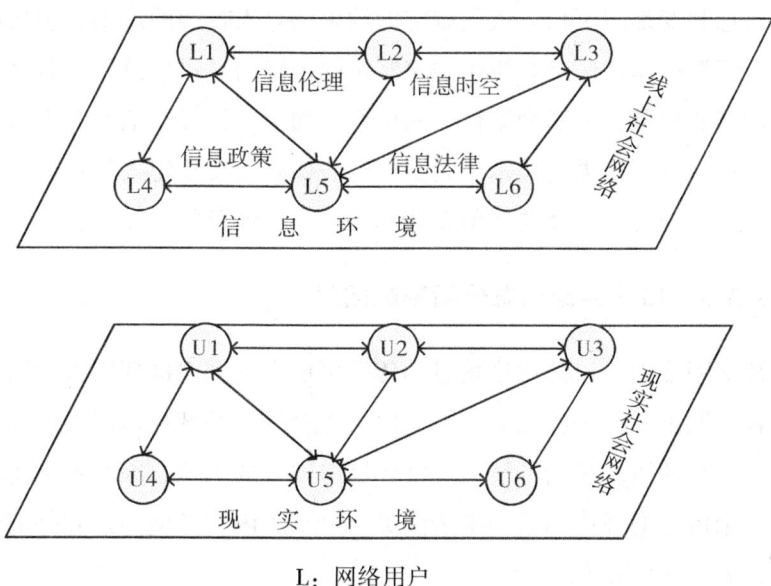

L：网络用户

U：现实社会用户

图 3-7 网络口碑评论传播环境空间要素示例图

(1) 信息时空

信息时空是网络用户在互联网的活动空间，即网络用户生产、传递、分解和消费信息的空间。网络用户发布信息数据吸引网民阅读、评论、转发，网络用户间聊天游戏等都会促成信息的生成及在空间中的传输。当然，对于不同类型的网络用户，周围时空场的强弱有区别，高级别的用户吸引用户数量多，浏览转发行为频繁，那么信息时空就忙碌些，信息流量大些，因此高级别用户的作用范围也大些。

(2) 信息伦理

信息伦理是指信息传播过程和信息内容涉及的道德问题，是网络口碑评论信息形成、传递、消费过程中呈现的道德伦理的规范、准则、约束。信息伦理是对互联网中人与人之间关系、人与社会间关系的调节规范，它依靠网络用户内心道德善恶标准来维护，同时也受法律的强制规范。

(3) 信息制度

信息制度是国家权力机关制定的约束信息人行为的规则，包括信息政策与信息法律。信息政策是国家制定的围绕信息供应链从上游至下游整个环节的规范，涉及网络信息的生产、加工、传播、消费等环节，还涉及信息生产、传播的技术工具。信息法律则主要规定人们对信息的占有、使用、处置，以及利用信息获利等行为中涉及的法律问题。

3.3.5 口碑评论信息传播影响因素

社交网络中，口碑评论信息的传播可能会受到内部环境因素诸如信息内容、网民属性等特征的影响，也可能会受到外部环境因素诸如技术环境、文化环境、政治环境、经济环境等因素的影响。因此本书将影响口碑评论传播的环境因素归纳为两类，分别为内部环境因素和外部环境因素，如图 3-8 所示。

(1) 内部环境因素

网络口碑评论传播可能受到的内部环境影响因素包括：①信息内容。网络平台中口碑评论信息可以是文本信息形式，也可以是多媒体信息形式，文本信息内容大多包含新闻、评论、感言、段子等（肖静，2014），多媒体信息通常包括图片、音频、视频。②博主属性。博主属性包括博主的领域权威性、专业性，博主用户的粉丝数量、博文被转发量、博文被点赞量。博主越被关注说明博主的网络言论影响力越强。③用户属性。该因素包括普通网络用户在论坛、微博平台的活跃性，网络口碑评论的传播在一定程度上受普通网络用户网络活跃程度的影响，包括该普通网络用户点赞、评论、转发次数，发布博客数，博客被转发数等。

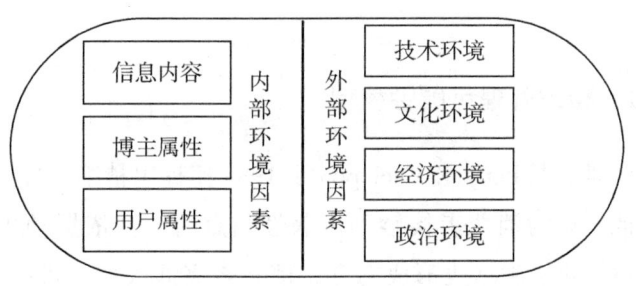

图 3-8　网络口碑评论传播影响因素示例图

(2)外部环境因素

网络口碑评论传播所受的外部环境影响因素包括：①技术环境。网络用户在论坛、博客发布信息后，信息的传播和发散在不同应用软件平台有所区别。信息的发布与传播受平台注册用户数量的影响，拥有注册用户较多的知名论坛，可能信息的传播覆盖面也广泛些。再有软件的开发程度、网络协议、网络安全监测等都会对信息的发布、传播速度、效率造成影响。②文化环境。文化环境包括口碑评论传播所处区域的民俗文化、宗教信仰。相对开放的国度文化促进网络用户对信息的评论与转发行为，相反，相对闭塞的国度文化下，人们不愿意轻易在网络上表露自己的转发、点赞、点评行为。③经济环境。社交网络口碑评论信息的发布与传播受国家经济政策的重要影响，开放的政策管制下网民的信息消费观相对外放些，因此会促进网络用户对信息客体的传播（李宗富，2017）。另外，国际经济形式的变化也会影响网民在网络平台上表露情感倾向、评论与转发行为，进而对口碑评论传播的速率及范围产生影响。④政治环境。即对人们基于网络的信息生活具有现实与潜在作用和影响的政治力量。互联网法律法规以及网络信息传播规则的制定能够影响网络口碑评论的传播，也能在一定程度上规范网络用户发布的言论以及相关网络行为。

3.4 网络口碑评论消极影响机理

3.4.1 精细处理可能性模型

社会心理学家 Petty 和 Cacioppo 于 1983 年提出精细处理可能性模型（ELM），他们认为消费者接触到说服性信息时，会依据动机与能力差异遵循两种不同说服路线形成态度。消费者高涉入度会遵循核心路线，即形成持久一致的、不易受外界冲击影响的态度。消费者低涉入度会遵循外围路线，即形成容易受外界情境影响的、不持久的态度（Park 等，2007）。ELM 模型理论认为消费者的涉入度高低决定了信息说服所遵循的路线，同时也决定了信息接收者对信息处理方式的异同。在高涉入度条件下，信息接收者有动机去仔细处理信息，他将把思维的焦点放在说服性信息内容上，信息内容本身将对接收者的态度产生更大影响；在低涉入度条件下，信息接收者不会投入过多的精力对信息内容进行精细加工，而更可能去关注一些非核心因素，如信息来源的吸引力、可靠性或权威等（Park 等，2007）。

网络消费者在面对琳琅满目的产品做出选择时，往往在受到外界情境感知的影响的同时进行内心认知加工的解读。根据心理学和生物学关于情感的理论，人在面临备选方案的选择时，会产生两种类型过程，即情感和认知（Epstein，1993）。认知是根据人们对态度对象属性所持的信念，通常是基于对态度对象特征的客观评价和认识，受个人能力和知识水平的影响较大；情感是一种根据人们的感觉和价值观形成的对事件的评价，而不是基于对态度对象本质的信念，较多受情境刺激的影响。无论是认知或情感，它们均因消费者对产品对象的动机性而决定影响因素的涉入程度。潜在消费者需求动机较强便会倾向于理性处理评论信息内容，由客观认知与个人知识储备综合加工评论内容；潜在消费者需求动机较弱便会倾向于感性处理评论信息内容，由情境感知、情绪唤醒或个人价值观调动来处理评论信息内容。

因此，对于负面口碑评论的负面影响机理过程，我们依据精细处理可能性模型(ELM)，将负面口碑评论信息对潜在消费者的影响过程解剖为两条路线，即外围的情境感知路线与核心的认知加工路线。依据潜在消费者涉入度的高低将影响潜在消费者购买意愿的因素划分为外围因素与核心因素两类并分析影响因素的路径系数与影响效用。

3.4.2 信息加工理论

信息加工理论(Information Process Theory)的本质，是探究机体内部的信息流。根据信息加工理论观点，心理学不只可以复制或控制行为，甚至可以揭示机体内各个信息加工的过程细节。基于这一观点，我们可以理解为人类是一部非常复杂的机器，学者们试图通过各种研究探寻人类内心"暗箱"中所产生的反应。所以，信息加工理论的相关研究学者常把人们认知系统表述为信息贮存并加工的一系列功能方框(或称为暗箱)，指出是这些方框来传递信息。每个方框代表的是人们大脑中对于信息的转变。随着我们对心理学的认知越多越详细，每个功能方框所表达的精细程度就越高。这些方框通常被称为信息加工的不同阶段。人们的大脑每时每刻都在不停地接收信息，消化信息，经过加工转化进而影响行为。

基于信息加工理论，我们将网络负面口碑评论信息和商家反馈信息作为输入变量，探讨其对潜在消费者信任与购买意愿的影响。同时，我们还增加了消费者动机性、商品类型等调节变量，分析其在影响过程中是否具有调节效应。

3.4.3 动机性信息处理理论

动机性信息处理理论源于社会心理学，该理论认为，动机塑造认知的过程中，信息接受者有选择地感知、编码以及保留与他们的期望相一致的信息（杨燕和蔡新蕾，2016）。动机性信息处理是一种普遍的人类倾向——有选择地接收、吸纳与其预想相一致的信息（杨燕和蔡新蕾，2016）。根据该理论，消费者的动机将影响他们处理信息的方式，进而决定他们对利益相关者的观点的关注与采纳，从而促使他们做出购买决策。在研究内容一中，我们将探讨负面口碑评论的特征性因素对潜在消费者购买意愿的影响，在影响过程中，消费者动机性是否会同各个因素形成交互效应进而对购买意愿的影响产生差异。我们将基于动机性信息处理理论，探讨消费者动机性是否对负面口碑评论负向影响潜在消费者购买意愿过程产生调节效应。

3.4.4 归因理论

归因理论（Attribution Theory）是关于人们如何解释自己或他人的行为，以及这种解释如何影响其态度和行为的心理学理论（李巍和王志章，2011）。以往的研究指出，消费者的不同归因类型会对说服效果产生不同的影响（Chatterjee，2001）。薛可等（2014）以顾客对产品感知伤害度为调节变量，分析了归因认知对顾客购买意愿的影响作用机制及路径过程。归因理论认为，消费者越多地将产品负面口碑评论归因为产品内在功效，消费者越容易被产品负面口碑评论说服，从而信任受损越强（李巍和王志章，2011）。归因理论的折扣原则认为，消费者将产品负面口碑评论归因为外部环境因素，则消费者越不容易被负面口碑评论说服，因此信任受损越弱（Goldsmith，2006）。信任修复归因中，学者们认为否认是一种有效的信任修复方式，因为违背方否认信任违背过程中所犯的错误,将失败归咎于与自己无关的因素,这样可以消除信任方对违背方的怀疑,使信任方继续相信违背方(Signal 等,1988)。

我们利用归因理论的因果归因和属性归因原理,分析两个机理过程:1)商家反馈解释策略归因过程中,对失败交易产生原因归因于外部环境因素是否比归因于商家自身因素对于潜在消费者信任修复效果要好?2)内部归因中,商家反馈不可控性归因是否比可控性归因效果好?不稳定性归因是否比稳定性归因效果好?

3.4.5 社会交换理论

研究个体交换过程,要借用社会交换理论来探究交换给双方个体带来怎样的反应。社会交换理论(Social Exchange Theory)认为,人们所有的社会活动都是在追寻能够满足个人物质与精神生活所需的各类资源。Foa(1976)将社会资源划分成六个种类:爱、地位、信息、金钱、实物、服务。社会资源可以看作任何能够由一个人传递给另一个人的事物,它不一定是实物,例如像尊敬、爱、地位、信息等较为抽象的事物也可以被称为社会资源。在商家反馈情境中,我们可以将社会资源的补偿划分为两个维度:功利性(Utilitarian)维度和象征性(Symbolic)维度。功利性维度包含的是经济资源,例如金钱、时间、商品等,而象征性维度包含的是心理和社会资源,例如尊敬、同情、爱、地位等。杜建刚等(2007)认为正是因为人们对不同维度的社会资源重新获取进而导致了消费者的心理和行为反应。

在本书对不同类型商家反馈策略比较研究中,我们要探讨不同类型商家反馈策略对潜在消费者信任和购买意愿的正向影响作用。在商家反馈策略分类研究中,相关学者从不同角度对反馈策略进行了分类与比较,并从反馈的及时性、负面危机事件是否可辩解等方面进行了大量研究。本书试图从社会交换理论角度,对不同类型商家反馈策略和不同类型商家反馈组合策略进行对比,分析其对信任不同维度的修复作用以及对潜在消费者购买意愿的影响机理。

3.5 网络口碑评论演化机理

3.5.1 网络口碑传播主题识别

主题识别即主题抽取，目的是对大规模信息进行处理和分析，帮助用户快速、高效地了解识别信息内容、发现信息主题。主题识别最初可以追溯至话题检测与跟踪技术（Topic Detection and Tracking，简称 TDT）中话题主题检测阶段，该技术由美国国防部高级研究计划署提出。现有的主题发现已不再仅仅局限于传统的新闻媒介领域，在网络媒体范围中的应用同样层出不穷。主题识别的过程一般有如下流程（如图 3-9 所示），其中特征表示、相似度计算、主题识别方法选择是主题识别中较繁琐复杂的环节，本书将针对以上方面进行重点阐述。

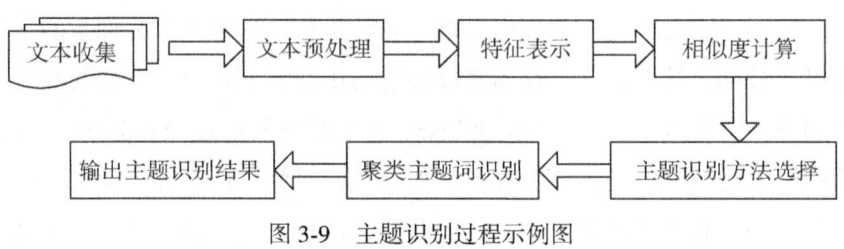

图 3-9　主题识别过程示例图

3.5.1.1 特征表示

特征表示是人工智能和认知科学交叉领域的研究热点，它反映的是人类对特征要素的理解过程，利用计算机语言将其在人脑的抽象形式进行结构化表示或数学描述，转化成机器可识别的语言形式，以便程序自动识别和处理。根据口碑评论要素表现形式的不同，可以将针对口碑评论要素的特征表示方法分为非文本特征表示方法和文本特征表示方法。

1. 基于非文本特征

口碑评论信息包含着丰富的非文本特征，如用户、时序特征等，这类特征常依据特征对象出现与否构建 0-1 矩阵，进行特征表示。布尔模型（Boolean Model）（吴夙慧等，2012）正是采用 0-1 表示特征对象的模型。布尔模型是一种较为简单的特征表示模型，它将文档非文本特征表示成用特征词表示的向量集合，其特征词的权重只可以用 0 和 1 表示，即如果文档包含某特征词，则向量对应的特征词的值为 1，否则为 0。布尔模型由于其简单快速的优点被广泛应用于分类研究，但是因为其只考虑特征要素的有、无，而疏于对程度的揭示，使得其不适用于语义关系丰富的文本特征表示。本书中社交子网和时序子网中的用户特征、时序特征均采用布尔模型进行表示。

2. 基于文本特征

该类方法对文本内容进行特征表示，基于文本特征表示方法的研究较深入、广泛，其研究成果较为丰富。概率模型（Probabilistic Retrieval Model）（Salton W，1975；Lipani A 等，2018）是在布尔模型基础上提出的，同布尔模型的二值法表示权重不同，概率模型引入概率论理论，从分布概率角度筛选特征词。现有的研究中，概率模型广泛应用在检索系统中，构建有效概率模型的基础是获取正确的数据源并进行有效的概率估计。

统计语言模型（Statistical Language Modeling）（孙昌年，2012）是基于概率论和统计学建立的模型，解决文本表示的一些难题，目前有以语言规则为基础的模型和以统计为基础的模型，最常见的是以语言规则为基础的模型。该模型将文本看成由很多组词序列构成，通过概率分布算法计算一组词序列在文本中出现的可能性。通过语料库学习，可以获得大量概率统计，用于判断一个句子出现在文本中的概率或进行句子间相似度计算。该模型也会出现数据稀疏的问题。

向量空间模型（Vector Space Model）（Salton W，1975b）是 1974 年 ACM 会议上，Salton 等研究者最早提出的，是一种将文本数据映射为特征空间的多维向量模型。该模型核心思想是将文档转化为结构化矩阵，其生成过程如图 3-10 所示：假设文档集包含 n 个文档，记为 $D = \{d_1, d_2, ..., d_n\}$，$T$ 为从数据集 D 中提取的 m 个特征项，则一个文本 d_j 可以用向量 $V(d_j)$ 表示，$V(d_j) = ((t_1, w_{1,j}), ..., (t_i, w_{ij}), ..., (t_m, w_{m,j}))$，其中 $w_{i,j}$ 代表第 i 个特征词语在文本 d_j 中的权重表示。向量空间模型由于具有易于理解、操作简单的优势，被广泛应用于搜索引擎、数据挖掘等领域。

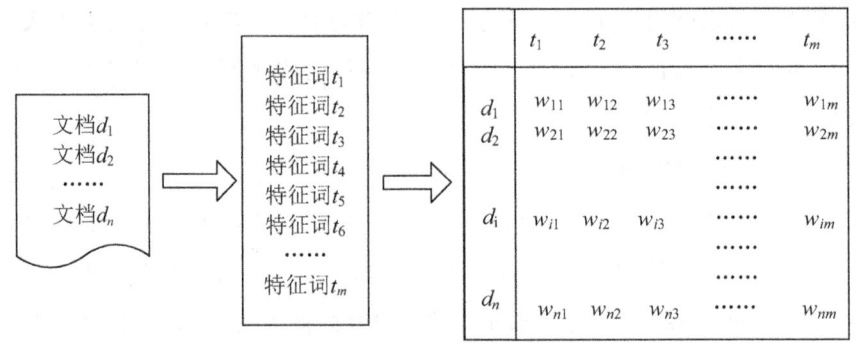

图 3-10 向量空间模型生成过程

3.5.1.2 相似度算法

相似度一般指两个对象间相互接近的程度，社交网络包含着丰富的口碑评论信息，有包含用户特征和时序特征的非文本信息和包含情感特征和观点特征的文本信息，如何计算不同表示形式的相似度呢？承接上一节介绍，非文本特征相似度采用集合形式表示，文本特征采用向量空间模型方式表示，本节从集合和向量空间模型两种角度介绍相似度计算方法。

（1）基于集合的相似度计算方法

即采用集合的方法表示文本特征，利用交集、并集的关系揭示两个文本的关联程度。常用方法有 Jaccard 相似系数（Jaccard similarity coefficient)方法,该方法是基于两个集合间的重合度的相似度判别方法,方法假设两个集合样本重合度越大,则集合样本间的相似度越大,相反,如果两个集合间重合度越小,则集合样本间的相似度越小。样本 X 用特征集合 D_X 表示,样本 Y 用特征集合 D_Y 表示,样本间的 Jaccard 系数计算公式如下(周而重,2013):

$$JC(D_x, D_y) = \frac{\|D_X \cap D_Y\|}{\|D_X \cup D_Y\|} \quad (公式\ 3\text{-}6)$$

式中 $D_X \cap D_Y$ 表示集合 D_x 和 D_Y 的交集,$D_X \cup D_Y$ 表示集合 D_x 和 D_Y 的并集。

(2)基于向量空间模型的相似度计算方法

即采用特征向量来表示文本,向量的维度与文本包含的特征词相对应,向量的取值即为特征词在文本中的权重。例如在 n 维向量空间中,文本 D_i 表示为($term_1$, $weight_{1,i}$; $term_2$, $weight_{2,i}$; …; $term_n$, $weight_{n,i}$),其中,$weight_{j,i}$ 为词汇 $term_j$ 在文本 D_i 中的权值。主要包括欧式距离和余弦相似度两个方法。

欧式距离,是度空间中两点的绝对距离计算方法,当数据很稠密并且连续时,这是一种很好的计算方式,其计算结果越小,文本间的相似度越大。其计算公式如下(乐可欣,2009):

$$Euc(D_1, D_2) = \|D_1, D_2\| = \sum_{i=1}^{n} (weight_{i,1} - weight_{i,2})^2$$

(公式 3-7)

余弦相似度,是通过计算向量余弦夹角计算文本相似度的一种方法,其计算结果越大,文本相似度越大。计算公式如下:

$$Cos(D_1, D_2) = \frac{D_1 \times D_2}{\|D_1\| \times \|D_2\|} = \frac{\sum_{i=1}^{n} weight_{i,1} \times weight_{i,2}}{\sqrt{\sum_{i=1}^{n} weight_{i,1}^2} \times \sqrt{\sum_{i=1}^{n} weight_{i,2}^2}}$$

(公式 3-8)

3.5.1.3 主题识别方法

目前主题识别方法主要包括文本聚类和主题模型两大类。

(1) 文本聚类方法

文本聚类的理论依据是聚类假设。其基本思路是，将文档中的术语表示为一个可计算的元素，判断术语之间的相似度，选择适当的聚类算法进行聚类。聚类就是一种对事物进行分类的过程，属于无监督分析。通常聚类算法可以分为划分聚类、层次聚类、基于密度的聚类和基于网络的聚类(邬启为，2014)。这几种聚类方法的特征如表3-1所示。

表3-1　几种常见的聚类算法及其特征

方法	基本特征
划分聚类	基于距离，可以用均值或中心点等代表簇的中心，时间消耗大，适用于小规模数据集，结果依赖初始中心选择
层次聚类	一个层次分解(聚类分解或合并)过程，纠错能力较差
基于密度的聚类	可以发现任意形状的簇，可能过滤离群点
基于网络的聚类	是一种多分辨网络数据结构，处理速度快

(2) 主题模型方法

主题模型方法是一种基于概率分布的主题揭示方法，起源于隐形语义索引(Latent Semantic Indexing，LSI)(Deerwester，1990)，其基本思想是将向量空间模型的词频矩阵转化为奇异矩阵，在向量空间模型基础上处理词条关系。但是，LSI模型假设文本与主题之间是一对一的映射关系，这种映射关系并不适合一篇文档含有多个主题情况。针对这个问题，Hofmann(1999)提出了概率潜在语义索引(Probabilistic Latent Semantic Indexing，PLSI)，该模型从概率统计角度对LSI进行全新的诠释，将文档描述为不同主题的概率分布，解决了文本与主题一对多的映射描述问题。但是PLSI采用对训练集文档拟合的方法获得文档主题的概率分布，容易出现过度拟合的现象，且不适用于处理训练集以外的文档。基于此，Blei 等人在 2003 年提出了完备的贝叶斯概率生成模型（Latent Dirichlet Allocation，LDA）(Blei 等，2003)。该模型中将文档描述为主题的多项式分布，将主题描述为词项的多项式分布。由于 LDA 模型中参数不会随着文本的数量增长而线性增加，且具有良好的潜在语义挖掘及主题发现的泛化学习能力，因此，LDA 模型被广泛应用于文本分类（Pavlinek M 等，2017）、关键词抽取（Xu S 等，2017）、图片标注（Feng 等，2010）和主题发现上（姜晓伟等，2013）。

3.5.2 网络口碑评论传播运行机理

在信息生态系统中，网络用户作为信息传播的主体承担着"生产—传递—消费—分解"信息的作用（娄策群等，2015）。网络口碑评论信息的传递遵循"生长—成长—发展—消亡"的动态平衡过程。在社交网络平台中，诸如论坛、微博等，网络用户对口碑评论信息的传递遵循高级用户生产发布者发布消息，普通用户接收并传播消息的路径。我们将互联网络中网络用户的生存、发展比作生态系统，那么信息的生产发布者位于生态系统的最核心位置，其发布的信息会最大限度地影响外围信息生态系统的和谐发展（吴礼龙，2010）。负面口碑评论或者虚假信息会对信息生态系统带来非常大的负面效应。信息生产者在互联网络中发布文本或多媒体信息后，信息传播者会通过评论、转发等扩大信息传播的覆盖面。而在信息消费阶段，信息主体能够通过传播中的信息的影响度获取巨大的经济收益（李北伟等，2013）。在信息经历消费阶段后，主要由网络运营商或网站平台的经营管理者消化、分解或删除数据库服务器中存储的无用的冗余信息。

3.5.3 网络负面口碑评论信息传播演化模式

在社交网络平台中，对负面口碑评论信息的主要消费者是整个信息生态系统中人与人、人与物达成最终动态平衡的主要驱动力（王建亚等,2014)。但是,社交网络中用户的角色不再是以前单一的信息生产者、传播者或者信息消费者等,由于社会网络的日趋复杂性、特殊性,网络用户间的职能区别度越来越低,信息人的属性愈加变得模糊,一名网络用户在社交网络中可能充当两到三个角色,即某一网络用户可能既是信息发布者又是信息传播者(崔金栋等,2018)。

于是,网络用户的多角色功能特征属性使得社交网络中负面口碑评论信息的传播方向、传播路径更加复杂多变,形成了多级链路和复杂链路。那么这种身兼多种角色的网络用户就成为社交网络负面口碑评论信息传播演化最直接、最有力的驱动者。

随着信息形式的多样化,信息组织方法的多元化,社交网络负面口碑评论信息传播中普通网络用户的信息相关行为也可以完成信息的发布、传播、消费等组织,即负面口碑评论信息的生产者也可以充当组织者的角色(马捷等,2014)。信息组织者完成信息组织后,信息传播者即发挥传播桥梁作用,促进负面口碑评论信息的传播与扩散。然而,网络用户在传递信息时也会浏览或转发信息,因此也实现了对信息的消费,故该网络用户既扮演了信息传播者又扮演了信息消费者。网络信息的个性化推荐也对信息的广泛消费起到了促进作用。常颖等(2018)认为社交网络中处于传播路径终端的信息分解者也同时扮演了信息分解者与转化者两种角色。

3.6 消费者信任

3.6.1 消费者信任及维度划分

3.6.1.1 消费者信任

消费者信任是指存在风险或不确定性的情境下,消费者对商家企业依赖的程度和诚信的感知,并认为企业是以消费者利益为导向,最终对企业形成可信赖的正面预期(James，2002；Mayer 等，1995)。相关研究对消费者信任的定义基本持两个视角，一是认知视角，学者们认为消费者主要关注交易方值得信赖的属性，以此为基础建立信任(Gefen 等，2008)；二是行为视角，学者们认为信任是在有风险的情况下信任方做出让自己处于劣势的行为(Schlosser 等，2006；Mayer 等，1995)。行为派学者们将信任定义为一方对另一方行为的期望，主要包括被信任方能够依照与信任方先前约定好的协议、书面承诺或契约等完成任务(Rotter，1967)。

由于归因理论主要用于解决认知问题，有助于理解信任修复的认知层面，因此本书考察的潜在消费者信任主要专注于信任的认知层面。潜在消费者信任是交易过程中买方基于卖方的能力、正直和友善而形成的一种信念，这种信念使买方有信心与卖方的交易达成买方的期望，并愿意承担风险(Pavlou 等，2007；Gefen 等，2004)。面对线上产品的不同评论信息，潜在消费者信任的形成是一个动态的过程，会因数条正面评论信息的积累形成初始信任；然而信任又是脆弱的，即使是少数负面评论信息也会令消费者信任受损。因此商家试图通过回复与反馈来修复潜在消费者受损的信任。

经验机制是指施信方对受信方的信任是在与受信方的交流交往过程中建立起来的。消费者信任的经验机制相关研究表明，信任是随着时间逐步建立的(Blau，1964)。因为交流交往的经历给双方提供了相互了解的机会，有助于信任的建立与提高(Lau，1999)。对于潜在消费者对在线商家的信任，同样适用该理论。潜在消费者对在线商家的信任一方面通过产品描述了解，一方面通过产品评论了解。而且在相互了解过程中，信任逐渐建立，无论过程中信任提升或是信任受损或是信任修复。

Gefen 等(2003)认为在线消费者信任是消费者参与网上交易活动、接受新技术使用的主要原因之一。在线负面评论信息中所包含的关于商品质量或服务水平的负面信息内容，对降低潜在消费者感知风险并形成初始信任具有负向影响作用。阮燕雅(2015)认为潜在消费者对商品质量、服务水平、受托人可信度三方面的感知会受到其他经验消费者评论内容的影响，同时也会受到自身以往购买经验的影响，因此对于首次意愿购买者并且很大限度地依赖他人购买经验的，其初始信任会受到在线负面评论的负面影响，同时对于再次意愿购买者，可以同时借鉴他人和自己的购买经验，对于他们来说，在线负面评论只对其产生部分负面影响。因此，无论是初始信任或是持续信任的形成，在线负面评论都会产生一定的负面影响。

范微娜(2013)认为消费者信任受到在线评论影响的同时，也会对潜在消费者购买意愿产生作用。单初和鲁耀斌(2010)证实评论是判断是否值得信任的重要依据。消费者感知的商家品牌声誉越好，对该商家能力信任和善意信任的程度越高(金玉芳，2006)。因此，在研究内容二和研究内容三中，我们选取信任作为探讨负面口碑评论与商家反馈对潜在消费者购买意愿间关系的中介变量。

3.6.1.2 信任的维度划分

关于消费者信任维度的划分，当下主流研究大多参照的是 Mayer 等(1995)的分类方式，他们将信任分为三个维度，分别是基于能力的信任、基于善意的信任和基于正直的信任。学者们的实证研究验证了这一划分方式(McKnight 等，2002；Wang and Benbasat，2007)。而在信息系统研究领域 McKnight 等(2002)对常用的信任维度进行聚类分析得出能力、诚信、善意三个维度。从逻辑上说，如果一方认为另一方是善意的、有能力的、诚实的和可以预测的，那么就容易产生信任倾向。导致信任的条件被反复讨论，新见叠出，但是关于信任的三个特征总是能够出现，即能力、善意和诚信，这三点为信任相关的实证研究提供了坚实而简约的基础(Mayer 等，1995)。

也有学者将信任按照内容划分为两个维度，能力信任和善意信任，即期望合作对象"德才"兼备。对合作对象能力的信任是指相信合作对象有实现承诺的专业技术能力；对合作对象善意的信任是指相信合作对象能够真正为消费者利益考虑(Levin and Cross, 2004；寿志钢等, 2011)。

本书研究网络负面口碑评论下商家反馈对潜在消费者信任的影响，着重检验不同的反馈策略及反馈解释方式对潜在消费者信任的不同维度变化的影响，主要参考 McKnight 等(2002)关于信任的三个维度的测量。

(1)能力维度

能力维度是指线上商家是否能够比其他商家更好地满足消费者需求，提供更高质量的产品或服务，既包括对商家满足消费者需求程度的评判，也包括对比多个商家后的比较结果。

(2)诚信维度

诚信维度是指商家遵守一般的社会规范，在商品交易过程中有道德准则和专业化的标准(Schlosser 等, 2006；Gefen and Straub, 2004)，提供的商品或服务与承诺相符，勇于承担责任。

(3)善意维度

善意维度是指商家以消费者利益为导向，而不是完全以经济利益为导向，所提供的商品信息真实、可靠，客服服务热情、友好，并积极耐心为消费者解决问题(Schlosser 等, 2006；Gefen and Straub, 2004)。

3.6.2 消费者信任受损

消费者利用以上三个维度评价商家，通过阅读并采纳产品评论信息形成对商家不同层面的评价，进而形成整体信任水平(Gillespie and Dietz, 2009)。学者们基于大量现实的观察指出，信任是非常脆弱的，经常会被破坏(徐彪, 2013)，Schweitzer 等(2006)认为信任不是静态的，而是动态发展的。当信任方对被信任方的动机和行为有正面的预期，但被信任方的实际动机和行为违背了正面预期时，信任会受损。范艺萧通过实证研究发现，信任作为中介变量受到网上电子口碑的影响(范艺萧, 2009)。Bansal 和 Voyer(2000)指出口碑传播是市场中非常强有力的传播方式，对比其他方式，消费者更愿意相信产品的口碑传播，因此口碑传播能够有效地影响着消费者的判断和行为（Brown 等，2005）。潜在消费者对线上产品的第一次接触，会形成相互间最初的信任（McKnight and Chervany，1998）。因为双方并未沟通或交易，因此这种初始信任基础非常薄弱，极易受影响。

对潜在消费者而言，无论是初始信任还是持续信任，都全部或部分依赖于对其他消费者评论内容的获取，因此在线口碑评论的负面信息内容对潜在消费者的初始信任或持续信任的形成会造成负向影响（阮燕雅，2015）。相关研究表明，负面口碑评论、负面报道会降低消费者的品牌信任和购买意愿（Thirumalai and Sinha，2011；Pullig 等，2006；Chen 等，2009）。顾客对事物态度的形成和改变是其从他人、外部来源获取信息（Ullrich and Bruner，2015）和个人经验共同作用的结果，且这种态度会对其行为产生影响（Gendel-Guterman and Levy，2017）。

本书认为，不同类型的负面口碑评论信息对潜在消费者信任受损影响并不相同。Kim 等（2004）针对人际信任的研究表明，当个体对他人的道德行为作出评价时，负面信息对评价的影响更大。同样的，对于消费者而言，商家道德诚信类行为的违背比绩效能力类行为更难以接受，与能力方面的失败比，人们对道德方面的问题会采取更加严厉的态度（Wojciszke 等，1993）。这种评论是依据以下一种理念：由于个体人生经历不同，其能力水平也因人而异，人们能够理解和接受能力上的差异，因此，能力失败是被允许的（Yoon and Shin，2017）。然而，诚信道德是商家交易行为准则和底线，消费者期待企业商家坚持那些能够反映社会传统习俗的道德标准。企业商家一旦违背市场准则，低于社会道德标准，那么会使消费者很难接受。因此，在对他人综合评价过程中，人们对不诚信不道德行为更加重视，而不是能力的不足（Wojciszke，2005）。

不同维度的信任对行为后果的作用也是不同的（Lewicki and Bunker，1996）。例如，当潜在消费者看到与商家诚信问题相关的负面评论时，潜在消费者可能更多的是会对商家正直程度产生怀疑，即诚信信任受损；当看到与产品或服务质量相关的负面评论时，潜在消费者可能更多的是会对商家的服务能力产生怀疑，即能力信任受损；当看到与客服服务态度问题相关的负面评论时，潜在消费者可能更多的是会对商家善心产生怀疑，即善意信任受损。也有学者将信任违背划分为两种类别：能力型信任违背和正直型信任违背(Kim等，2006)。由于本书将信任按照三个维度划分，因此定义潜在消费者信任是潜在消费者对商家企业的能力和品质的综合判断结果，包括三个维度(能力、诚信和善意)，负面评论的出现会使潜在消费者信任的一个或多个维度消损。

3.6.3 消费者信任修复

消费者的信任修复可以定义为，负面信息背景下，企业采取的旨在提升消费者信任倾向的积极行为，其前提是已经出现了负面信息构成的信任破坏或信任危机。潜在消费者信任修复可看成是负面评论下商家利用反馈策略修复潜在消费者对商家能力、诚信和善意的感知。针对负面评论信息的响应策略，相关学者已经进行了较为深入的研究，例如关新华等(2017)列出了两类反馈修复信任策略，分别为赔偿和道歉。杨立新和刘宗胜(2004)认为应针对信任不同违背类型选择修复方式，包括道歉、否认与承诺。Coombs(1995)列出五种修复策略来应对负面信息危机，分别为否认、疏远、逢迎、抑制和承受。

对于不同维度信任的修复，Kim等(2004)对比了道歉与否认的信任修复效果，验证了道歉对能力类信任受损比对道德类信任受损更有效；Ferrin等(2007)和于正东等(2014)证实，同否认和道歉相比，沉默无论对能力类信任受损还是道德类信任违背效果都是最差的；Xie和Peng(2009)提出三种信任修复策略，发现情感修复策略(包括道歉、悔恨、同情)、功能修复策略(包括经济补偿、弥补措施)和信息修复策略(包括信息沟通)对信任的能力、善意和正直三个维度的影响不同。本书认为信任修复的策略需要同负面口碑评论的类型相互匹配，才能发挥最大作用。

在产品质量或功能性属性出现问题时，企业商家通常做法是在一定程度上对遭受损失的消费者提供一定的经济补偿，包括退货退款、换货邮费报销、免费修理、优惠券等。赔偿策略意味着商家企业要放弃一部分利润来弥补经验消费者的利益损失，它向潜在消费者传递出一种注重顾客利益的意识，即愿意去承担过失，愿意弥补消费者所受损失。显然，赔偿类信任修复策略显得更贴心、更具体、更容易被潜在消费者观察捕捉到(Schmitt 等，2004)，这种策略直接潜入消费者利益中，因此，能够提升潜在消费者对商家有效处理好能力过失的信心，也更容易重新获得消费者的信任。所以，对于能力类负面评论，赔偿类修复策略效果可能会更好(Schmitt 等，2004)。

诚信类负面评论更多表现为商业规范、社会道德方面的违背。商品质量事件发生后，商家企业公开声明，承认违背消费者信任并表示道歉(Kim 等，2004)，是信任违背后商家在情感上对消费者作出的补救努力。研究表明，受信任方能够接受责备并承担责任，重建信任的可能性会提高(Lewicki and Bunker，1996)，因为道歉传递出一种礼貌、谦虚、努力、关注对方感受和对自身行为忏悔的信号(Smith 等，1999)。因为道歉着重体现在商家情感上的表达，商家通过忏悔表达悔恨并愿意承担相关责任，这种策略能够给消费者留下良好印象，即商家非常关注问题解决，并愿意遵守规范而不是一味地狡辩躲避责任(Xie and Peng，2009)，因此，对善意信任受损情况，道歉具有更好的信任修复效果，即对于诚信类负面评论，道歉的信任修复效果更好。

方正等(2010)认为在可辩解型产品负面评论危机中，就潜在消费者信任修复效果(购买意愿)而言，最优的是辩解策略，其次是缄默策略，最差的是和解策略。在不可辩解型产品负面评论危机中，就潜在消费者信任修复效果(购买意愿)而言，和解策略最优，辩解策略和缄默策略之间没有显著差异。在产品负面评论危机中，就修复潜在消费者购买意愿而言，负面评论类型在商家反馈策略与潜在消费者购买意愿关系中存在调节作用。

Tomlinson 和 Mayer(2009)认为反馈策略除了道歉、否认、解释外个体对事件的归因对信任修复更重要。Signal 等(1988)则认为否认是信任修复中最为有效的方式，因为被信任方否认在违背过程中的失败交易，并将其归咎于与自身无关的因素，这样可以消除信任方对被信任方的失望和怀疑，并继续保持信任态度。商家反馈分类的相关文献中均证实，归因/解释在反馈内容中起重要作用，道歉+归因比单纯的道歉效果显著，否认+归因相比否认效果更为明显，解释对于单纯的道歉增加了商家反馈的可信力度，使商家反馈有理可依，有据可靠。黄冰俏(2015)通过构建在线商品负面评论和商家反馈对潜在消费者信任以及对商家态度的影响模型，探讨了商家回复作为自变量对消费者信任和怀疑及其维度的影响，并最终影响消费者对商家的态度。

4 基于超网络的负面口碑评论关键点识别

网络负面口碑评论的产生与形成是一个多维度、多层面、错综复杂的过程。本书将通过微博平台对产品负面口碑评论发展的过程进行剖析与揭示,以精准地识别出线上负面口碑评论发展的关键点。

本章内容以超网络模型理论为基础,构建微博负面口碑评论传播的多层子网超网络模型,应用 Python 仿真方法,对微博平台中线上负面口碑评论形成的关键节点进行挖掘与识别,对该关键点的特征及其情感属性进行讨论分析;并利用"乐事员工感染新冠"事件对多层次超网络模型进行验证。

微博是一种通过网络用户相互关系实现信息分享、传播、获取的社交平台,具有实时性、简要性、传播性、互动性,受到广大网络用户的青睐。同时,微博也是网络负面口碑评论产生的重要集聚地,许多产品的负面新闻与评论也会因微博平台的互动互评而快速传播。由于微博的快速评论转发传播机制,使得网络用户成为口碑评论在微博传播过程中的关键人物,而关键人物的转发评论行为则直接决定了负面口碑评论的发展演化方向。因此,我们对产品线上口碑传播中负面口碑评论关键点的挖掘与识别尤为重要。

论坛与微博平台中产品口碑的传播主体是网络用户,微博平台的用户间存在许多不同类别的关系,包括粉丝的关注关系,访客的点赞关系、评论关系、转发关系。由于微博用户节点间存在的不同关系,使得微博平台中的网络用户间形成一种可能稳定也可能动态变化的结构。关于微博用户主体的研究，高俊峰（2019）对网络环境中意见领袖的引导能力进行了测度研究，廖海涵等（2018）利用主路径分析方法对负面口碑评论传播的关键转折点识别与负面口碑评论传播扩散的机理进行了论述。

现有的负面口碑评论传播相关文献大多利用模型仿真、社会关系网络等方法对负面口碑评论传播的网络结构进行深入分析，并利用 SIR 模型演绎微博信息扩散的网络结构。本研究结合微博平台的特点以及负面口碑评论在微博中传播的特征，引入超网络理论，对微博平台中负面口碑传播的关键点进行识别与挖掘，不仅对微博负面口碑评论传播中主导观点及意见领袖的研究进行丰富与拓展，还为商家如何在微博平台中对负面口碑评论产生与传播实现及时制止与管控提供了方法。

4.1 微博负面口碑评论关键点挖掘

4.1.1 数据收集与处理

（1）数据收集

数据收集部分包括四个方面信息的抓取：第一，用户的基本信息，包括用户注册账户名、年龄、性别、职业等；第二，微博用户间的互动相关信息，包括点赞、转发、评论等动态信息；第三，用户与用户间的社交信息，包括关注情况与被关注情况；第四，微博原创信息，包括微博用户博文中创造的并且能够反映出用户真实心理的信息。

（2）数据预处理

由于微博没有统一的格式并且博文中充满网络词汇与表情包，因此笔者需要对微博进行预处理，根据词法包对爬取的词进行分词处理。去停用词的方法包括文档频数、词频、熵。

文档频数是指如果某词在许多文档都出现过，那么这个词即可被认为是停用词；词频，若某词在一个文档中出现多次，那么我们称该词为去停用词；熵，如果某词在某个文档出现多次，但在其他文档中出现次数特别少，那么我们称该词为熵比较高的词，是有意义的。

4.1.2　LDA 文字主题特征提取

1) LDA

LDA 是文档主题生成模型，本质是三层贝叶斯的概率模型，包括主题词、主题、文档三层结构。生成模型是指文章中每个主题词都有权重，通过各个主题的权重可以推测文章主题。

具有代表性的文档主题生成模型包括基于 ATM 的主题建模、基于 Twitter-LDA 的主题建模、基于 MD-LDA 的主题建模、Labeled LDA 建模。

（1）基于 ATM 的主题建模。ATM 是基于 LDA 的扩展模型，可以通过引入作者信息来推测文章的 LDA 主题。

（2）基于 Twitter-LDA 的主题建模。该模型在 ATM 基础上进行了改进：一是在分析主题词时引入背景，进而降低了词汇因高频给主题提取带来的影响；二是给微博帖子内部每个单词定义主题，进而从用户和博文两个角度并列同时建模。

（3）基于 MD-LDA 的主题建模。MD-LDA 在 LDA 基础上将博文间关联关系和微博用户间关联关系均引入主题建模中。

（4）Labeled LDA 建模。该种方法通过引入标签对文档监督，可知文档表述主题。较其他方法可解决文档分类与归属问题。

2) 基于 LDA 网络用户特征提取

席运江（2009）应用 LDA 模型理论结合超网络建模提取微博内容主题。通过建立商家微博口碑主题词与粉丝评论信息主题词间的共现关系，进而建立相互之间的间接联系，这样即形成了企业品牌官方微博主题词层、一般微博主题词层、粉丝评论主题词层三层叠加的超网络模型。

4.1.3 卷积神经网络情感分类

卷积神经网络(Convolutional Neural Networks，简写 CNN)是深度学习技术中较为成熟的模型之一，该方法继承了深度学习中普遍具有的自主提取特征优点，实验中由模型自动对原始数据处理并计算进而提取特征信息后进行训练并预测。该方法最大效度地利用了数据的原始特征信息，减少了运算处理过程中人为因素的干扰，实现了特征提取与模型训练的有效统一，故我们认为该方法较好地解决了传统方法将主题提取与模型训练分割进而无法有效平衡数据维度和模型性能的问题。

卷积神经网络借助局部感受理论通过共享权值减少了训练次数从而提高了模型训练的效率。典型的卷积神经网络包括输入层、卷积层、池化层和全连层四个层次。

4.2 微博负面口碑评论信息超网络构建

现实中的超网络一般具有多层性、多极性、多维性。在对微博的特征分析中，我们认为网络用户在微博等论坛平台众传播舆论信息的机制是通过不同类型微博就某个话题传达用户的观点看法及意愿，或者转发微博就某个感兴趣的话题表达用户个人的传播意愿。此时，我们可以发现微博社交网络中存在多层性，包括用户、微博、话题及意愿。当这些特征能组成新的网络时，产品微博社交网络嵌套其他网络。传统的单质网络模型只能表达微博主题一种属性，例如针对用户间的点赞、评论、转发关系构建用户关系模型。

微博传播时其文字内容具有多维属性，网络用户节点根据自身对微博信息内容的不同解读，根据自身的传播意愿对微博信息的语义内容进行选择。我们需要对信息的多维属性拆分利用。观点子网和情感子网依据传播的意愿和对微博信息语义内容的解读，对微博社交网络层次中的"主题"和"情感"主体进行表征。这也是识别网络负面口碑评论超网络中关键节点的方法之一，同时也符合信息在社交网络中传播的规律。

基于文献收集与阅读，拟引入超网络模型对微博网络口碑评论进行解读。正是超网络的多层次、多属性，对微博真实网络中的社交网络层文字的真实语义进行解读还原，表征社交网络的全局特征；尤其超网络的多层子网可分层对复杂口碑网络进行布局，同时表达了超网络中的各层子网及其相互间的传播机制。

对负面口碑评论进行网络构建，如图4-1所示：

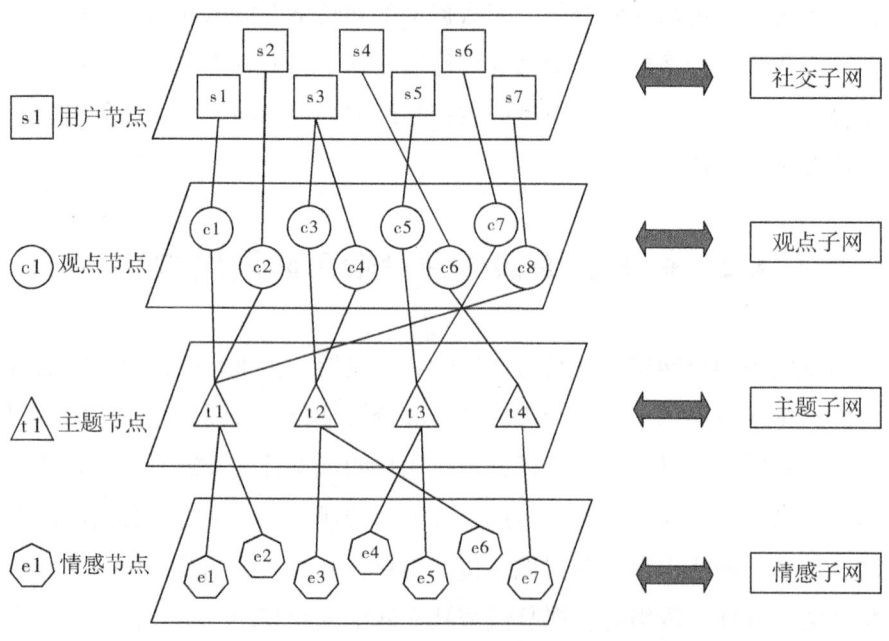

图4-1 网络负面口碑评论超网络模型图

4.3 网络负面口碑评论子网络量化

在构建出负面口碑评论超网络理论模型后，要将其转化为计算机可识别的语言，进而分层对负面口碑评论超网络进行各个自网络的量化。

(1)社交子网量化

参与讨论的社交主体作为社交网络中的用户节点,用户间的点赞、评论、转发关系作为边。我们通过构建[0,1]矩阵对社交网络进行具体量化,有关联关系的网络用户节点设置为1,没有关联关系的设置为0,将网络中用户间的关联关系转换为矩阵输入程序中。

(2)观点子网量化

在社交网络平台中,将用户发表的评论观点信息作为节点,用户间的评论关系构建节点之间的连边。观点子网的量化是将用户与其发表的博文信息或评论信息相互关联,形成新的节点,继而对其进行编号,录入程序中。

(3)主题子网量化

从社交网络发布的内容中抽取主题作为节点,包括具有相同关键词的微博话题相似性关系构建节点间的连边,主题子网的量化主要通过LDA主题提取模型,通过创建主题词库,将收集到的数据进行主题编号。

(4)情感子网量化

以网络口碑评论信息中提取的情感极性和情感强度作为节点,若表达的情感观点一致,则表明存在相关性,构建节点间超边。通过卷积神经网络将情感极性和情感强度计算出进而形成了情感子网的量化。

4.4 网络负面口碑评论关键节点挖掘

上节完成对超网络各个子网量化后,本节对超网络中的超边进行计算。在对网络负面口碑评论超网络的各个子网实现量化后,依据HyperEdgeRank算法的方式,将各个子网中节点间超边的属性与超网络中各个超边属性相结合,继而更好地挖掘关键节点。网络负面口碑评论关键点的挖掘流程如图4-2所示:

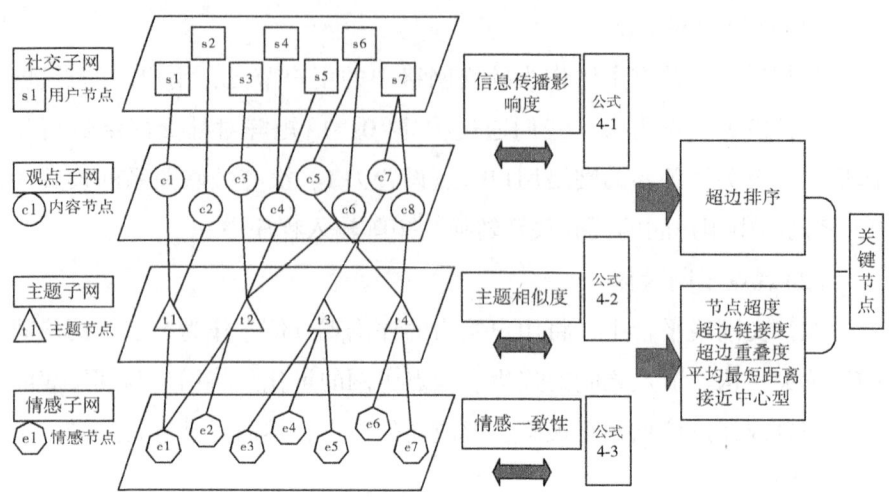

图 4-2 网络负面口碑评论关键点挖掘流程图

从流程图中我们可以看到，超网络模型建成后，超边属性需要通过子网络超边属性综合计算获得，选取网络传播影响度、主题相似度、情感一致性三个子网络的超边属性作为三个维度计算超边属性，并根据超边属性得到超边排序，从排序结果中可以看出该话题中较为突出的节点，再通过超网络的相应属性对应不同子网络的相应类别关键节点。

（1）网络传播影响度

观点子网 W 包括了社交子网中用户节点发布的观点信息，观点子网中每个发布信息的节点记作 $w_i(1\leq i\leq n)$。在微博平台中口碑评论内容的传播影响范围对于话题的传播影响范围有重要影响，是衡量其是否为口碑评论传播关键节点的重要依据之一，定义 I_{w_i}；微博口碑评论信息在网络中传播影响的用户越多，则传播影响范围越广，网络传播影响度越高；并且，微博被越多用户评论或转载，微博影响度越高。因此，网络传播影响度决定于信息传播的广度和深度。

网络传播广度 R_{w_i}：超网络中，微博负面口碑评论信息节点的传播广度可以依据包含该节点的超边数 Q_{w_i} 与总的超边数 N 的比值来衡量，即

$$R_{w_i} = \frac{Q_{w_i}}{N}$$

网络传播深度 D_{w_i}：微博负面口碑评论信息被传播的深度可以理解为微博通过用户一层层转发后影响的用户数量。对应至超网络模型中，简化为微博负面口碑评论信息节点 w_i 影响社交子网络的用户数 A_{w_i}。

$$D_{w_i} = \frac{\frac{Q_{w_i}}{A_{w_i}}}{\frac{N}{N_s}}$$

其中，N_s 代表社交子网络中的用户数。

因为网络负面口碑评论传播的影响度由其传播的广度和深度同时共同决定，公式如下：

$$I_{w_i} = R_{w_i} \times D_{w_i} = \frac{Q_{w_i}^2 \times N_s}{N^2 \times A_{w_i}} \quad \text{（公式4-1）}$$

（2）主题相似度

统计出所有主题用到的关键词，将关键词汇总成库，每个主题相关的关键词库构建所对应的主题向量，通过计算欧式距离度测量这些主题对应的主题向量之间的距离，通过高维词空间的欧式距离来测量两个主题间的相似程度，距离越大，说明主题相似度越低。故我们定义主题间的相似度 $Sim_{t_it_j}$ 代表子网主题节点 t_i 和 t_j 的相似度，其定义公式为：

$$Sim_{t_it_j} = \frac{1}{\sqrt{\sum_{a=1}^{n}(V_i[a] - V_j[a])^2}} \quad \text{（公式4-2）}$$

在公式中，V_i 表示主题 t_i 的主题向量，V_j 表示主题 t_j 的主题向量，相似度 $Sim_{t_it_j}$ 的值越大，说明主题 t_i 与主题 t_j 有很高的相似性。

（3）情感一致性

因为用户倾向于转发那些符合自身兴趣或能引发自身共鸣的评论或微博。因此，利用情感一致性对用户进行量化，通过 LDA 和卷积神经网络获得相应的情感强度 ED_i 和情感极性 EP_i。$EP_i = -1$，表示负面观

点；$EP_i = 0$，表示中立观点。具体公式为

$$e_{ij} = \begin{cases} \dfrac{\sin(EP_i \cdot EP_j)}{|ED_i - ED_j|}, & ED_i \neq ED_j \\ \dfrac{1}{|ED_i - ED_j|}, & EP_i \neq EP_j, ED_i = ED_j \\ 1, & EP_i \neq EP_j, ED_i = ED_j \end{cases} \quad \text{(公式 4-3)}$$

其中，$\sin(EP_i \cdot EP_j)$ 为符号函数。当 $EP_i \cdot EP_j > 0$，$\sin(EP_i \cdot EP_j) = 1$ 时，表示情感极性相同；当 $EP_i \cdot EP_j \leqslant 0$，$\sin(EP_i \cdot EP_j) = -1$ 时，表示情感极性相异。

4.5 本章小结

现有的研究中，多数学者通过利用社会网络分析的方法，对舆情传播过程中互联网终节点间的复杂网络结构进行深入剖析，并应用 SIR 模型方法来表述互联网中负面口碑评论传播时的主体结构。在本章中，笔者结合已有学者的研究成果并分析归纳论坛、微博等网络平台自身特征，引入超网络理论与模型方法，对网络负面口碑评论传播过程中各层子网的关键节点进行挖掘识别。本书得到的模型与方法不仅能够丰富和拓展现有的网络负面口碑评论中对意见领袖的挖掘研究方法，还为将来能够更好地为网络平台如何在负面口碑评论传播与扩散中实现对各类用户的有效控制提供了可行性依据。

5 负面口碑评论信息的负面影响机理

某品牌商品的网络口碑一旦遭遇负面评论,那么产生的负面效应会因网络传播的迅猛速度和巨大广度而骤然加剧。对于负面口碑评论信息的负面影响作用,已有学者从影响效应和消费者态度两个方面进行了深入探讨。研究负面口碑评论信息损害潜在消费者信任的文献多集中在潜在消费者态度与购买行为方面。对于负面口碑评论信息的影响效果,有学者认为负面口碑比正面口碑对消费者购买决策的影响更显著(郭国庆等,2007)。Park 等(2007)分析了网络正面口碑与负面口碑以及网站信誉对消费者的影响作用,验证出负面评论信息产生的负面口碑效应远大于正面评论的正面口碑效应。依据印象理论和前景理论,消费者对交易失败导致的"损失"更敏感,印象更深,负面评论也因为其与正面评论数量对比悬殊而更容易引起潜在消费者的关注,因此负面口碑较正面口碑更易引发消费者态度的改变,进而影响潜在消费者的购买行为。上述研究表明负面口碑较正面口碑因其口碑评论的一般性特征因素而对潜在消费者的购买行为具有更加显著的影响效应。本章从负面口碑的特征性因素出发分析其对潜在消费者的负面影响机理,进而探究负面口碑评论分别从哪些方面影响潜在消费者购买行为决策以及这些影响因素的作用效果是否显著。

面对互联网中商品的口碑评论信息,潜在消费者根据不同商品的口碑信息内容会做出购买决策,该过程对于潜在消费者本身已具备认知上的冲突和情绪上的紧张。无论是电商平台中商品名下的评论信息或微博平台中品牌推广博文下的评论与转载，信息中的观点内容既有理性客观的信息披露，又有感性主观的情感发泄。据此，本书选取社会心理学家Petty和Cacioppo共同提出的ELM模型(精细处理可能性模型)，将负面口碑评论信息对潜在消费者的影响机理分别从外围情境感知路径和核心认知加工路径两条路线进行探讨，剖析负面口碑评论信息分别从哪些因素影响潜在消费者的感知判断，提出相关假设并构建理论研究模型，通过实验与实证方法对提出的影响机理研究模型进行实证检验。而在两条路径影响作用过程中，无论是外围情境感知或核心认知加工，其网络用户本身的知识储备和学习认知动机不同程度对影响因素的作用机理造成了调节效应，因此我们在影响机理的主要作用基础上，探讨了网络用户消费行为动机性对影响因素的作用过程是否存在调节效应。

通过本章节对影响机理的研究，本书希望验证出的结论能够更进一步深化与拓展对口碑评论信息的负面影响研究，并对负面口碑评论的不同特征性因素的影响价值性判断提供依据。

5.1 假设提出与模型构建

5.1.1 情境感知路线

现有关于网络口碑评论的研究大多集中于通过收集在线评论并对评论的数据进行建模的方法进行分析，较少考虑潜在消费者心理层面的接受程度。对比正面积极的线上口碑评论，负面消极的评论信息更易引发潜在消费者对于购买风险的心理感知，Park等(2007)认为网络用户心理动态的变化是决定其最终消费行为的关键。Mehrabian和Russel(2017)提出的S-O-R(Stimulus-Organism-Response，刺激—机体—反应)模型认为情境刺激会导致个体的情感产生变化，继而引发个体用户做出达成或逃避反应。面对网络平台中各类产品的口碑评论信息，信息的发布者等级、网络口碑评论、品牌信誉度、微博的关注粉丝量都是潜在消费者评判产品的考虑因素。对于涉入程度较低的网络个体用户，负面口碑评论信息的不良影响或许不会深入用户理性认知内层，然而却从情境外层因素方面引发了用户心理状态的感知变化。据此，本研究首先从外围情境感知路径分析探究负面口碑评论信息对网络用户个体购买意愿的影响机理。

情感倾向分析是对网络用户发布的信息内容进行情感心理的分析与挖掘，旨在识别出观点内容的情感趋势——或赞成或反对、或愉悦或悲伤，读懂用户的真实情感。Mizerski（1982）发现，相比较正向积极的商品口碑评论信息，负面消极的口碑评论信息会引发网络用户更强烈的情绪共鸣。研究者们对此种效应的判断是负面口碑评论信息的诊断性更高（Herr 等，1991）。产品口碑信息列表中负面评论内容中常常包含较多的埋怨、发泄甚至辱骂言辞，负面口碑的消极情感倾向相比正面口碑的积极情感倾向常常更容易激发网络用户尤其潜在消费者的消极负面情绪反应，人们更容易相信坏的不愿意相信好的（闵学勤，2003），因此对比正面口碑评论信息中的积极情感倾向，负面口碑评论信息中的消极情感倾向对网络用户购买意愿影响更显著。

消费者决策行为中存在首因效应（Primacy Effect）。网络用户在浏览产品下的逐条口碑评论时，口碑评论列表中正面口碑评论信息通常占幅居多，对于数量很少的负面评论，如果位于评论列表篇幅靠前位置，或者较为集中突出，那么对于快速浏览的或者选择性地只筛选前面几条评论信息的潜在消费者，时间上更为邻近的尽管数量很少的负面口碑评论信息，就会产生首因效应。已有研究基于在线影评的面板数据，验证了在第一周里的一星级的负面口碑评论信息对票房销量具有非常显著的负面影响，而且影响效果远超过五星级的正面口碑评论信息（杨扬，2015）。基于以上讨论分析，本书提出假设：

H1：负面口碑评论信息的负面情感倾向对潜在消费者的购买意愿具有显著的负向影响。

H2：负面口碑评论信息的时效性对潜在消费者的购买意愿具有显

著的负向影响。

5.1.2 认知加工路线

当消费者出于需求目的进行网络购物时，会参考产品名下的相关评论信息而做出判断。网购消费者在翻阅产品相关口碑评论信息时，会产生不确定性预知及对后果的主观推断，继而做出购买意愿。故潜在的网购消费者并非阅读口碑评论信息后直接做出购买行为，而是通过心理认知加工整理评论内容或对评论信息进行主观判断后才形成购买意愿（杜学美，2016）。负面口碑评论信息的本质特征及数量较少的劣势促使负面口碑评论信息足以引起网络用户的关注审视并加以判断，并且负面口碑评论信息对潜在消费者的影响过程必然涵盖消费者认知加工部分。因此，本书同时从认知加工路径来探究负面口碑评论信息对网络潜在消费者购买意愿的影响机理。

现有的相关研究中，多位研究学者均在感知风险对潜在网购消费者购买意愿的影响方面进行了多角度深入研究，学者们认为感知风险是对未来损失风险的预期，对损失预期的概率越高，那么潜在网购消费者感受到的风险越大，进而对消费者的购买行为意愿产生较为显著的消极影响（Verhagen 等，2012）。对比正面口碑评论信息，负面口碑评论信息会引发潜在消费者更高的自我相关刺激，消费者更倾向于在负面口碑评论内容中参照与自身负面消费体验相关的信息内容，人脑在处理加工高度自我相关的刺激信息时会投入更多的认知和控制加工资源（钟毅平等，2014），因此对未来受损预期的感知越强烈，即感知风险的程度越深，故对消费者购买意愿会有更显著的负面影响。

不确定性和风险一般被视为密不可分的孪生兄弟，以往的学者认为，风险是消费者对未来决策可能带来的不利后果的担心，这种不利后果的产生往往由于未来发展趋势存在不确定性，但是两者又有区别。风险是表象，不确定性是产生风险的源泉。网络平台中的负面口碑评论信息中往往隐含着经验消费者对已购商品质量或品质的怀疑，例如"不确定是不是正品？""感觉没有想象的那么好""不值这个价格！"等内容，反映了经验消费者对产品质量或品质的怀疑与不确定，与此同时也引发了潜在网购消费者对购买行为的感知风险。Milliken(1987)曾提出，不确定性是个人对自身缺乏足够信息依据进行预测的感知。负面口碑评论内容的不确定性使得潜在网购消费者产生认知失调感，处在抉择两难的困境，继而降低了态度的肯定性和稳定性，增加了其对受损风险的感知（冯小亮，2013）。基于以上讨论分析，本书提出假设：

H3：潜在消费者对负面口碑信息的感知风险对购买意愿具有显著的负向影响。

H4：负面口碑信息的不确定性对潜在消费者的感知风险具有显著的正向影响。

5.1.3 消费者动机性的调节效应

已具备知识存储较多的潜在消费者常常购买动机更强烈，倾向于迅速做出决策，不易被口碑评论信息内容中的感性成分干扰；已具备知识存储较少的潜在消费者学习动机更加强烈，倾向于对比更多同类型产品(Mitchell and Dacin,1996)，也更容易被口碑评论信息内容的感性成分带动。具有强烈动机性的潜在消费者为了降低负面口碑评论内容引发的不适感、不确定感，会更偏向于关注信息内容本质，并凭借信息内容做出购买决策行为；而具有较弱动机性的潜在消费者对产品或服务已然形成了理性外的情境偏好，更关注口碑评论列表中正面与负面口碑评论数量对比的表象特征而忽略评论信息本身。因为动机性有差异的消费者在态度结构上对负面口碑评论信息的风险性感知也存在敏感性差异。基于以上讨论，本书提出假设：

H5：消费者的动机性对负面口碑评论信息的负面情感倾向和购买意愿之间关系具有显著调节作用。

H6：消费者的动机性对负面口碑评论信息的时效性和购买意愿之间关系具有显著调节作用。

H7：消费者的动机性对感知风险和购买意愿间关系之间关系具有显著调节作用。

5.1.4 负面口碑评论信息对潜在消费者负面影响模型构建

综合以上所述外围情境感知路径与核心认知加工路径以及调节效应相关假设的提出，本书依据ELM精细处理模型分别从以上两条路径构建负面口碑评论信息对潜在消费者负面影响的理论研究模型，如图5-1所示：

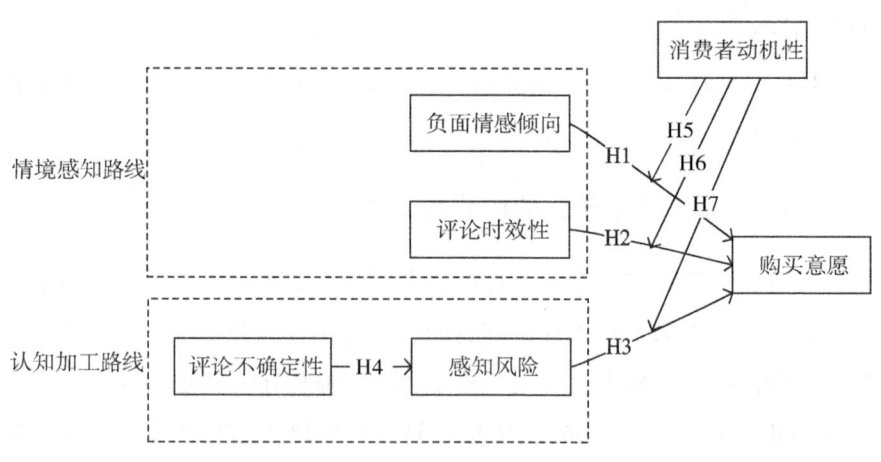

图5-1　负面口碑评论信息的影响机理研究模型

5.2　研究方法

本书采取实验的方法收集网络口碑数据通过数据分析的方法对提出的假设进行检验，我们将研究目标设定为商务平台中的负面口碑评论信息。本次实验共分四个阶段，分别为情境模拟、问卷设计、预测、数据统计分析。

5.2.1　情景模拟

针对研究目的，本研究选取青年网络用户网购较频繁的商品——运动鞋作为模拟实验主体,在电商网站平台中随机挑选某款运动鞋名下的正面口碑评论信息 30 条,负面口碑评论信息 30 条,并对 40 名非本次实验对象针对选取的两类评论信息的正负面程度打分(40 名非实验对象选取的是不包含正式调查对象但专业仍然相关的在校研究生和研究学者,他们对电商网络用户行为的特征具有一定的理论基础和知识了解)。将收集到的评分数据利用 SPSS 软件进行层次聚类分析,分析的结果如图 5-2、图 5-3 所示。其次,将正面口碑评论信息 30 条和负面口碑评论信息 30 条各自划分为甲、乙、丙三类,并分别从正面口碑评论信息和负面口碑评论信息的各自三类中的每种类别中利用计算标准差的方法挑选出得分最为稳定的 1 条,并将 6 条评论信息混合随机排列,作为某款运动鞋的口碑评论列表。在模拟出电商网购情景后,要求调查对象预览商品其名下口碑评论列表后再对照问项进行作答。

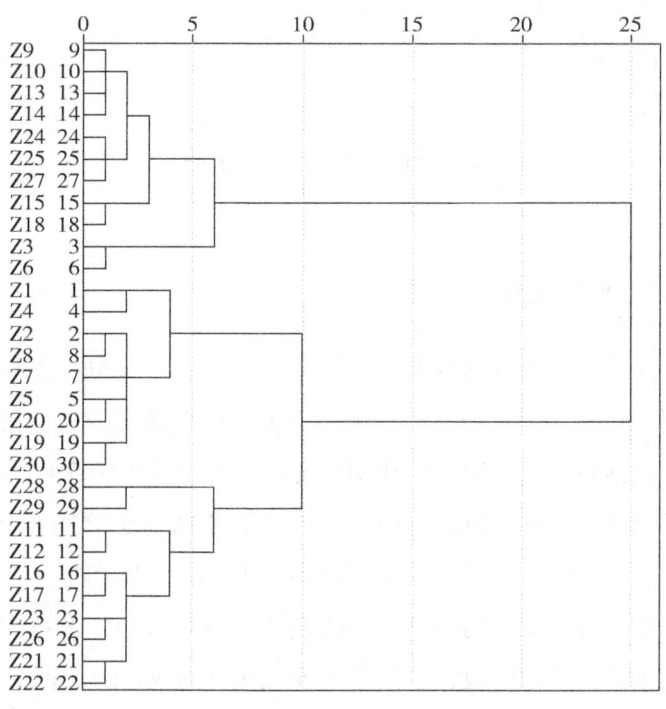

图 5-2　正面评论层次聚类分析结果

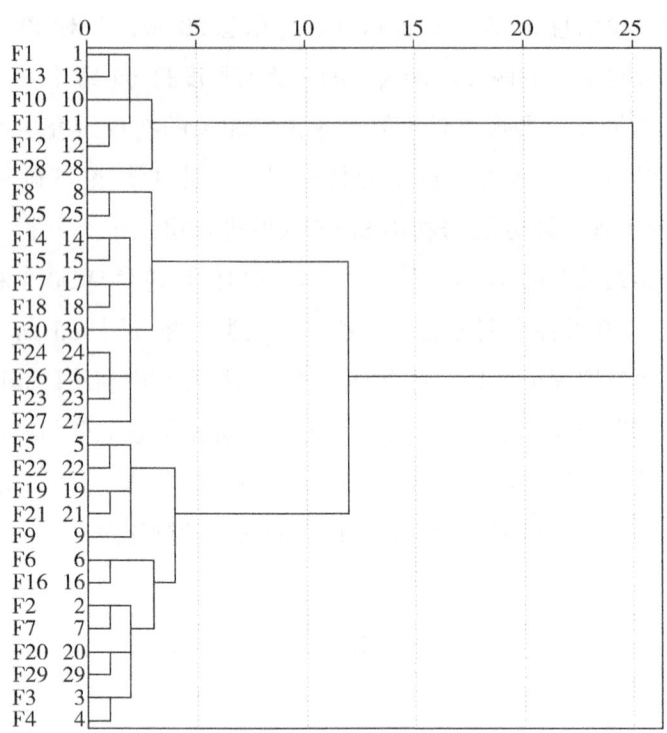

图 5-3 负面评论层次聚类分析结果

5.2.2 问卷设计

本研究设计的调查问卷共由三部分组成,第一部分:人口学变量,包括性别、年龄、职业和学历;第二部分:网购情况调查;第三部分:三种变量包括自变量、因变量和调节变量。自变量包括负面口碑信息的负面情感倾向、口碑信息的时效性、口碑信息的不确定性;因变量包括感知风险、购买意愿;调节变量则是网络用户的消费动机。

对于以上各个变量的测量,我们均设计 3 个及以上测度问项测量,而且绝大多数测量项的设计引用参考前人研究的成熟的量表,个别变量由本研究设计测度项。在测度项设计完成后组织邀请同领域学者对量表的各个测量项进行修正，以保证量表表述的准确性和清晰性，然后形成初始问卷。量表中所有的测量问项均采用 Likert 七分量表，1 表示"完全不同意"，7 表示"完全同意"。表 5-1 列出了各个变量及其测量问项的内容。

表 5-1　　　　　　　　　　模型各变量及其测量问项

变量（英文缩写）	英文翻译	测量项	测量问项内容	参考来源
负面情感倾向（NEI）	Negative emotional intention	NEI1	具有消极情感倾向的负面口碑评论信息使网络用户对产品印象更差	（李凌凌，2015）
		NEI2	带有负向情感色彩的负面口碑评论信息描述的产品质量更不可信	
		NEI3	负面口碑评论信息中如果有谩骂语言会使我对产品感知价值更差	
口碑信息时效性（RT）	Review timeliness	RT1	口碑评论列表中负面差评的日期越近越不会买	本研究设计
		RT2	口碑评论列表中负面评价越靠前我越易认为产品质量差	
		RT3	产品口碑评论信息中负面评论越集中越容易让我觉得产品质量不可信	
口碑信息不确定性（RUC）	Review uncertainty	RUC1	口碑评论信息让我常常不能判断商品的真实质量水平	（Dowling and Staelin, 1994; Rustagi 等，2008）
		RUC2	常常看过口碑评论信息后我无法肯定商品实物是否与自己期望一致	
		RUC3	我很难通过口碑评论信息确定商品的风格是否适合自己	

续表

变量 (英文 缩写)	英文 翻译	测量项	测量问项内容	参考来源
感知 风险 (PR)	Perceived risk	PR1	担心该商品的信息存在虚假性，不可信	(Mckinney 等，2002)
		PR2	担心该网上商店可能会做诱导消费者的行为	
		PR3	担心该产品或服务的质量、售后和退换货不能保证	
		PR4	担心产品性能各方面无法达到满意	
购买 意愿 (PIT)	Purchase intention	PIT1	如果自己打算买该类产品，会考虑买这一款和在这家网店购买	(Kim等， 2008)
		PIT2	愿意向朋友推荐同款产品和这家网店	
		PIT3	如果产品体验好我可能会再次购买	
消费者 动机性 (CMT)	Consumer motivation	CMT1	我对该类产品非常感兴趣	本研究设计
		CMT2	我对该类产品生活需求性很大	
		CMT2	我常常购买同款型产品	

5.2.3 预测

本次实验模拟预测将选取 45 名具有丰富网购经验的青年电商消费者作为调查对象，中小规模进行，消费者选取已具备一定社会消费能力的，可以作为潜在网络消费者研究的理想样本。在调查完成收集到前测问卷后利用探索性因子分析方法检验测量工具的区别效度和聚合效度。聚合效度要求因子上的所有测度项的因子载荷系数均大于 0.5，区别效度要求因子上的所有测度项的因子载荷系数均小于 0.4。依据以上的标准要求，我们利用 SPSS 软件，针对本研究的结构模型，共提取 6 个因子，分别为：负面口碑情感倾向、口碑信息时效性、口碑信息不确定性、感知风险、购买意愿和消费者动机性，符合理论架构，结果见表5-2。

5 负面口碑评论信息的负面影响机理

表 5-2　　旋转后的因子载荷矩阵表

变量	项目	因子					
		1	2	3	4	5	6
负面口碑情感倾向	NEI1						0.731
	NEI2						0.741
	NEI3						0.869
口碑信息时效性	RT1				0.858		
	RT2				0.764		
	RT3				0.881		
口碑信息不确定性	RUC1					0.825	
	RUC2					0.772	
	RUC3					0.739	
感知风险	PR1		0.854				
	PR2		0.863				
	PR3		0.582				
	PR4		0.537				
购买意愿	PIT1	0.843					
	PIT2	0.874					
	PIT3	0.922					
消费者动机性	CMT1			0.931			
	CMT2			0.869			
	CMT2			0.824			
累积解释方差(%)				79.497			

5.2.4　数据收集

预测完成后，进入正式问卷调查阶段，问卷通过网上形式发布并收集数据，测试问卷见附录1所示。调查对象主要集中在青年网购人群中。问卷中首先让被调查对象通过阅读某款商品的负面口碑评论信息并回忆近一次在电商平台网购商品时接触到的负面评论信息经历来填写问卷，通过条件筛选——具有1年以上网购经验，我们共收集到255份有效问卷。具体样本特征如表5-3所示：

表5-3　　　　　　　　　　样本特征（N=255）

项目	选项范围	频数	百分比
性别	男	140	55.12%
	女	115	44.88%
年龄	18岁以下	0	0%
	18~29岁	177	69.69%
	30岁以上	78	30.31%
最高学历	大专及以下	41	16.14%
	本科	85	33.07%
	研究生	129	50.79%
职业	学生	110	43.31%
	事业单位/公务员	68	26.77%
	企业员工	48	18.90%
	其他	29	11.02%
网购年龄	1~3年	59	23.23%
	3年以上	196	76.77%
评论重要性	正面评论更重要	62	24.41%
	一样重要	18	7.09%
	负面评论更重要	175	68.50%

5.3　数据分析与假设检验

5.3.1　检验测量模型

根据Anderson和Gerbing推荐的两步法，首先通过问卷数据检验测量模型的信度与效度，然后检验结构模型验证相关模型假设。

我们通过因子分析来检验测量模型的聚合效度和区别效度。聚合效度要求所有变量的 Cronbach's α 值和变量的组合信度（Composite Reliability）都高于基准值0.6。而且，变量的平均变异抽取量（Average Variance Extracted，AVE）的值要高于标准值0.5。区别效度检验采用变量的 AVE 值的平方根与其他变量之间的相关系数。本研究利用 AMOS 软件对每组变量量表的效度进行数据检验，测量模型的聚合效度如表5-4所示，测量模型的区别效度如表5-5所示。

表 5-4　　　　　　　　模型聚合效度检验结果

变量	项目	标准化系数	AVE	CR	Cronbach's α
负面情感倾向	NEI1	0.775	0.572	0.798	0.658
	NEI2	0.621			
	NEI3	0.849			
口碑信息时效性	RT1	0.787	0.538	0.776	0.799
	RT2	0.633			
	RT3	0.768			
口碑信息不确定性	RUC1	0.737	0.538	0.777	0.765
	RUC2	0.701			
	RUC3	0.762			
感知风险	PR1	0.837	0.622	0.868	0.877
	PR2	0.828			
	PR3	0.729			
	PR4	0.752			
购买意愿	PIT1	0.906	0.798	0.923	0.916
	PIT2	0.868			
	PIT3	0.902			

续表

变量	项目	标准化系数	AVE	CR	Cronbach's α
消费者动机性	CMT1	0.934	0.827	0.935	0.936
	CMT2	0.896			
	CMT2	0.904			

表 5-5　　　　各变量间的相关系数矩阵

	NEI	RT	RUC	PR	PIT	CMT
NEI	1					
RT	0.371	1				
RUC	0.273	0.299	1			
PR	0.332	0.361	0.467	1		
PIT	0.249	0.193	0.223	0.231	1	
CMT	0.283	0.155	0.191	0.209	0.687	1

5.3.2　假设检验结果

5.3.2.1　假设模型主效应的检验

本书应用 AMOS21.0 软件通过计算研究模型中各个变量间的路径系数，检验假设是否成立。拟合优度指数与对应的可接受建议区间如表 5-6 所示。主要的拟合指标均位于可接受的建议值的正常范围，由此可见理论研究模型与实证收集的现实数据具有较高较理想的拟合度。

表 5-6　　　　结构模型拟合优度指标结果

拟合指标	χ^2/df	RMSEA	NFI	NNFI	CFI	IFI	GFI
可接受建议值	2~5	<0.05	>0.90	>0.90	>0.90	>.90	>0.90
模型拟合值	2.71	0.00	0.95	0.96	0.91	0.94	0.92

理论研究模型各个假设检验的结果如图 5-4 所示。检验结果表明，本章研究提出的全部假设均得到支持。负面口碑评论信息的负面情感倾向、时效性、感知风险均对消费者购买意愿具有显著的负向影响作用。其中，负面情感倾向的负向作用最强烈，而口碑评论信息的不确定性对感知风险具有很显著的正向影响作用。

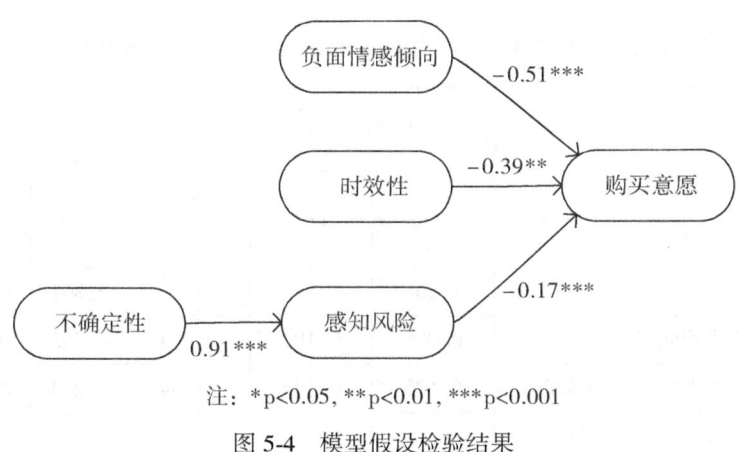

注：*$p<0.05$，**$p<0.01$，***$p<0.001$

图 5-4　模型假设检验结果

5.3.2.2　假设模型调节效应的检验

在对结构模型中的研究假设完成检验后，我们继续深入分析消费者动机性在各个因素影响购买意愿的作用路径关系中是否存在调节效应，如果存在，那么调节效应是否具有差异性，故引入消费者动机性作为研究模型的调节变量，应用多层回归模型分析方法对调节变量的调节效应进行检验。

本研究利用 SPSS 22.0 对样本进行多层回归分析，分析结果显示，负面口碑评论的负面情感倾向、评论时效性和感知风险三个因素中，只有感知风险对购买意愿的影响路径关系受到消费者动机性的调节，P 值为 0.043，小于 0.05，达到显著性水平。其余负面情感倾向、评论时效性对购买意愿的影响均受调节作用不显著，P 值都大于 0.05。消费者动机性差异对评论负面情感倾向、评论时效性、感知风险和购买意愿关系调节效应分析结果如表 5-7、表 5-8、表 5-9 所示，PIT、NEI、RT、PR、CMT、NEI×CMT、RT×CMT、PR×CMT 分别代表购买意愿、负面情感倾向、评论时效性、感知风险、消费者动机性、负面情感倾向与消费者动机性、评论时效性与消费者动机性、感知风险与消费者动机性乘积项。

表 5-7 消费者动机性差异调节负面情感倾向和购买意愿关系的效应分析

变量	非标准化回归系数		标准化回归系数	T 值	Sig.
	B	Std. Error	Beta		
购买意愿(PIT)	—	—	—	—	—
常数	1.461	0.521	—	2.801	0.006
负面情感倾向(NEI)	0.005	0.104	0.004	0.055	0.956
消费者动机性差异(CMT)	0.575	0.134	0.634	4.253	0.000
交互作用(NEI*CMT) $R^2 = 0.608$ F 值/Sig. = 131.556/0.000	0.021	0.024	0.157	0.820	0.413

表 5-8 消费者动机性差异调节评论时效性和购买意愿关系的效应分析

变量	非标准化回归系数		标准化回归系数	T 值	Sig.
	B	Std. Error	Beta		
购买意愿(PIT)	—	—	—	—	—
常数	0.941	0.538	—	1.748	0.083
评论时效性(RT)	0.092	0.098	0.081	0.946	0.343
消费者动机性差异(CMT)	0.724	0.137	0.799	5.238	0.000
交互作用(RT*CMT) $R^2 = 0.607$ F 值/Sig. = 131.010/0.000	-0.005	0.025	-0.038	-0.211	0.832

表 5-9 消费者动机性差异调节感知风险和购买意愿关系的效应分析

变量	非标准化回归系数		标准化回归系数	T 值	Sig.
	B	Std. Error	Beta		
购买意愿(PIT)	—	—	—	—	—
常数	1.599	0.501	—	3.194	0.002
感知风险(PR)	-0.017	0.096	-0.150	-0.181	0.857
消费者动机性差异(CMT)	0.479	0.127	0.528	3.777	0.000
交互作用(PR∗CMT) $R^2=0.617$ F 值/Sig. = 136.978/0.000	0.039	0.023	-0.028	1.686	0.043

调节效应检验结果如图 5-5 显示,感知风险同购买意愿间受到消费者动机性的调节作用,而且较为显著。本研究应用标准回归系数(Beta)值来表示因变量和其他变量之间的函数关系,以探明调节变量作用下,自变量和因变量的变动关系。具体表征消费者动机性各个水平上感知风险和购买意愿的关系如方程(公式 5-1)所示。

PIT 的标准分 = -0.150PR+0.528CMT-0.028PR×CMT　（公式 5-1）

我们分别确认当调节变量大于、等于或小于平均水平时,即本研究中分别选取 CMT 等于 1、0 和 -1 时,自变量 PR 和因变量 PIT 之间关系的变化。

当 CMT=1,PIT 的标准分 = -0.178PR+0.528　（公式 5-2）

当 CMT=0,PIT 的标准分 = -0.150PR　（公式 5-3）

当 CMT=-1,PIT 的标准分 = -0.122PR-0.528　（公式 5-4）

因此,无论消费者动机性强或弱,感知风险与购买意愿始终是负向变动关系。当 CMT 等于 1 和 -1 的变化后方程前后对比发现,当 CMT=1 时,PIT 随 PR 变化,而且负向变化的速度大于 CMT 等于 -1 时的变化速度。

综上所述，针对负面情感倾向(NEI)、时效性(RT)、感知风险(PR)三个变量对购买意愿(PIT)的影响关系，消费者动机性(CMT)只对感知风险同购买意愿间关系具有显著调节效应，假设7成立，假设5和假设6不成立，结果如图5-5所示。随着消费者动机性的增强，感知风险对购买意愿的影响程度越强。表明消费者对商品需求性越大，动机性越强，那么对负面口碑评论信息的感知风险越敏感，即对负面评论的风险性认知越严苛，也越保守，评论信息只要触发消费者风险上的感知，那么就会强烈影响购买意愿。

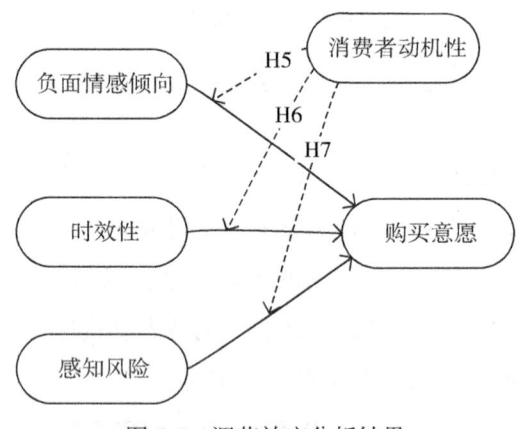

图 5-5　调节效应分析结果

5.3.3　检验结果分析

从假设检验结果我们得知，三个因素均对购买意愿有显著性影响，其中，负面情感倾向作用最强烈，表明评论内容中经验消费者关于产品的负面情绪发泄会潜移默化影响阅读者对商品的选择态度，因此负面评论中消极负向情感倾向是影响购买意愿的重要因素。

负面评论的不确定性对感知风险的路径系数为0.91，表明负面评论的不确定性对感知风险性影响作用非常显著。即评论内容表述的不确定性会加重潜在消费者对于购买风险的感知。尤其线上购物的重要特征之一是对商品看不见摸不着，而负面评论给消费者带来的不确定性、犹疑性，不仅不会缓解负面效应，反而增添了潜在消费者对购买决策的迟疑、对风险的感知，因此负面评论的不确定性对感知风险的影响非常显著。

对于消费者动机性的调节作用，调节效应分析结果显示，感知风险对购买意愿的影响作用受到消费者动机性的调节，P 值为 0.043，小于 0.05，达到显著性水平。而且通过应用标准回归系数(Beta)值所表示的购买意愿随感知风险变化而变动的关系显示，消费者动机性由弱到强变化，感知风险对购买意愿的作用也愈加强烈，说明需求性越强的消费者，对于负面评论的风险感知越灵敏，因此购买意愿越容易受到影响。假设检验结果汇总如表 5-10 所示：

表 5-10　　　　　　　　假设检验结果汇总表

	假　　设	是否支持
主效应检验	H1：负面口碑评论信息的负面情感倾向对潜在消费者的购买意愿具有显著的负向影响	支持
	H2：负面口碑评论信息的时效性对潜在消费者的购买意愿具有显著的负向影响	支持
	H3：潜在消费者对负面口碑评论信息的感知风险对购买意愿具有显著的负向影响	支持
	H3.1：负面口碑评论信息的不确定性对潜在消费者的感知风险具有显著的正向影响	支持
调节效应检验	H4.1：消费者的动机性对负面口碑评论信息的负面情感倾向和购买意愿之间的关系具有显著调节作用	不支持
	H4.2：消费者的动机性对负面口碑评论信息的时效性和购买意愿之间的关系具有显著调节作用	不支持
	H4.3：消费者的动机性对感知风险和购买意愿之间的关系具有显著调节作用	支持

5.4 研究结论

（1）负面口碑评论信息之所以能够促使舆情快速传播，是因为负面口碑评论信息中常含有消费者真实负面情绪的表达与发泄，而此类情感文本信息最能引发潜在消费者的共情与共鸣，负面情绪的显著启动效应使得潜在消费者更容易被消极负面情绪感染，反对、悲伤、失落的情感倾向对网络用户会产生更快更强的消极渲染力，进而影响网络潜在消费者的购买意愿。

（2）负面口碑评论信息在电商平台商品评论列表中，其本身负面显著效应凸显的同时，还具有首因效应，负面口碑评论信息越集中，评论列表中时间越新越接近，其负面影响效应越显著，也就越发会引起舆情危机进而影响商品的信誉度与销量。并且相对数量较大的好评中如果负面差评较为集中且靠前，那么网络用户对商品的不信任感、否定感越强烈。

（3）负面口碑评论信息会引发网络潜在消费者较大的感知风险，相比正面好评对网络潜在消费者引起的感知收益，负面口碑评论信息之所以会激起网络潜在消费者更大的情绪共鸣是因为负面口碑评论信息更容易引起潜在消费者自我相关刺激，即潜在消费者会更身临其境地感受失败消费经验，在自我相关刺激时投入更多的认知与控制资源。在负面口碑评论信息高关注度下网络用户认知并预估风险发生概率更高，故产生较强的消极影响作用。口碑评论信息中带有迟疑、犹豫、矛盾等情感词时会增加网络潜在消费者的感知风险。在负面口碑评论信息中同时存在好和不好两个对立面的观点评语时，会引发网络用户不确定性，而且对于负面口碑评论信息，这种不确定性非但没有减弱负面效果，还增强了网络用户态度的犹疑性，破坏了正面口碑评论信息与负面口碑评论信息创建的对比分明的立场环境，减弱了评论的肯定性和稳定性。除此以外，还有虚拟的购物环境、商品物流配送等特征，这些无疑加重了网络潜在消费者的风险感知。

(4)对于口碑消费者动机性的调节效应,感知风险与购买意愿间调节作用最为显著,表明消费者对商品的需求性越强,对评论的涉入度越深,继而对负面口碑评论信息的感知风险越敏感。动机性较强的消费者通常已初步了解商品信息与性能,同时也会对比多个店家的同类商品,因此对于负面口碑评论信息的风险容忍度较浅,甚至不容许负面口碑评论存在。因此消费者动机性对感知风险与购买意愿间关系调节效应最显著。

5.5 本章小结

本章基于ELM模型理论,重点研究了在线负面口碑评论对潜在消费者的负面影响机理,采取的角度选择负面口碑评论信息的特征性因素——负面情感倾向、评论时效性、感知风险、评论不确定性并分析其对潜在消费者购买意愿的影响机理,通过结构方程模型对假设进行验证。实证分析结果显示,假设模型中提出的影响因素均对消费者购买意愿具有显著影响作用;消费者动机性的调节效应检验结果显示,只有感知风险对购买意愿的影响作用在消费者动机性增强的调节作用下明显增强。

通过本章的研究结论,我们得出,商品的网络口碑评论在消费者网购行为中对其做出购买决策有非常显著的影响,而且国内电子商务网站上正面口碑评论同负面口碑评论数目对比悬殊的情形也引发了负面口碑评论信息高关注及显著影响的效应。因此,基于以上研究结论,在线商家应全力提高产品或服务的质量,以获得消费者满意评论,而对于评论列表中已产生的负面口碑评论信息,商家应给予更多的关注并采取补救措施,抑制负面口碑评论的传播。例如,为消费者不满意抱怨提供便捷畅通的沟通渠道,引导消费者在遇到问题时直接与商家客服联系反映,使问题及时得到反馈与解决。并且,对于不同负面口碑评论信息的反馈应对措施应根据评论内容的情感倾向、评论的实时性不同有所差异，不能一概而论，目的是希望潜在消费者受负面口碑评论影响后及时获取反馈信息以缓解心理风险感知并重新建立信任。

6 基于超网络的网络口碑评论主题演化方法

网络口碑的主题形成是一个动态演化的过程，尤其微博平台中，博文评论的主题发展演化会随时间的推进发生变化，并能够呈现出一定的规律性，对口碑主题动态演化特点进行准确地分析与阐述有助于精准地识别出口碑主题发展演化的规律，并对口碑主题未来发展地及时控制与治理提供科学的决策支持。本章我们要解决的问题是如何对包含各种负面评论要素的网络微博进行主题演化剖析。依据网络负面评论发展演化的特点，针对微博平台中口碑信息的主题挖掘出超网络模型的时序属性，构建拓扑指标体系，依据节点间超边联结的增加和演变消退机制分析口碑主题的演变规律，进而对网络负面口碑评论的及时预警与控制提供理论依据。

6.1 静态主题分析

本章以本书第四章构建的口碑主题超网络模型为基础，根据研究目标，创建超网络静态主题模型。在现有学者们研究的基础上，设计基于网络口碑子网络观点主题类别的拓扑分析指标，以演绎出超网络静态模型在不同维度方面的拓扑特征，进而为后续动态演化网络口碑主题发展规律提供模型构建基础与指标分析提取基础。

6.1.1 网络口碑主题静态演化模型分析

本研究从利于抓取网络口碑各个主题演化特征的角度出发，对微博平台中口碑主题发现超网络模型各层子网络不同要素特征进行分析。

(1) 观点子网。该层网络体现的是微博文本内容以及各个节点间的关联关系，观点子网络中的关键词及其相互间的关联作用是口碑主题形成和演化的传统研究对象，也是网络口碑超网络最核心的分析对象。

(2) 社交子网。该层网络以微博平台中的网络用户为节点，评论或抓发关系为边构建，微博用户的评论或转发传播揭示了微博主题观点（关键词）的扩散过程，也是对微博中口碑主题发展演化特征进行分析的关键因素之一。

(3) 情感子网。该层网络与观点子网一致，同样是由微博口碑评论文本信息获取，两者间相辅相成，既有包含关系又有加深关系。观点子网中包含了微博口碑文本信息的所有特征属性词，同时也包括了情感特征词；情感子网中的各个节点是情感极性，我们需要对情感特征词极性进行计算，并加权求得情感倾向，以此得出情感子网的节点，因此情感子网是对主题观点子网中的情感关键词进行分析加工获得的。

拓扑指标分析过程中，观点子网中既包含内容关键词信息，又包含情感子网的全部情感极性信息，即自网络结构分析中我们可以通过对观点子网的分析一并揭示包含内容观点和情感极性的信息，因此本章我们要将情感子网与观点子网合并分析处理。

(4) 时序子网。时序特征可以直接表达网络口碑主题演化的动态变化特征，前一个时间段的网络口碑主题会影响下一个时间段的网络口碑主题的形成，连续时间段的观点主题变化即构成了主题演化的主要结构内容，因此时序子网对于口碑主题的动态演化过程的分析是重要参照指标。但时序子网仅包含 4 个时间节点，分别为：口碑主题形成期——口碑主题潜伏期——口碑主题持续期——口碑主题恢复期，时序子网包含的节点数远小于社交子网和观点子网包含的节点数（分别是 3987 个和

4150个），如表6-1所示。通常一个负面口碑事件发生后，微博平台后的评论会吸引数千网络用户参与讨论，甚至更多。在以网络用户为节点的社交子网络和以关键词（K）为节点的观点子网络中，微博负面口碑主题发现超网络模型的时序子网节点数量远比社交子网和观点子网的节点数少得多。如果对整个超网络模型进行拓扑指标分析，包括节点超度、超边连接度、超边重叠度，则会因为时序子网的节点数量太少而影响拓扑指标的综合计算结果。因此在对文本分析时拟暂时屏蔽时序子网信息，构建静态主题模型，在后续的分析研究中，将时序属性特征作为超网络模型外的特征因素进行单独分析，进而探究网络口碑主题演化的特点。

表6-1　　口碑主题发现超网络模型各层子网信息统计

子网络层	节点	边	节点数
观点子网	关键词 K	共现	4150
社交子网	网络用户 U	评论转发	3987
情感子网	情感词 E	相近情感演变	3
时序子网	演化阶段 T	相邻节点演进	4

综上分析，本书认为在社交子网和观点子网中包含着网络口碑主题发展演化的核心要素和关键信息，即口碑主题静态模型的重要组成因素；情感子网节点与观点子网节点相重合，因此暂时不考虑情感子网；时序子网因为其节点数太少，因此同样在静态网络口碑主题模型构建时暂不考虑，在后续动态主题演化模型的构建时作为外部分析要素进行重点分析。

6.1.2　网络口碑静态主题模型构建

基于前面小节的分析，本书构建了超网络口碑主题分析模型，主要包括两部分结构，分别为"社交子网—观点子网"集成网络和"主题聚类信息"主题子网，具体结构如图 6-1 所示。以此构建包括网络用户主体、关键词信息和主题聚类信息三种要素的静态主题模型。以上三种要素间的关联关系为："网络用户主体"发表"关键词信息"，"关键词信息"对应所属的"主体聚类信息"。

(1)"社交子网—观点子网"集成建模

社交子网—观点子网集成网络模型中包含网络用户主体、关键词信息，这两种构成要素的相互关系为："网络用户主体"发布了"口碑关键词信息"。以上两类要素变构成了包含两层子网的集成模型，分别为"社交子网"和"观点子网"。

①社交子网(U)：该层网络代表的是网络口碑传播中网络用户主体间的点赞、评论或转发关系。该层子网中的节点是由网络口碑的主体网络用户(U_i)构成，不同主体间的连线代表网络用户间的评论转发关系。

②观点子网(K)：表示网络用户发布的口碑文本内容信息，包含主题关键词(K_i)，关键词之间的连线关系表示两个关键词均在同一微博中出现。

社交子网—观点子网共同组成的集成模型中两层子网络间通过超边(SE)相互连接，SE 表达用户 U_i 发表了观点 K_m。在本书中我们首先约束每条超边仅包含 1 个网络用户主体 u，但可以包含多个关键词 k。

网络口碑主题发现超网络模型建成后，通过 P =(V，S)表示，其中，V 代表超网络中节点的集合；S 表示超边，任意一条超边均由相连的两个不同质的节点构成。

(2)主题聚类信息(C)：表述的是超边所属的聚类主题对应类别信息，而每种类别中都包含了多条超边，即 C = {S_1, S_2, S_3, …, S_n}；且每条超边只可归属一种类别里。

为了更加清楚地阐述本部分的研究方法，我们建立了超网络口碑静态主题模型的具体示例列表，如表 6-2 所示，社交子网 U 中包含 6 个口碑网络用户主体节点，观点子网包括关键词共 14 个，即 14 个关键词节点，共联结生成 10 条超边，超边被划分入三个子类中。其中子类 C_1 包

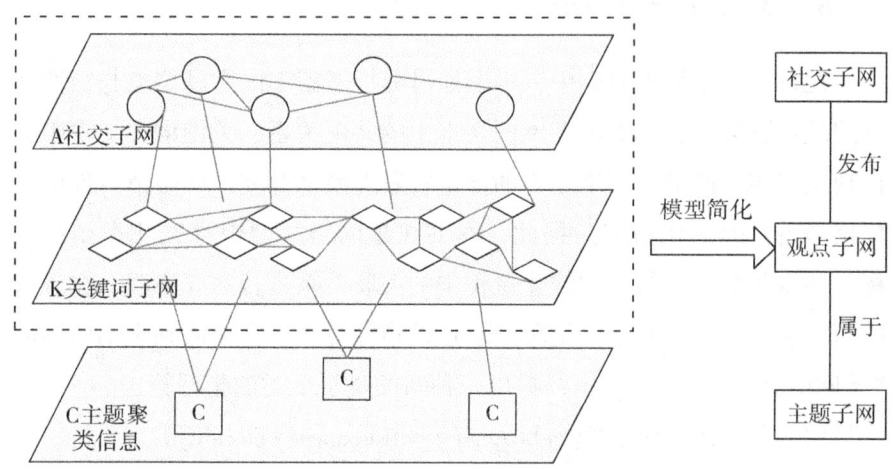

图 6-1 超网络口碑静态主题模型

括 5 条超边,在社交子网中包括 5 个口碑发布的网络用户主体节点,以及观点子网中 12 个关键词节点,共计 17 个节点。

表 6-2 超网络口碑静态主题示例表

子类 C	超边 SE	社交 U	观点子网(关键词 K)
C_1	SE_1	u_1	$k_1 k_2 k_3 k_4$
	SE_2	u_2	$k_1 k_3 k_5 k_6$
	SE_3	u_3	$k_2 k_5 k_7 k_8$
	SE_4	u_4	$k_3 k_5 k_7 k_8$
	SE_5	u_5	$k_3 k_5 k_6 k_7$
C_2	SE_6	u_1	$k_8 k_9 k_{10}$
	SE_7	u_6	$k_7 k_8 k_{10}$
	SE_8	u_7	$k_9 k_{10}$
C_3	SE_9	u_3	$k_{11} k_{12} k_{13} k_{14}$
	SE_{10}	u_6	$k_{11} k_{12} k_{14}$

6.1.3 拓扑特征分析

在口碑主题相关研究中，本书通过分析考察不同主题聚类与微博文本间的隶属关系、关键词在不同文本中的共现关系、关键词在文本中的出现频率和微博平台网络用户的评论转发关系来探究口碑舆情事件中不同聚类主题的演化特点。据此，本书在超网络模型中挑选几类拓扑指标，并将各个指标与主题演化过程中的关联关系进行简要说明。在现有的研究基础上，将基于网络单个节点的指标算法丰富拓展到本书应用的"子网络类别"指标算法中，提出一种新的基于子类的指标算法。

（1）子类中介中心度（Subcategory betweenness centrality）

子类中介中心度对应至社会网络分析法中的中介中心程度。将社会网络分析法（SNA）中对网络节点中介中心度的测量扩展至对子类的测量，该测量结果表述的是某子类对其他子类的中心"控制"能力。对于网络口碑而言，考察网络口碑中子类的中心度指标，一方面可以发掘网络口碑中的重要子主题，并通过比较不同时期不同子主题集合的演变情况，分析计算出网络中子主题所处地位（或核心位置或边缘位置）的变化，进而分析出在口碑主题演化过程中口碑主题的变化特征。在超网络口碑静态主题模型中，子类的中介中心度代表的是子类间的共现关系，即某一子类作为其子类连接的桥梁在超网络模型中的重要地位。从主题间的层次关系可以看出，子类中介中心度越高，表明子类越接近层次网络中的根节点的位置。子类的中心中介度越高，在整个超网络中占据较为核心的位置。

假设 C 是超网络的某个子类，子类包含 m 个节点和 n 个超边数。子类中介中心度即为度量该子类作为其他子类相互连接的桥梁，在网络中承受"压力"的算法可以用公式 6-1 表达：

$$C_B(C) = \sum_{j<k} \frac{g_{jk(C)}}{g_{jk}} j, \ k \notin C \qquad （公式6\text{-}1）$$

其中的节点集合记作 K。我们令 g_{jk} 代表连接节点 j 和节点 k 的超边数，令 $g_{jk}(C)$ 代表连接节点 j 和节点 k 经过点集合 C 的超边数。

如表 6-2 构建的超网络口碑静态主题模型示例表中，$C_B(C_1) = 3/5 = 0.60$，$C_B(C_2) = 4/7 = 0.57$，$C_B(C_3) = 2/8 = 0.25$。

(2) 子类超度 (Subclass hyperdegree)

子网络类别的超度对应在超网络分析中的各个节点的超度。将子类的超度定义为该子类中节点参与构成的其他子类的超边数。将超网络分析中对节点超度的测量拓展到子类超度的测量，计算出的结果用于描述子类观点(即关键词)受关注的程度。子类的超度值越大，那么就说明参与该子类话题讨论的超边数越多，那么该子类表征的话题则越受网络用户喜爱。对于网络口碑，考察网络中子类的超度值指标，可以挖掘出网络口碑中较为活跃的子主题，并利用不同阶段不同子主题集合的演变情况，分析出网络中子主题受欢迎程度的变化情况，进而揭示出口碑主题演化过程中各个子主题演变的特征。计算公式如下所示：

$$SD(C) = \sum_{j=1}^{n} \theta_j(C), \ j \notin C \quad \text{（公式6-2）}$$

其中 $\theta_j(C)$ 代表超边 j 是否包含类 C 中的任意节点，若包含则 $\theta_j(C) = 1$，若不包含则 $\theta_j(C) = 0$。如表 6-2 中构建的超网络口碑静态主题模型示例表中，$SD(C_{c1}) = 4$，$SD(C_{c2}) = 4$，$SD(C_{c3}) = 2$。

(3) 子类超边连接度

子类的超边连接度对应至超网络模型中的超边，我们将子类超边连接度定义为：子类中超边所连接的其他子类超边的数量。将超网络分析中对个体节点超度的测量延申至对子类超度的测量，以此来表述子类的关联程度。子类的超边连接度值越大，那么该子类与其他子类关联度越高，同时，该子类包含的主题关键词节点和网络用户节点与其他子类的相关节点重合度越高。子类超度并非仅仅是对超网络模型中各个主题节点超度的简单加和，而是对子类中主题信息的普遍性与代表性的衡量。其公式为：

$$D_S(S_C) = \sum_{j=1}^{m} \xi_j(S_C) \quad \text{（公式6-3）}$$

其中 $\xi_j(S_C)$ 表示的是超边 j 是否包括了子网 C 中所有超边的公共节点，若包括则 $\xi_j(S_C)=1$，如果不包括那么 $\xi_j(S_C)=0$。如表6-2构建的超网络口碑静态主题模型示例表中，$D_S(S_{C1})=3$，$D_S(S_{C2})=5$，$D_S(S_{C3})=2$。

6.1.4 口碑主题分布特征分析

根据前面小节的口碑拓扑特征分析，我们得出超网络模型中口碑主题超网络模型中子类的主题分析特征指标：

(1)子类中介中心度：子类中介中心度分析表述了子网络主题与其他主题间的相互关联关系。类内中介中心度较高的子主题，作为中介"桥梁"，通常位于中心位置，而中介中心度较低的子主题，则位于靠近边缘的位置。故我们辨别网络口碑中子主题的中介中心度属性为：

中心性：子类里中介中心度较高的子网络口碑主题具有中心性；

边缘性：子类里中介中心度较低的子网络口碑主题具有边缘性。

(2)子类超度：子类超度分析表述的是子主题中各个元素在同一时间段内出现的频次高低，它反映了子主题受关注程度，也可以表述为子主题在网络口碑中出现的活跃程度。依据子类超度我们区分网络口碑中的各个主题的活跃程度属性为：

活跃性：子类超度较高的子网络口碑主题具有活跃性；

沉默性：子类超度较低的子网络口碑主题具有沉默性；

(3)子类超边连接度：子类超边连接度并非简单的含特征词的节点超度加和，而是对子主题中关键特征词的一般性和普遍性的衡量。子类超边连接度较高则表示该子网络主题与其他子网络主题的特征词具有较高的共现性，因此，我们根据子类超边连接度，将网络口碑的子主题划分为：

常见主题：子类中主题特征词在其他子类中共现性较高的子主题；

罕见主题：子类中主题特征词在其他子类中共线性较低的子主题。

6.2 动态主题发展演化分析

网络负面口碑突发事件在微博平台网络传播过程中，常常会出现不同的主题，随着事件的扩散、蔓延、传播，口碑主题会随着时间动态演变。探究整个口碑事件演变过程中不同子网络主题的变化发展过程，有助于揭示微博网络口碑产生、传播的特征，同时也对维护品牌口碑环境的稳定性具有重要意义。

6.2.1 超网络口碑动态演化模型分析

为了准确地识别出网络口碑中不同子主题的演化特征，预测出主题演化未来路径趋势，进而科学地应对网络负面口碑突发事件，服务舆情治理，本书拟截取不同时刻超网络快照来模拟超网络主题聚类模型中各个聚类主题的时变状态，并据此构建超网络口碑动态演化模型（Dynamic Evolution Model of Public Opinion Supernet，简称 POS-DEM）。我们按照口碑主题发现超网络模型中时序子网对口碑传播与演化的发展阶段进行划分，对口碑动态演化的时间阶段取值 T1（口碑形成期），T2（口碑潜伏期），T3（口碑持续期），T4（口碑恢复期）四个阶段过程。

6.2.2 拓扑特征分析

前面章节我们对超网络口碑静态主题模型的子类中介中心度、子类超度和子类超边连接度进行了对比计算分析，通过结果我们获得负面口碑评论事件中子主题的分布特征。本节我们根据超网络口碑动态演化模型，来计算时序子网中不同阶段下超网络口碑静态主题模型的拓扑特征指标结果，并通过折线图来表示变化趋势，如图 6-2、图 6-3、图 6-4 所示，以获得 POS-DEM 模型的拓扑指标动态变化特征，为后续的子网发展演化特征分析提供参考依据。

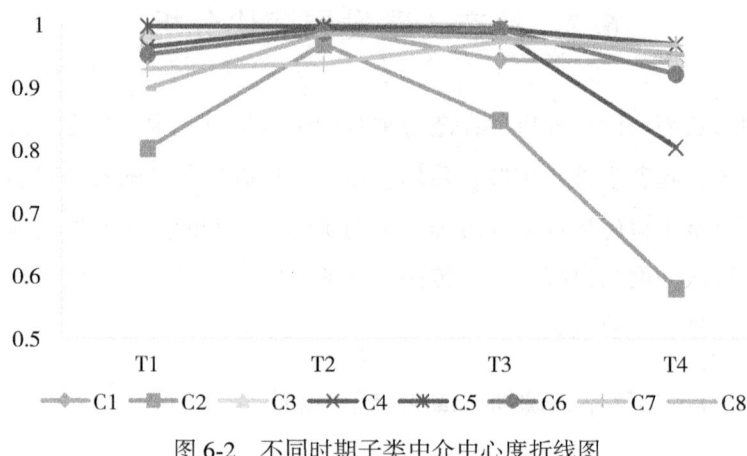

图 6-2　不同时期子类中介中心度折线图

图 6-2 显示了不同时期子类中介中心度折线。从折线图中我们可以看出，超网络模型子类的中介中心度随口碑传播演变在周期内变化主要呈现四类趋势：第一类趋势，在四个时期均持续较高中介中心度，如 C5 和 C3，中介度在四个时期均保持较高水平；第二类趋势，在四个时期中介中心度变化呈明显"凸"形，在 T1 和 T4 较低，在 T2 和 T3 较高，如 C2；第三类趋势，在 T1、T2、T3 时期均呈现上升趋势，T3-T4 时期明显下降，如 C7；第四类趋势，在四个时期变化暂未凸显规律，有升有降，如 C1。

图 6-3 中我们看到子类超度的变化折线图，图中显示，子类超度随口碑时序变化主要呈现四种趋势：第一种趋势，在 T2 时刻达到峰值的"凸"形，在 T1-T2 和 T2-T4 呈现较为明显的上升下降趋势，如 C5；第二种趋势，在 T3 时刻达到峰值的"凸"形，在 T1-T3 和 T3-T4 呈现较为明显的上升下降趋势，如 C6；第三种趋势，四个阶段均呈现下降趋势，如 C3；第四种趋势，在 T1-T2 阶段均处于较高值，从 T2-T3 和 T3-T4 阶段则有较为明显的下降趋势，如 C2。

6 基于超网络的网络口碑评论主题演化方法

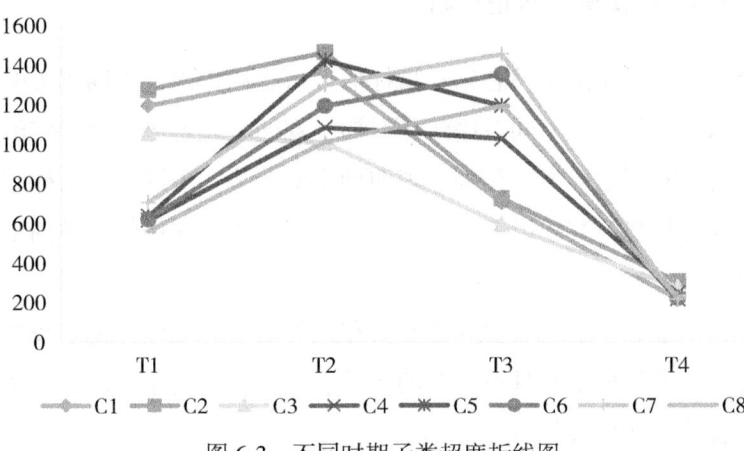

图 6-3　不同时期子类超度折线图

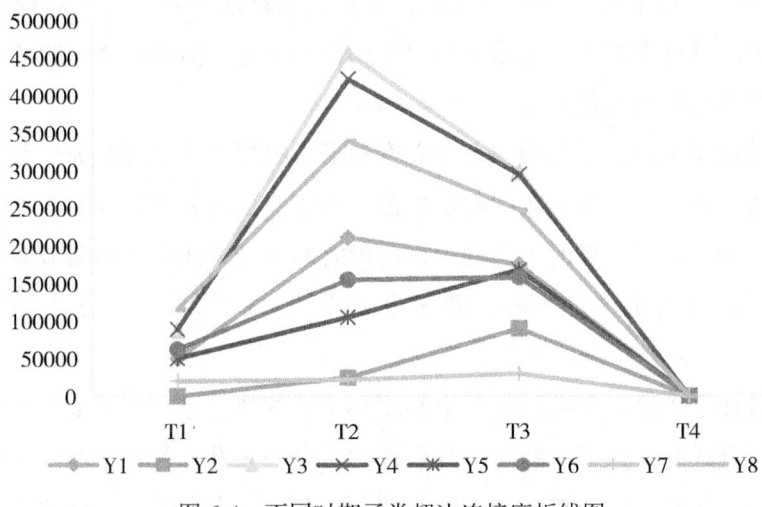

图 6-4　不同时期子类超边连接度折线图

图 6-4 为不同时期子类超边连接度的变化趋势折线图，图中显示不同子类的超边连接度随口碑时序发展而呈现的趋势大体一致，均呈先增长后下降的"凸"字形。因此我们从静态角度分析子类超边连接度的变化特征。

121

6.2.3 口碑演化特征分析

通过前面对超网络动态拓扑指标的分析我们得出，不同子类的中介中心度和子类超度在不同时序演化时期呈现的变化趋势具有一定的相似性。子类的不同指标变化分别呈现四种主要趋势。不同子类指标有大致一样的变化趋势，基于以上子类拓扑指标的分析，我们将子类的主题大致分为：

高企子主题：子类的中介中心度和子类的超度相对持续在较高位的子主题，即地位偏中心且较活跃的子类。这种类型的子主题具有较高的位置显著性且活性较强。

活跃子主题：子类的中介中心度和子类的超度呈现较为明显的"凸"字形，即上升与下降均较快，突然热度高涨但短暂时间后热度急剧减退。这种类型的子主题中心边缘属性不稳定，活跃度随主题的发展提升又随时序的变化下降。

消退子主题：子类的中介中心度和子类的超度均呈现较为显著的下降趋势，即子主题拥有较中心位置偏远的边缘属性和活跃度渐渐下降的沉默属性。这种类型的子主题，在持续时间内受关注程度逐渐减弱并在未来可能成为沉默子主题，即无论怎样的口碑都不会激发该主题的体现。

潜在子主题：子类的中介中心度和子类的超度呈现不规则的变化趋势，或升或降，该类主题与口碑事件的引发并无直接关联，但该主题仍然在该类子类主题中有一定的中心性和活跃性，潜在的热度仍然会在适合的口碑事件后爆发，但暂时没有明显的变化规律，或者刚萌生的热点还未成熟。

6.3 本章小结

本章我们主要围绕如何对网络口碑主题演化进行分析，进而提出基于超网络理论的口碑主题动态演化模型方法这一解决方案。利用超网络模型的方法分析口碑传播时的网络结构，构建传播拓扑指标，基于超边的变化和子类指标特征值的变动来分析探究口碑主题的演化特征。主要完成的研究工作包含静态主题分析和动态主题演化。

(1)静态主题分析

从子类主题演化的角度分析口碑主题发现的超网络模型，综合考虑"社交子网—观点子网"集成建模与"主题聚类"，建立口碑主体、观关键词和主题聚类三种元素相结合的静态主题模型。并且通过对比不同微博文本中主题关键词的共现关系、网络用户的转发评论和主题聚类与微博文本间的从属关系，设计不同主题下的拓扑指标，以表述超网络口碑静态主题模型在不同层面的拓扑特征；最后结合口碑实例，利用指标对口碑形成的主题特征进行分析。

(2)动态主题演化

在超网络模型中引入时序子网属性，描述不同时序时期超网络口碑主题模型动态演变时主题与超边的变化趋势，据此构建超网络主题动态演化模型。通过分析拓扑指标的时序变化特征，对微博不同子网主题的属性演化特征进行演绎。

7 负面口碑评论反馈对潜在消费者正向修复作用

同传统的零售业相比，网络上负面口碑评论的传播速度大大扩大了商家服务失败的影响范围（王琦和王琳，2015）。由于网络口碑评论是潜在消费者做出购买决策的重要依据，为了削弱负面口碑评论信息的负面影响力度，商家利用回复或反馈的方式来缓解失败交易产生的影响。因为网购市场发展的迅猛，国内外学者也已从线下传统服务补救研究转向线上反馈或回复补救研究。负面口碑评论下有效的商家反馈可以修复潜在消费者信任，使其重塑购买意向，但执行不善的反馈措施则会加重负面口碑评论信息对潜在消费者的负面影响。

陶晓波（2013）在已有研究结果的基础上，提出以商家选择作为衡量反馈策略是否有效的指标，并构建出负面口碑评论信息、商家反馈、信任倾向分别对消费者购买意愿的影响的理论研究模型，并通过实证分析验证了商家应针对感性负面口碑评论信息更多采用理性反馈策略，而针对理性负面口碑评论信息更多采用感性反馈策略。方正等（2010）认为商品负面舆情危机类型对商家应对策略存在调节作用，对于可辩解型的负面舆情危机，商家企业最优策略是辩解策略，而对于不可辩解型的负面舆情危机，商家企业最优策略是和解策略。郑春东等（2015）认为当下商家针对差评口碑信息的回复类型主要有道歉、归因和物质补偿，而在道歉的基础上添加归因比仅仅道歉对潜在消费者态度的积极影响更大。田泽民（2016）通过对酒店管理回复策略的研究发现有针对性的酒店回复以及快速回复均对潜在顾客的满意度有正向积极影响,而潜在顾客满意度又对信任及其决策行为存在显著正向影响。李爱国等(2016)通过分析商家反馈对负面口碑评论内容评分与体验型商品销量关系的调节作用验证了商家反馈的及时程度和反馈质量对负面口碑评论内容与体验型商品销量关系存在非常显著的调节效应,说明商家反馈可以有效地中和负面口碑评论产生的负面效应进而积极影响商品销量。张德鹏等(2017)以外卖平台为例,通过实证研究验证了线上企业对在线负面口碑评价信息的管理反馈会使在线口碑评价信息对顾客信任的影响作用具有积极效应。王绮等(2016)以酒店为调查样本,探讨了在线评论与商家反馈对潜在消费者购买意愿的影响,实验结果表明企业针对负面口碑评论进行积极、主动的反应优于"默认"的消极反应,而无动于衷的无反应是效果最差的。

  以上研究均验证了针对在线负面口碑评论的商家反馈无论对潜在消费者的信任态度还是购买意愿均存在积极的正向影响,而快速、及时并有效的反馈则会缓解负面在线口碑评论造成的负面影响。由此可见,对于在线商品负面口碑评论,商家有效的反馈与回复是减轻网络负面口碑评论带来负面影响的有效手段。那么采取怎样方式的反馈能够对潜在消费者信任修复产生有效的积极影响?不同内容的商家反馈对潜在消费者的修复影响又是怎样的?本章将围绕以上两个问题进行探讨,对比不同类型的商家反馈策略对潜在消费者的信任和购买意愿的影响机理究竟是怎样的,以探讨比较不同类型的商家反馈策略对潜在消费者的购买意愿的影响差异。通过本章的研究,我们希望对比出商家反馈策略中究竟哪种形式的反馈对潜在消费者信任修复效果最优,从而对负面口碑评论下的商家反馈与补救相关研究做出有益补充,并对国内电子商务线上零售商采取怎样的反馈策略能够有效弥补负面口碑评论造成的负面影响提供理论与实践上的建议。

7.1 研究模型与假设

7.1.1 反馈策略正向影响作用研究模型

当下电子商务蓬勃发展，网络传播方式速度快、传播范围广使得消费者网络购物越加普遍。与传统零售业不同的是线上电子商务迅速将消费者连接起来，经验消费者分享着自己的购物体验、对产品或服务的评价，而潜在消费者也试图从网络口碑评论信息中搜索出帮助其购买的信息。而且，经验消费者越加倾向于将失败交易经历详尽、迅速地发布在网站中，发泄心中不满，跟大家分享失败遭遇，同时供潜在消费者随时查看和浏览。因此，网络零售中服务失败导致的负面口碑评论的效应远远超过传统零售市场。

7.1.1.1 口碑反馈信息的数据采集分类

社会交换理论认为，一切的社会活动都是在追寻满足个人所需的资源。线上商家针对负面口碑评论进行反馈时，在弥补失败交易造成经验消费者的损失的同时更重要的是修复潜在消费者受损的信任。在第二章中我们对已有商家反馈策略的相关研究进行了述评，本章对反馈策略的分类我们采用已有文献收集与现有数据采集分析的方法进行。

（1）数据源

对于不同商家反馈方式的信息，我们利用八爪鱼采集器在天猫购物网站上进行采集。选择该网购平台的原因是：首先，"天猫商城"作为国内电商最大平台之一，知名度高，用户多，且该平台上的数据具有代表性；其次，"天猫商城"上有知名品牌的厂家直营店，消费者群体分布广泛，且刷销量、刷信誉等现象相对少，数据真实度高；最后，"天猫商城"平台里的客服认真负责，回复率高，且回复的信息有效性高，能够覆盖五种反馈类型。

(2) 数据采集

在"天猫商城"搜索"运动品",随后在生成的所有运动鞋产品中挑选出几款大众品牌鞋,并分别对其商品评论及反馈进行数据采集,随后归置为 Excel 表格。剔除无效数据,最终,我们共采集 81947 条记录,每条记录包括"买家""颜色""鞋码""评论""反馈""时间"六个属性列,删除评论列中值为"此用户没有填写评论"的记录,剩余 77632 条。

因为我们研究的是负面口碑评论与商家反馈的共同效应,因此首先筛选出每条记录中具有反馈文字内容的 20257 条,在得到 20257 条评论数据后,从中筛选掉 9925 条正面评论,剩余 10332 条记录,包括负面口碑评论信息与商家反馈信息。在得到负面口碑评论与商家反馈数据后,我们对评论的反馈内容进行了人工语义分类。结合已有关于商家反馈策略文献研究的收集、分析,以及现有数据的文本分析,我们将反馈内容划分为"道歉""解释""补偿""道歉+解释""道歉+解释+补偿"五种反馈类型。如图 7-1 所示。在所有反馈记录中,道歉类型占比 13.7%,解释类型占比 41.2%,补偿类型占比 9.9%,道歉+解释类型占比 22.9%,道歉+解释+补偿类型占比 12.3%。

7.1.1.2 不同类型反馈策略的正向影响作用研究模型

道歉,即商家通过承认自己过失的方式来寻求消费者的谅解;解释,即商家通过对服务失误所产生的原因进行说明,使消费者了解事件原因,从而取得消费者的谅解;补偿,商家承诺对消费者进行一定的物质补偿,从而换取消费者的谅解;道歉+解释,即商家既有道歉又有解释;道歉+解释+补偿,即商家以上三种类型反馈在一条反馈信息中均有体现。以上三种独立反馈策略可以单独出现或融合在一起同时出现,共产生三种反馈策略:道歉、解释、补偿;以及两种反馈组合策略:道歉+解释、道歉+解释+补偿。

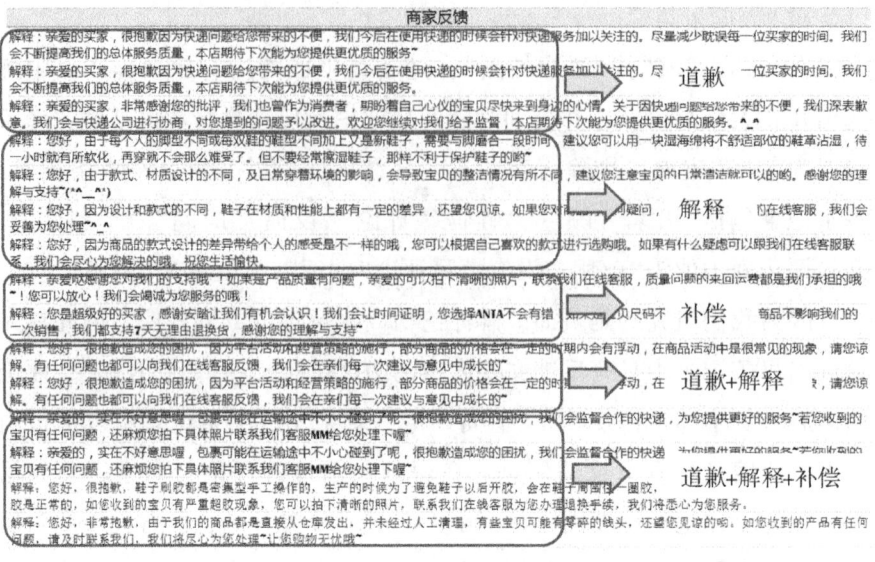

图 7-1　商家反馈信息爬取结果

本章主要研究不同反馈策略对潜在消费者信任不同维度的影响作用以及不同反馈组合策略对潜在消费者购买意愿的影响作用。

在商家反馈策略与潜在消费者购买行为间，潜在消费者的信任态度扮演着重要的中介作用。在线负面口碑评论信息的产生使得潜在消费者信任受损，商家为使潜在消费者重获信心，会从正直、善意和能力三个方面弥补消费者对被信任方依赖性的感知，即消费者信任修复（Xie and Peng, 2009），包括道歉、承诺等情感型修复策略和退款、赠券等功能型修复策略。张正林等（2010）通过对信任修复的实证研究验证了修复方式会通过善意信任的中介作用对消费者重购意愿产生显著影响，而修复中是否存在欺骗则通过善意和诚实信任的中介作用对重购意愿产生显著影响。韩平等（2016）探讨了服务失误严重程度和修复策略间交互效应对信任修复效果有显著影响效应。王雪芳等（2017）通过对产品危机下企业沟通策略选择与消费者信任间关系的研究发现，危机发生后企业应采取及时的一系列的沟通策略以修复品牌形象进而重建消费者对商品的信任。

对于网购消费者来说，对线上商家的信任是认为店家及其所提供的商品或服务具有低风险感知的结果。感知风险是潜在消费者对商品可能导致损失的预估，如果潜在消费者认为商品不能达到预估水平，那么就不会产生购买行为。而信任修复是商家企图取得消费者谅解而采取措施，从而让潜在消费者重新对商品或服务形成积极正向的价值判断，并产生购买意愿。商家采取信任修复策略企图重获潜在消费者购买行为，但信任是消费者心理感知状态，我们无法直接通过信任预测潜在消费者购买行为，因此选择预测潜在消费者购买意愿。

对于信任修复策略的研究，国内外学者从信任违背类型、信任维度以及信任修复的及时性、功能性、情感性等方面进行了非常详尽深入的研究。Gillespie 和 Dietz(2009)认为，在现实商务环境中，无论是线上还是线下，商家通常会多种修复策略综合使用，因此本章认为有必要对修复策略类型进行独立与整合综合分析，从而评判其有效性。我们首先对道歉、解释、补偿三种独立反馈策略分别对信任不同维度的修复进行分析研究，再将道歉+解释、道歉+解释+补偿与单纯道歉进行对比，判断解释、补偿的添加对信任修复是否具有显著效果，即对潜在消费者的购买意愿是否具有显著影响作用。

在不同商家反馈策略通过信任修复的中介作用对购买意愿实现正向影响的机理研究过程中，我们添加商品类型的调节作用，探讨搜索型商品和体验型商品在相互关系中是否存在调节效应。基于以上讨论，本章建立不同类型反馈策略对潜在消费者信任正向影响研究模型，如图7-2所示。通过对该模型的研究探讨我们主要考查的问题是：1)不同类型商家反馈策略对潜在消费者信任不同维度的影响是否具有差异性？2)不同类型商家反馈组合策略对潜在消费者购买意愿的影响是否具有差异性？3)在影响过程中商品类型是否具有调节作用？4)信任在反馈策略对潜在消费者购买意愿影响关系中是否存在中介作用？

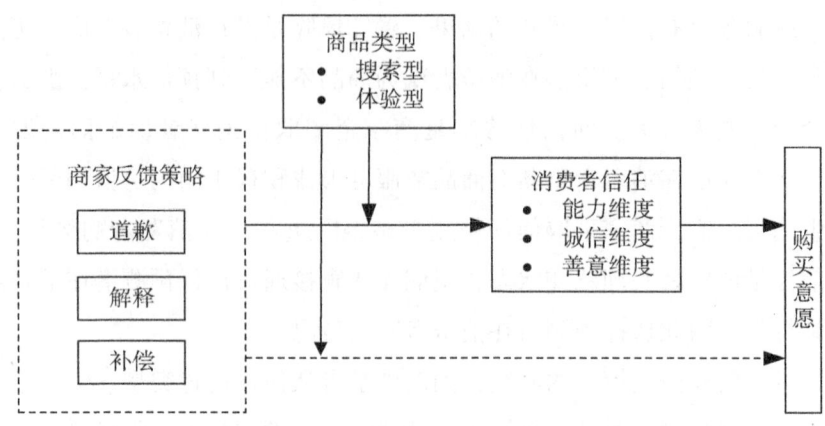

图 7-2 商家反馈策略对潜在消费者正向影响作用的研究模型

7.1.2 假设提出

不同类型的在线负面口碑评论使潜在消费者信任受损程度不一样，信任不同维度受损程度也不一样，产品质量问题使潜在消费者对商品或服务质量产生怀疑，进而对商家的专业服务能力产生质疑，因此潜在消费者对商家能力信任受损较为严重。商家诚信问题引发的负面口碑评论使得潜在消费者对商家的诚信维度信任受损。同样的，商家不同类型反馈策略，也会对不同维度信任产生不同程度的修复效果。例如，道歉或许会赢得潜在消费者善意维度信任的修复，但能否使潜在消费者对商品或服务的质量、商家的专业服务水平仍然保持积极的信心？同样，解释反馈策略能否消除潜在消费者心中疑虑，并持续保持购买信任？基于以上讨论，我们针对不同维度的信任对不同类型商家反馈策略进行探讨，比较其分别对信任不同维度的修复效果，并以此提出假设：

H1：不同类型商家反馈策略对潜在消费者不同维度信任的正向影响具有显著差异。

H1.1：三种商家反馈策略中，对潜在消费者能力维度信任的正向影响效果由大到小分别为：解释>道歉>补偿。

H1.2：三种商家反馈策略中，对潜在消费者诚信维度信任的正向影响效果由大到小分别为：补偿>道歉>解释。

H1.3：三种商家反馈策略中，对潜在消费者善意维度信任的正向影响效果由大到小分别为：补偿>道歉>解释。

本书在对商家反馈策略的研究分析与归纳中得出，不同的商家反馈策略对潜在消费者态度的转变影响是有差异的。Boshoff(1999)在研究中证实，顾客在道歉、道歉加赔偿、道歉加赔偿加赠机票三种服务补救措施中，满意度与行为倾向的转变具有显著差异性，而且经实证分析证实后者的转变程度均高于前者的转变程度。McDougall 和 Levesque(1998)也验证了在同样程度的失败事件后，服务补救策略不同(道歉、援助、补偿、援助和补偿)，其补救后顾客的满意度和口碑变化也会产生明显差异，如果补救策略为援助和补偿，那么顾客满意度恢复最好，口碑转变也最优。因此，本章提出研究假设，针对不同类型的商家反馈组合策略，潜在消费者信任和购买意愿所受正面影响作用是有差异性的。具体如下：

H2：不同类型商家反馈组合策略对潜在消费者信任修复的正向影响具有显著差异。

H3：不同类型商家反馈组合策略对潜在消费者购买意愿的正向影响具有显著差异。

消费者在购买不同类型商品时，因为对商品的需求感知不同，感知到的风险也不尽相同，体验型商品也许会令消费者产生身体疼痛触感，而搜索型商品也许只会令消费者精神无法得到满意。而且购买体验型商品比购买搜索型商品对收集网络口碑评论信息的频繁度要高，消费者在挑选体验品时，更希望从其他消费者或从中立方处获取关于商品体验后的感知评论信息资源，被知觉更加重要，因此评论信息被参考得更加频繁。而欲购买搜索型商品的潜在消费者往往已具备相关知识，对搜索型商品的基本属性信息有所掌握，并倾向于关注商品性能相关信息，对口碑评论信息资源关注度较弱。对于不同类型的商品，同样的商家反馈策略对于负面口碑评论的补救效果也会不尽相同，进而对潜在消费者的购买意愿作用也会有所差异。因为潜在消费者对商品的感知风险不一样，因此对商家反馈策略的接受、认可的程度不同。并且，由于购买体验型商品的消费者更依赖于商品评论，因此对评论的感知风险更加敏感，进而对反馈策略的弥补也更严苛。所以，消费者信任的态度在不同类型商品下受商家反馈策略修复的效果有所差异。基于以上讨论，我们提出假设：

H4：在商家不同反馈策略对潜在消费者信任的影响过程中，商品类型具有调节作用。

H5：在商家不同反馈组合策略对潜在消费者购买意愿的影响过程中，商品类型具有调节作用。

消费者态度与行为间的关系研究，一直是学者们关注的话题。学者们认为对态度的了解是预测行为的前提，通过对消费者态度的认知可以预测其购买决策行为，但在负面口碑评论与商家反馈对潜在消费者购买意愿的关系研究中，消费者态度起到怎样的作用有待进一步验证。消费者信任违背与信任修复常常被作为负面信息与补救措施影响潜在消费者行为的重要中介过程，因此，我们将信任作为中介变量，探究负面口碑评论和商家反馈是否通过对潜在消费者信任态度造成影响，导致其变化后进而影响后续的购买意愿。基于此，本研究提出假设：

H6：在商家反馈策略对潜在消费者购买意愿的影响过程中，信任具有中介作用。

7.2 研究设计

7.2.1 实验情景设计

本章主要采用情景模拟实验方法来检验以上提出的假设。实验设计分两组：搜索型商品组和体验型商品组，每组设置5个反馈策略实验条件，分别为：道歉、解释、补偿、道歉+解释、道歉+解释+补偿。各组每种条件收集30份样本数据，共收集300份样本数据。

7.2.2 变量控制与预测

(1) 不同类型商品的选择

为确保实验中所选商品具备搜索型和体验型的主要特点，本研究对实验主体——商品的选择进行了预调研。1) 与营销专业的研究学者深度交流访谈，听取他们对两种类型商品概念和特点的介绍，并在每种类型商品下依据他们此前调研的经验推荐三款同类型商品备选。搜索型商品包括手机、笔记本电脑、数码相机；体验型商品包括香水、运动鞋、太阳镜。2) 以每种类型的三款商品作为对象，随机邀请20名在校大学生根据"购买前是否可以了解商品质量"标准对商品进行打分（1~10分），1分说明购买商品前可以非常详细了解商品可适性，10分说明购买商品前对商品不了解，毫无概念，需要体验后才能判断其可适性。这20名在校大学生专业、年级不具相关性，并且都有购买以上6种商品的体验。3) 分别针对搜索型商品组和体验型商品组进行数据统计分析，搜索型商品选择平均得分很低且稳定的一种商品——手机；体验型商品选择平均得分很高且稳定的一种商品——运动鞋。因此，根据搜索型和体验型商品的定义，选取手机作为搜索型商品的代表，选取运动鞋作为体验型商品的代表。

(2) 研究情境的设计

通过在天猫、淘宝、京东等购物网站上浏览大量手机和运动鞋相关产品及销售商家，笔者将研究情境中两种类型商品定在中等价位的同款型范围，使得被试对象不会对价格感知产生较大偏差。并且屏蔽掉每款商品的外表、颜色、样式等可能造成干扰的因素，假定消费者对商品已经非常满意，让消费者对商品持一种积极需求的态度，具体情景设计如表7-1所示：

表 7-1　　　　　　　　　　实验情景设计

实验商品	研究情境描述
手机	您打算在电商购物网站中购买一部手机,在仔细对比商品性能、价位后终于看中一款,这款手机无论在外观、颜色、操作上都非常符合您的心理预期
运动鞋	您打算在电商购物网站中购买一双运动鞋,在仔细对比商品款式、价位后终于看中一双,这双鞋无论在外观、颜色、材质上都非常符合您的心理预期

(3)对负面评论的控制

笔者在天猫网站中分别挑选运动鞋和手机两类商品下的负面评论各数十条,并对40名非实验对象就负面评论的负面程度打分,对得到的打分数据利用SPSS进行层次聚类分析,分别从两组商品负面评论的各自类别中通过计算标准差挑选出得分最为稳定的数条。经过电商领域学者与多位博士生讨论、筛选,最终确定负面评论样本。

笔者对体验型商品——运动鞋下的负面评论利用统计分析得到数条得分较好且稳定的作为情境条件。同理,对搜索型商品——手机下的评论做同样处理也挑选出数条负面评论作为情境条件。

(4)商家反馈策略的选择

以天猫网站为例,笔者在该网站上以手机和运动鞋为关键词利用八爪鱼数据采集器,搜集评论下有商家反馈的数十家店铺,并对商家反馈进行分类摘取。最后针对本研究提出的不同类型商家反馈策略进行归类,而对于两组不同实验商品的负面口碑评论信息,本研究采取相同的商家反馈与回复,这是为了避免反馈策略语义、语气上的差异可能会对被试的对象造成影响。不同类型商家反馈策略如表7-2所示:

表 7-2　　　　　　　　不同类型反馈策略举例

反馈策略	反馈内容
道歉	您好，非常感谢您的批评，给您造成的困扰我们深表歉意！感谢您的光临！期待下次能为您提供更优质的服务！
解释	您好，非常感谢您的批评，因为新鞋布料硬所以磨脚，可以用热毛巾敷一下，期待下次能为您提供更优质的服务！
补偿	您好，非常感谢您的批评，如果您觉得实在磨脚我们可以换双大一码的，或者送您软脚垫，期待下次能为您提供更优质的服务！
道歉+解释	您好，非常感谢您的批评，给您造成的困扰我们深表歉意！因为新鞋布料硬所以磨脚，可以用热毛巾敷一下，期待下次能为您提供更优质的服务！
道歉+解释+补偿	您好，非常感谢您的批评，给您造成的困扰我们深表歉意！因为新鞋布料硬所以磨脚，可以用热毛巾敷一下，如果您觉得实在磨脚我们可以换双大一码的，或者送您软脚垫，期待下次能为您提供更优质的服务！

7.3　因变量的测量

关于因变量的测量，本研究主要对潜在消费者信任和购买意愿这两个变量进行测量，并且均采用前人成熟量表进行。消费者信任三个维度的测量主要参考 Mcknight 等（2002）的量表，而购买意愿的测量主要参考 Kim 等（2008）的量表。

7.4　被试与程序

本研究采用问卷调查的方法，数据收集采用网上发布问卷的方式进行。调查对象主要是在校大学生或在职青年，其中在校大学生占比 44.7%，在职青年占比 55.3%。调查对象的年龄范围 94.1% 在 20~35

岁，这也符合当下国内电商网购人群的年龄段分布。按照商品类型平均分两组，每组均回答五种反馈策略的信任和购买意愿测量题项，然后随机分配到五种实验条件组中。调查要求所有被试的网购者在仔细阅读商品评论和回复资料后再回答后面的题项。通过条件筛查——最近半年有过两次或以上网购经历，共回收有效问卷300份。在回收的问卷中，男生占比43.6%，女生占比56.4%，学历中本科生和硕士研究生占比57.79%，比例最大。由于调查对象以在线学生与同龄在职青年为主，调查范围在中等消费水平上下浮动，在本书最后章节局限性的讨论中也对研究对象的局限性进行了说明。

7.5 数据分析与假设检验

在检验结构模型验证相关假设前，首先检验测量模型的信度与效度。通过因子分析来检验测量模型，聚合效度要求所有变量的Cronbach's α 值和变量的组合信度（Composite Reliability）都高于基准值0.6，另外，变量的平均变异抽取量（Average Variance Extracted，AVE）的值要高于标准值0.5。本书使用AMOS软件对各组变量量表的信度与效度进行检验，检验结果如表7-3所示。

表7-3　　　　　　　　　　测量模型检验结果

变量	英文翻译	项目缩写	标准化系数	AVE	CR	Cronbach's α
能力信任	Ability trust	AT1	0.74	0.538	0.778	0.787
		AT2	0.66			
		AT3	0.81			
诚信信任	Integrity trust	IT1	0.73	0.592	0.832	0.835
		IT2	0.69			
		IT3	0.77			

续表

变量	英文翻译	项目缩写	标准化系数	AVE	CR	Cronbach's α
善意信任	Kindness trust	KT1	0.70	0.619	0.796	0.749
		KT2	0.74			
		KT3	0.82			
购买意愿	Purchase intention	PIT1	0.91	0.798	0.922	0.916
		PIT2	0.87			
		PIT3	0.90			

7.5.1 主效应的检验

7.5.1.1 不同类型商家反馈策略(道歉、解释、补偿)对潜在消费者信任的影响

单因素方差分析结果表明,潜在消费者信任的不同维度在不同商家反馈策略之间的差异显著($F=3.781$,$p=0.024$)。

(1)能力维度信任

针对在线负面口碑评论采取的道歉、解释、补偿三种反馈策略,潜在消费者信任中能力维度的均值如表7-4所示。从表中我们看出,负面口碑评论下单独采取道歉反馈策略时,AT.道歉=3.84;单独采取解释反馈策略时,AT.解释=4.15;单独采取补偿反馈策略时,AT.补偿=3.72。对比三种反馈策略,潜在消费者能力维度信任的均值排序为:AT.解释>AT.道歉>AT.补偿,均值越大,则表明潜在消费者能力信任越好,对商家提供产品或服务的能力期望越好。这也反映出在线负面口碑评论下商家反馈策略中,对潜在消费者能力维度信任的修复效果对比解释优于道歉,而道歉优于补偿。

表 7-4 商家反馈策略对潜在消费者能力维度信任影响的均值

反馈策略类型	能力维度信任
道歉	3.84
解释	4.15
补偿	3.72
平均	3.90

（2）诚信维度信任

潜在消费者信任中诚信维度的均值如表 7-5 所示。从表中我们看出，负面口碑评论下单独采取道歉反馈策略时，IT.道歉＝3.54；单独采取解释反馈策略时，IT.解释＝3.37；单独采取补偿反馈策略时，IT.补偿＝3.68。对比三种商家反馈策略，潜在消费者诚信维度信任的均值排序为：IT.补偿＞IT.道歉＞IT.解释，均值越大，则表明潜在消费者诚信维度信任越好，对商家诚信服务品质期望越好。这也反映出在线负面口碑评论信息下商家反馈策略中，对潜在消费者诚信维度信任的修复效果对比补偿略微优于道歉，而道歉略微优于解释。但三种反馈策略的修复效果均值比能力维度均较低，表明修复效果均不理想。

表 7-5 商家反馈策略对潜在消费者诚信维度信任影响的均值

反馈策略类型	诚信维度信任
道歉	3.54
解释	3.37
补偿	3.68
平均	3.53

7 负面口碑评论反馈对潜在消费者正向修复作用

(3)善意维度信任

潜在消费者信任中善意维度的均值如表 7-6 所示。从表中我们看出，负面口碑评论下单独采取道歉反馈策略时，KT. 道歉 = 4.07；单独采取解释反馈策略时，KT. 解释 = 3.89；单独采取补偿反馈策略时，KT. 补偿 = 4.16。对比三种反馈策略，潜在消费者善意维度信任的均值排序为：KT. 补偿>KT. 道歉>KT. 解释，均值越大，则表明潜在消费者善意维度信任越好，对商家善意及以顾客利益至上方面期望越好。这也反映出在线负面口碑评论下商家反馈策略中，对潜在消费者善意维度信任的修复效果补偿优于道歉，而道歉优于解释。三种反馈策略对商家善意维度信任的修复影响均值较高，表明商家反馈使潜在消费者对商家善意并顾及消费者利益方面有较好的修复效果。

表 7-6　商家反馈策略对潜在消费者善意维度信任影响的均值

反馈策略类型	善意维度信任
道歉	4.07
解释	3.89
补偿	4.16
平均	4.04

7.5.1.2　不同类型商家反馈组合策略对潜在消费者信任修复的正向影响

单独从道歉、解释、补偿三种反馈策略对潜在消费者信任的影响分析结果来看，针对在线负面口碑评论单独采取的三种不同类型反馈策略对潜在消费者信任的正向影响具有差异性，然而三种策略的不同组合方式对潜在消费者信任影响差异是否具有统计意义上的显著性，本研究采取进一步两两对比来验证。下一步，采用 T 检验的方式对反馈策略不同组合方式做更深一步分析。

第一,"道歉"和"道歉+解释"对潜在消费者信任的影响我们做 T 检验,结果表明,$t=2.213(p=0.032,df=128)$,说明在道歉的基础上添加解释比单纯的道歉对潜在消费者信任的正向影响大。商家反馈在道歉的基础上做失败交易产生原因的解释比仅仅道歉对潜在消费者来说,信任修复更好,因为对于潜在消费者来说,商家的反馈解释策略能够对失败交易发生原因做一个归因解释,使得潜在消费者理解负面口碑评论发生的可饶恕性,及时的解释比单纯的道歉更能够使潜在消费者重新获取购买信任,在解释策略中商家可以将原因归咎于商家以外环境因素,从而消除潜在消费者对商家能力、诚信等方面的怀疑,道歉+解释策略的修复效果相对道歉策略有显著提升。

第二,"道歉+解释"和"道歉+解释+补偿"对潜在消费者信任的影响我们同样做 T 检验,结果表明,$t=0.579(p=0.630,df=128)$,说明在道歉+解释的基础上添加补偿并没有对潜在消费者信任的影响产生显著差异,即补偿的添加对于信任的修复没有明显正向效果。我们可以理解为,对于潜在消费者,补偿这类传统补救措施对当事人有弥补的效果,可以弥补经验消费者的损失获取他们的谅解,然而,对潜在消费者来说,使他们重塑购买意愿的关键仍然是对失败交易发生原因的合理解释。

通过对三种不同类型反馈组合策略的两两对比,我们得出,在出现负面口碑评论时,店家道歉并对原因做出合理解释是促进潜在消费者信任修复的有效手段,而补偿或许能换取经验消费者的谅解,缓和负面情绪,但对潜在消费者效果不显著。

7.5.1.3 不同类型商家反馈组合策略对潜在消费者购买意愿的正向影响

针对负面口碑评论的三种商家反馈组合策略,潜在消费者的购买意愿均值如表 7-7 所示。从表 7-7 中可看出,负面评论下商家反馈采取

"道歉"的策略补救时，PIT. 道歉=5.86；采取"道歉+解释"的组合策略补救时，PIT. (道歉+解释)= 6.21；采取"道歉+解释+补偿"的组合策略补救时，PIT. (道歉+解释+补偿)= 6.06，对比三种不同组合方式的反馈策略，潜在消费者的购买意愿均值排序为：PIT. (道歉+解释)>PIT. (道歉+解释+补偿)>PIT. 道歉。均值越大，表明潜在消费者的购买意愿越强烈，同时证明对潜在消费者的购买意愿正向影响越显著。

表 7-7 三种不同类型反馈组合策略对潜在消费者购买意愿的影响

三种反馈组合策略	PIT. 购买意愿
道歉	5.86
道歉+解释	6.21
道歉+解释+补偿	6.06
平均	6.04

做进一步 T 检验，结果同前面比较三种不同类型商家反馈组合策略对潜在消费者信任修复的正向影响是相符合的，说明在道歉策略的基础上添加解释会对潜在消费者购买意愿的正向影响产生显著增强，而在道歉+解释策略的基础上添加补偿对潜在消费者购买意愿的正向影响却没有显著增强效果。

7.5.2 商品类型的调节作用

7.5.2.1 商品类型在不同反馈策略与潜在消费者信任间的调节作用

在前面实验情景设计中，已经通过测量实验对象对不同类型商品的评分将线上商品分为"搜索型商品"和"体验型商品"两种类型。在不同商家反馈策略与潜在消费者信任修复之间的关系中，商品类型是否具有调节作用？本书主要通过对问卷数据的统计检验来讨论这个问题。

笔者以商品类型和三种类型反馈策略(道歉、解释、补偿)为自变量,以潜在消费者信任为因变量对数据进行单因素方差分析,结果如表7-8所示。

表7-8 商品类型和三种反馈策略对潜在消费者信任的交互效应检验结果

因变量:潜在消费者信任

源	III 型平方和	df	均方	F	Sig.
商品类型	12.906	2	6.412	3.786	0.025
三种反馈策略	0.347	1	0.369	0.205	0.629
商品类型 * 三种反馈策略	0.913	2	0.461	0.290	0.698
误差	294.835	168	1.725		
总计	2067.339	177			
修正的总计	307.977	179			

从表7-8中可以看出,商品类型与三种反馈策略之间的交互效应不显著(交互作用的 Sig. 值大于0.5),因此,虽然不同类型反馈策略对潜在消费者不同维度的信任修复正向作用差异显著,但商品类型并不影响二者间关系的强弱,即商品类型对不同类型反馈策略与潜在消费者信任间关系不存在调节效应。

7.5.2.2 商品类型在不同反馈组合策略与潜在消费者购买意愿间的调节作用

同理,笔者以商品类型和三种类型反馈组合策略(道歉、道歉+解释、道歉+解释+补偿)为自变量,以潜在消费者购买意愿为因变量同样采用单因素方差分析方法,分析商品类型对三种类型反馈组合策略和潜在消费者购买意愿间关系是否有调节效应,分析结果如表7-9所示。从表7-9中我们得知商品类型对三种反馈组合策略和潜在消费者购买意愿间关系也不存在调节效应。

表 7-9　商品类型和三种反馈组合策略对潜在消费者
购买意愿的交互效应校验结果

因变量：潜在消费者购买意愿

源	III 型平方和	df	均方	F	Sig.
商品类型	7.900	2	2.350	0.693	0.627
三种反馈组合策略	1.256	1	1.950	0.479	0.512
商品类型 * 三种反馈组合策略	4.322	2	1.830	0.338	0.656
误差	783.744	174	5.357		
总计	6945.200	182			
修正的总计	716.810	177			

从表 7-9 中可以看出，商品类型与三种反馈组合策略之间的交互效应不显著（交互作用的 Sig. 值大于 0.5），根据以上分析结果，显然，负面口碑评论下三种反馈组合策略对潜在消费者购买意愿的影响也不受商品类型的调节效应。

无论是三种商家反馈策略对潜在消费者信任修复的正向影响或者是三种商家反馈组合策略对潜在消费者购买意愿的正向影响，都不会因为商品类型不同而产生差异效应。无论是搜索型商品或是体验型商品，反馈策略的补救效果对潜在消费者是没有差别的，因为对于潜在消费者来说，无论哪种类型商品，都没有亲身接触体验到，因此对商品负面口碑评论信息下商家的反馈感知是没有区别的。

7.5.3 信任的中介作用

通过对三种反馈组合策略与潜在消费者购买意愿两个变量进行相关分析，得到两者的相关系数为 0.318，$P = 0.000$，表明反馈组合策略的类型与购买意愿间有较为显著的相关性，在此基础上进一步检验信任在两者间是否具有中介效应。本研究首先假定信任是反馈策略与购买意愿间的中介变量，做相关模式图如图 7-3 所示：

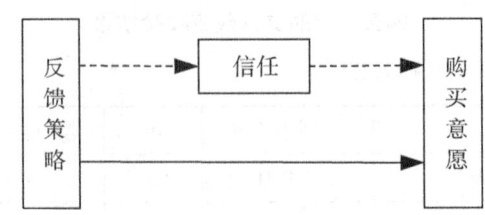

图 7-3　信任在反馈策略和购买意愿关系中的中介作用

根据中介变量的定义本研究通过回归分析法考察信任是否起到中介效应。首先，将购买意愿作为因变量、反馈策略作为自变量进行回归分析，得到回归系数 B1 = 3.653（P = 0.000），决定系数 R_{1-2} = 0.890；其次，将信任作为因变量、反馈策略作为自变量进行回归分析，得到回归系数 B2 = 0.186（P = 0.000），决定系数 R_{2-2} = -0.479；然后，将购买意愿作为因变量，反馈策略和信任作为自变量进行回归分析，反馈策略对购买意愿的回归系数 B3 = -0.075（P = 0.337），决定系数 R_{2-3} = 0.728。上述分析结果说明，回归方程中加入信任变量后，反馈策略对购买意愿的回归系数不再显著，这表明，信任在反馈策略与购买意愿间起着完全中介作用。

根据实证分析结果，假设检验结果汇总如表 7-10 所示：

表 7-10　　　　　　　　　假设检验结果汇总表

假　　设	是否支持
H1：不同类型商家反馈策略对潜在消费者不同维度信任的正向影响具有显著差异	部分支持
H1.1：三种商家反馈策略中，对潜在消费者能力维度信任的正向影响效果由大到小分别为：解释＞道歉＞补偿	支持
H1.2：三种商家反馈策略中，对潜在消费者诚信维度信任的正向影响效果由大到小分别为：补偿＞道歉＞解释	不支持

续表

假　　设	是否支持
H1.3：三种商家反馈策略中，对潜在消费者善意维度信任的正向影响效果由大到小分别为：补偿>道歉>解释	支持
H2：不同类型商家反馈组合策略对潜在消费者信任修复的正向影响具有显著差异	部分支持
H3：不同类型商家反馈组合策略对潜在消费者购买意愿的正向影响具有显著差异	部分支持
H4：在商家不同反馈策略对潜在消费者信任的影响过程中，商品类型具有调节作用	不支持
H5：在商家不同反馈组合策略对潜在消费者购买意愿的影响过程中，商品类型具有调节作用	不支持
H6：在商家反馈策略对潜在消费者购买意愿的影响过程中，信任具有中介作用	支持

7.6　结论与讨论

本章的研究对收集的数据通过 SPSS 软件和 AMOS 软件进行了 T 检验、单因素方差分析、相关分析、回归分析等多种检验方法，探讨了以下几个主要问题：1) 负面口碑评论下商家采取不同类型的反馈策略对潜在消费者信任修复具有怎样的影响？2) 负面口碑评论下商家采取不同类型的反馈组合策略对潜在消费者信任和购买意愿具有怎样的影响？3) 商品类型在不同反馈策略对潜在消费者信任和购买意愿的影响过程中是否具有调节作用？4) 信任在商家反馈策略和潜在消费者购买意愿间关系中是否起到中介作用？主要得出以下结论。

(1) 不同类型商家反馈策略对潜在消费者不同维度信任的正向影响作用具有显著差异性。

在线负面口碑评论下不同类型商家反馈策略对潜在消费者不同维度信任的正向影响具有显著差异,对于能力维度信任的修复,解释反馈策略效果最大,因为对于潜在消费者,他们更需要商家对失败交易产生的原因做合理解释,以消除对商品或服务质量的质疑,重塑购买意向;对于诚信维度信任的修复,三种类型反馈策略效果都不明显,因为商家诚信一旦出现问题,那么对于潜在消费者的信任损害是不容易修复的,而且对于潜在消费者,诚信是最为基本的信任建立标准;对于善意维度信任的修复,补偿反馈策略效果最为明显,因为物质上的补偿在潜在消费者看来是勇于减少自身利益去补偿消费者受损利益。

(2) 不同类型反馈组合策略对潜在消费者信任和购买意愿的正向影响作用具有显著差异性。

三种类型的反馈组合策略对潜在消费者信任和购买意愿的正向影响作用具有显著差异性,并且道歉+解释的反馈策略对潜在消费者信任和购买意愿的正向影响明显好于单纯的道歉,我们可以认为对于潜在消费者而言,除了商家的道歉外对于服务失败原因的归因解释是一种更有效的补救措施。但补偿的增加没有显著效果,因为针对当事人的补偿对潜在消费者评判商家诚信与产品质量上并没有明显影响,因此对潜在消费者的信任和购买意愿并没有好的效果。

(3) 商品类型对商家反馈策略与潜在消费者信任间关系不具有调节作用。

商品类型对商家反馈策略与消费者信任间关系并不具有调节作用,即无论是搜索型商品或体验型商品,负面口碑评论下的反馈方式对消费者信任修复作用并无显著差异,因为对于潜在消费者而言,对线上商品的认知还只能凭口碑评论信息获取,并没实际接触,因此商品类型的不同不会影响潜在消费者对商家诚信水平的评判和对产品质量的推断。

(4) 信任在商家反馈策略和潜在消费者购买意愿间关系中具有完全中介作用。

通过回归分析,本研究得出潜在消费者信任在反馈策略对潜在消费者购买意愿积极影响中起到完全中介的作用。这说明反馈策略对潜在消费者的补救是通过消除其质疑修复其信任态度来实现的，因此我们可以通过了解信任态度的不同维度构成，如何修复信任的各维度来重新赢得潜在消费者的信心和购买行为。在网络用户行为研究中，态度与行为间关系一直是非常重要的课题，利用态度的转变来研究行为的实现对学者们是有指导意义的。当然，态度与行为之间的关系并不是完全一致的，因此我们不能简单地定义所有态度的改变与行为的实现都是成正比例关系的。本研究经验证得出信任的转变是反馈策略与购买意愿间的中介变量，也验证了反馈策略如何影响信任修复进而促进购买意愿，这对商家反馈策略的实施提供了指导性建议，帮助线上商家如何修复负面口碑评论以降低负面口碑评论的消极影响。

7.7　本章小结

本章主要实现了商家不同类型反馈策略对潜在消费者正向影响的研究，借鉴社会交换理论，通过采取5(反馈策略：道歉、解释、补偿、道歉+解释、道歉+解释+补偿)×2(商品类别：搜索型商品、体验型商品)的多因素实验方法，主要探讨了以下三个问题：

(1)不同商家反馈策略或反馈组合策略对潜在消费者信任和购买意愿的影响。

(2)在商家反馈策略对潜在消费者信任的影响关系中，商品类别是否具有调节作用？

(3)在商家反馈策略与潜在消费者购买意愿关系中，信任是否具有中介作用？

通过对收集到的300份问卷数据进行统计分析，结果表明：第一，在不同类型反馈策略中，解释对潜在消费者信任和购买意愿的正向影响是效果显著的，道歉基础上添加解释对潜在消费者信任态度的转变和购买行为有显著的增强作用，但补偿策略的添加对潜在消费者并没有显著效应。第二，商品类型对反馈策略与潜在消费者信任间关系没有调节作用，即反馈策略对潜在消费者信任的正向影响不会因为商品类型的不同而有差异。第三，信任在商家反馈策略与潜在消费者购买意愿间起到完全中介作用，因此我们可以通过对信任的解析来探讨怎样的反馈方式能够更有效地赢得潜在消费者的购买行为。

8 负面口碑评论反馈解释的信任修复作用——基于归因理论探讨

面对网络负面口碑评论的显著影响效应，线上商家针对不同类别的负面口碑评论进行回复与反馈，以期减弱对潜在消费者的负面影响并修复其受损信任。线上商家能否妥善处理服务失败导致的消费者信任危机和顾客流失直接影响电子商务能否可持续发展。郑春东等提出商家对线上消费者的负面产品评论进行的有效回复，能够取代负面评论信息本身而成为主导信息，从而降低负面影响并提升潜在消费者的购买意愿(郑春东等，2015)。元文娟(2011)也探讨了网络差评的回复会对酒店的销售量和消费者满意度造成正面影响。线上商家反馈的目的除了修复经验消费者受损的信任外，更重要的是消除潜在消费者心中的顾虑，修复其受损的信任。负面口碑评论下合理的回复会减轻潜在消费者的感知风险，减弱负面口碑评论的说服力，使潜在消费者维持原有的购买决策，从而增强商品销量。而且，不同类别的负面口碑评论对消费者会产生不同程度的影响，例如，涉及商家诚信问题的负面口碑评论会使消费者对商家正直程度产生怀疑；涉及商家产品质量问题的负面口碑评论会使消费者对商家服务能力产生怀疑。由此，我们应针对不同类别负面口碑评论的不同负面影响采取有效的反馈方式来修复潜在消费者受损的信任。

当下关于商家反馈的研究大多基于传统的服务补救理论并对其进行延展，重点强调对经验消费者的补救，例如，杨学成等基于对服务业专家和消费者的访谈，将补救措施归纳为三个维度：物质补偿、精神补偿、响应速度(杨学成等，2009)。李宏通过对国内电子商务网站中大量商家回复的整理和分析，将商家对在线负面口碑评论的反馈归纳为三种类型：道歉，归因，物质补偿(李宏等，2011)。然而，对商家反馈线上形式特点与传统补救措施的区别的研究却较少。其实，对潜在消费者来说，商家反馈策略研究中除传统补救措施例如道歉、赔偿使潜在消费者心理平衡并产生感知公平外，商家反馈对失败交易的归因对潜在消费者信任修复更重要，潜在消费者更重视商家对失败交易的归因解释，以消除心中的疑惑，从而促进购买行为。

　　本书前一章也证明了商家反馈策略中，解释策略对于潜在消费者来说效应最为显著，道歉与解释策略比单纯的道歉策略对于潜在消费者信任修复的正向影响有显著增强作用。潜在消费者对失败交易产生原因的归因会影响其行为倾向(购买、增强或减弱购买意愿)，因此，面对网络负面口碑评论引发的潜在消费者信任受损，商家反馈解释策略中对归因方式的选择会影响到最终的信任修复效果。现有的研究中，许多学者指出归因理论尤其适合信任修复相关理论研究(Tomlinson and Mayer, 2009)，商家归因偏见、对失败交易的责任归属、稳定性的判断等都会对潜在消费者信任修复产生影响(Kim等，2004; 2006)。

　　基于以上问题的讨论，本章在上一章商家反馈策略比较研究的基础上，选取反馈解释策略作为重点，利用归因理论，探讨究竟怎样的反馈解释方式对不同类别负面口碑评论具有较好的信任修复效果，对潜在消费者具有最优信任修复效果，并以此构建商家反馈归因解释方式对潜在消费者的信任修复模型，使用情景模拟实验方法，对修复机理和修复效果进行实证检验。通过本章研究，我们希望针对不同类型的负面口碑评论验证出更适合的反馈归因解释方式，使对潜在消费者具有最优信任修复效果，为在线商家采取怎样的反馈解释方式以应对负面口碑评论提出合理化建议。

8.1 研究模型与假设

8.1.1 潜在消费者信任修复的归因模型

归因是一种基本的认知过程，即受害方会对过错方的行为产生认知反应，并重新评价过错行为。无论是口头的还是行动上的信任修复方式都会有认知过程的参与(Dirks 等，2009)。归因理论认为人们通常试图将个体或组织的行为或者归结为内部原因——特质原因(dispositional attribution)，或者归结为外部原因——情境归因(situational attribution)。Mayer 等(1995)基于归因理论提出了信任的反应环，即负面口碑评论下潜在消费者会自然地寻找失败交易产生的原因，对原因进行的判断和分析会进一步影响潜在消费者对商家与产品的感觉与期望，并在此基础上更新对商家的信任。根据归因理论，负面口碑评论下潜在消费者首先会利用负面口碑评论信息内容对失败交易产生原因进行推断(徐彪，2013)，对负面事件进行归因(Tomlinson and Mayer，2009)。负面口碑评论的产生可能是因为商家本身能力、诚信或善意方面受到经验消费者质疑，也有可能是因为与商家无关的外部因素导致。在确定负面口碑评论的起因到底是内因还是外因后，消费者会从两个维度对原因进行评估：稳定性和可控性(Weiner，1986)。内外部原因的确认是对负面事件的责任归属进行评估，即商家是否应为失败交易事件负责；可控性是负面口碑评论的原因是否在商家能力控制范围内，即商家在多大程度上能够控制失败交易的发生；稳定性是负面口碑评论产生的原因是否是稳定的，它影响消费者对同样条件下失败交易发生概率的预期。商家可以通过不同方式的反馈归因方式引导潜在消费者对负面口碑评论的归因，影响其对失败交易原因的判断，进而重新获取消费者信任。王妤扬和王东晨(2014)研究分析了企业应对负面危机事件的策略对消费者后续行为具有重要影响。

图 8-1 显示了商家反馈对潜在消费者信任修复的归因模型,从负面口碑评论发生到潜在消费者更新信任的过程,过程中通过因果归因与属性归因两个步骤对重塑信任进行分析解释。下面重点分析负面口碑评论下商家反馈解释策略通过因果归因和属性归因如何影响潜在消费者对商家的信任水平变化,哪种归因解释方式能更有效地修复潜在消费者信任。

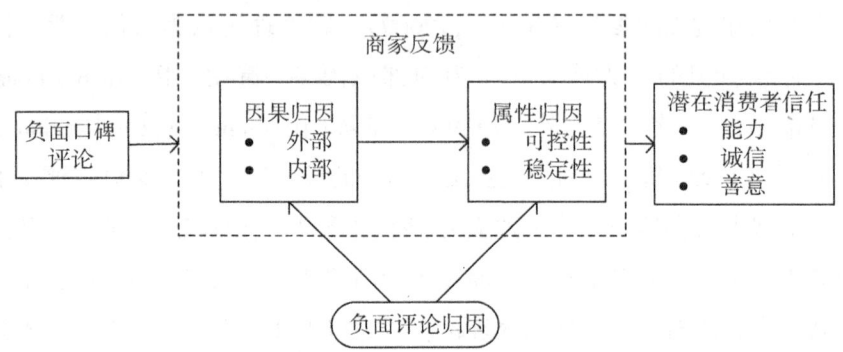

图 8-1 商家反馈对潜在消费者信任修复的归因模型

8.1.2 假设提出

针对不同类型的负面口碑评论信息,商家反馈解释归因方式不同,对潜在消费者信任的修复效果不同。假如企业商家将失败交易产生的原因归结为非商家本身或外部环境因素导致,这些原因被认为是与商家本身能力、诚信与善意无关的,那么潜在消费者信任受损越小。Weiner 的理论表明,如果负面事件的原因与商家本身没有关系,那么失败交易行为不会影响潜在消费者对于商家的信任水平(Weiner, 1986)。一方面,归因理论同样验证了消费者越多地将产品负面口碑评论归因为产品内在功效,潜在消费者越容易被产品负面评论说服,从而信任受损越强(李巍和王志章,2011)。另一方面,归因理论的折扣原则认为,若将产品负面口碑评论归因为外部环境因素,则潜在消费者越容易对评论打折扣，越不容易被负面口碑评论说服，因此信任受损越弱（Goldsmith and Horowitz，2006）。违背方将错误归因于与自己无关的因素，这样可以消除信任方对违背方的怀疑，使信任方继续相信违背方（Signal 等，1988）。因此基于以上相关研究论述，本章研究提出假设：

假设1：负面口碑评论下，商家反馈外部归因比内部归因使潜在消费者信任受损小。

如果失败交易的起因确实为商家内部原因导致，与外部因素无关，那么潜在消费者会进一步对原因的可控性和稳定性进行判断，即属性归因，进而影响之后的消费者信任更新。在内部归因中，潜在消费者会对商家各方面能力产生质疑，并对被质疑的能力进行可控性评估，如果商家内部归因时，将负面口碑评论中被质疑的能力（包括产品质量或客服服务能力）归因为可控的，那么商家会被认定应负更大的责任，进而潜在消费者对商家能力的信任受损越严重；如果将负面口碑评论中被质疑的能力归因为不可控的，那么商家会被认定负较小的责任，进而潜在消费者对商家能力的信任受损越小（徐彪，2014）。基于以上讨论，本研究提出假设：

假设2：内部归因中，商家反馈不可控性归因比可控性归因使潜在消费者信任受损小。

稳定性归因决定了失败交易发生的原因是不是不变的，或者是暂时的、多变的，是影响潜在消费者购买决策的关键因素。如果原因是稳定的，那么潜在消费者会认为在相同情况下，交易失败会再次发生，商品或服务同样无法达到其满意水平；相反，如果原因是临时的、不稳定的，那么潜在消费者会认为在相同情况下，不会出现类似失败交易事件，或者出现的概率是微乎其微的（Weiner，1986）。因此，对原因稳定性的推断影响了潜在消费者对商家未来商品或服务的可信性判断，当失败交易的发生被认为是由暂时或偶然的原因引起的，那么该条负面口碑评论不会对消费者信任带来严重伤害（Lewicki and Bunker，1996；Sitokin and Roth，1993）；当失败交易行为被认为是商家的常态现象，潜在消费者会认为在相同情境下，类似交易失败事件会再次反生，于是潜在消费者对商家的信任大大降低（Sitokin and Roth，1993）。基于以上讨论，本研究提出假设：

假设3：内部归因中，商家反馈不稳定性归因比稳定性归因使潜在消费者信任受损小。

8.2 研究方法

本章采用情景实验法检验面对三种类型的负面口碑评论信息商家反馈不同归因解释方式如何修复潜在消费者信任。首先，我们针对三种类型负面口碑评论设置三个样本情景；其次，每个情景开发独立的问卷，并设计商家反馈解释策略（操控项）；最后，基于设计的实验情景和操控项，展开情景实验，收集问卷数据。

8.2.1 实验情景与操控设计

8.2.1.1 实验情景设计

（1）实验测试品的选择

本章的实验同样选择运动鞋作为测试品，主要出于以下两方面考虑：1）运动鞋是青年网购消费者的日常生活必需品，是旅游或运动的必备品，选其测试是建立在大多数人都具备购买与体验经历的基础上，尤其青年网购消费群体对于运动鞋的网购经历大多有心得体会。2）网购体验型商品，潜在消费者会关注经验消费者的体验分享，即该商品下的口碑评论相关信息，因此，商品口碑评论尤为重要。

（2）商品口碑评论的筛选

针对本章的研究目的，在测试品——运动鞋确定后，我们在天猫网站中随机挑选出运动鞋名下的正面评论和三种类型的负面评论各数十条，并对40名非实验对象就正面评论和三种类型的负面评论的正负面程度打分。这40名非实验对象不包含在实验对象群体中,并且我们选取的是相关专业中对电商用户行为有所了解与认知并具备客观评判能力的研究生与学者。对商品评论得到的打分数据我们利用SPSS进行层次聚类分析,分别从各自类别中通过计算标准差挑选出最为稳定的数条。经过电商领域学者与多位博士生讨论、筛选,最终确定正面评论样本和三类负面评论样本(如表8-1)。筛选标准有:1)为减少案例差异对研究结论带来的影响,我们从不同类别的表现较为稳定的口碑评论中选择较少的几条案例,通过操控归因来实现数据有足够的方差;2)负面口碑评论案例的选择需保证商家反馈可以有多种解释方式进行因果归因与属性归因,进而保证对案例归因的操控;3)三类负面口碑评论的案例应选择表述较为客观、准确的评论,避免包含情绪发泄等语句干扰实验对象的评判。

表 8-1　　　　　　　　　三类负面口碑评论样本举例

负面口碑评论类型	评 论 举 例
A　产品质量问题	①鞋子今天穿了,脚踝骨磨脚,我仔细看是脚踝处接头的地方布不平整,有凸起,不知道穿穿能不能好点 ②满心欢喜打开包装,发现鞋内帮的红色很诡异,跟图片差别大,鞋口紧,穿进去很吃力,鞋子没想象的好 ③鞋子刚拿到,味道有点大,穿起来硬邦邦的,前尖有明显的胶水痕迹,鞋标也有一些凹凸的坑,一般般吧
B　商家诚信问题	①鞋子刚买几天就降价了,这做生意太没诚信了 ②鞋子不知道是不是正品,跟描述相差大,颜色没照片那么正,穿起来不舒服 ③鞋子没有图片描述得那样好看,有色差,外观没那么好看,说送小礼品也没送
C　服务态度问题	①咨询客服鞋码的问题,回复很慢,还总是敷衍,结果还是买大了 ②说快递只能邮政或顺丰,我说要顺丰,告诉我尽量安排顺丰,结果发个邮政,一问他,告诉我只能发邮政,真是醉了,还得麻烦同事取 ③付款后迟迟不发货,说库存紧张,那为何之前拍货时不提前告知呢,一周后才收到,太气人

8.2.1.2 情景操控设计

为了研究商家不同的反馈归因解释方式对潜在消费者信任修复效果，我们针对每种类别负面口碑评论案例设计了不同的反馈解释方式。考虑到内外部归因、可控性归因与稳定性归因，每种类别案例各自有6个操控项（如表8-2）。

表8-2　　　　　　　负面评论下商家反馈归因方式操控

负面评论	商家反馈解释方式	操控目标
A　产品质量问题（鞋子今天穿了，脚踝骨磨脚，我仔细看是脚踝处接头的地方布不平整，有凸起，不知道穿穿能不能好点）	1. 鞋子脚踝处不平整是物流配送过程中长时间过度挤压导致，我们会跟快递公司协商改进	外部
	2. 由于我们仓库堆放导致鞋子变形，鞋口有凹凸不平，感谢批评，我们会改正	内部
	3. 泡沫鞋撑挤压后变形导致鞋口不平整，我们会改进鞋撑	可控
	4. 鞋子脚踝处接口凸起是新鞋布料硬导致，可以用热毛巾敷下	不可控
	5. 新鞋鞋口挤压不平都有的现象，穿几次就好了	稳定
	6. 鞋子库存量大，难免会遇到挤压导致凹凸不平的，如果不满意可以换货	不稳定
B　商家诚信问题（鞋子刚买几天就降价了，这做生意太没诚信了）	1. 电商搞活动，发优惠券抵现金，鞋子本身没降价	外部
	2. 换季去年款鞋子有微微折扣下浮	内部
	3. 该款鞋子做促销，所以降价	可控
	4. 由于平台活动和经营策略的施行，部分商品价格会在一定时期内有所浮动	不可控
	5. 去年款鞋子进入淡季，为了清仓所以降价出售	稳定
	6. 电商促销活动不确定，太突然导致部分款鞋子顺应活动做特价	不稳定

续表

负面评论	商家反馈解释方式	操控目标
C 服务态度问题（咨询客服鞋码的问题，回复很慢，还总是敷衍，结果还是买大了）	1. 电商客服系统出现故障，导致客服无法及时收到信息	外部
	2. 客服人员下班时间或轮岗时间相应速度慢，回复不及时	内部
	3. 客服人员回复缺乏耐心没能给予详细回复	可控
	4. 鞋版型偏瘦，因咨询人员较多，客服只能根据普遍现象进行回复，个人因脚胖瘦而异	不可控
	5. 客服自动回复系统自动识别回复，无法回答时人工客服才会上线	稳定
	6. 你咨询可能正好遇到客服轮班时间，没能及时回复	不稳定

通过操控商家的反馈归因方式进而影响潜在消费者对于商品或服务的信任。在正式研究前，为了检验商家应对负面口碑评论的反馈归因方式操控是否有效，即表 8-2 中反馈解释方式与操控目标是否一致，我们选择 30 名大学生进行了操控检验，让其判断每种类型负面口碑评论下 6 种解释方式是否符合操控目标(内外部、可控性、稳定性)，结果发现反馈的解释方式与操控目标之间吻合度达 93.57%，在对操控目标进一步解释后匹配程度提高到 97.24%，可见操控是有效的。

8.2.2 变量测量

本章主要涉及潜在消费者的信任、潜在消费者对负面口碑评论产生的归因等潜变量。潜在消费者信任测量主要参考 Mcknight 等(2002)的量表，从能力、诚信和善意三个维度对潜在消费者信任变化进行测量，每个维度均使用 3 个测度项进行测量。潜在消费者对负面口碑评论产生的归因主要测量三个维度：内外部原因归属、是否可控、是否稳定。内外部原因归属包括两个题项：1) 失败交易反生的原因是商家外部环境因素导致；2）失败交易发生的原因是商家自身因素导致。是否可控包括两个题项：1）导致失败交易发生的原因是商家控制力范围内的，是可以解决的；2）导致失败交易反生的原因是商家控制力范围外的，商家不能左右的。是否稳定包括两个题项：1）导致负面口碑评论产生的原因是稳定的，类似事件还会发生；2）导致负面口碑评论产生的原因是不稳定的、小概率的偶然事件。两个题项互为反向编码，量表中所有测度项采用 Likert 七分量表。在测度项设计完成后通过组织同领域的研究学者对量表进行修正，以保证量表描述的准确性和清晰性。经修正过的量表如表 8-3 所示：

表 8-3　　　　　　　　　　　变量及测量项

变量（缩写）	英文翻译	测量项	测量项内容
能力信任 AT	Ability trust	AT1	我相信该商家提供的产品和服务具有很高质量
		AT2	我相信该商家具有专业技术能力支持安全可靠交易行为
		AT3	我相信该商家具备提高在线交易效率的专业技能
诚信信任 IT	Integrity trust	IT1	我相信商家对待消费者是诚实的
		IT2	我感觉商家提供的产品信息是真实的
		IT3	我相信商家会履行与消费者间达成的协议
善意信任 KT	Kindness trust	KT1	我感觉商家不会因自己利益而损害消费者利益
		KT2	我相信商家会将顾客利益至上
		KT3	我感觉商家会尽力解决消费者购物中遇到的问题
内外部归因 EI	External internal	EI1	我认为是商家外部环境因素导致的
		EI2	我认为是商家自身因素导致的
可控性归因 CA	Controllable attribution	CA1	我认为是商家内部控制力范围内的，可以解决的
		CA2	我认为是商家内部控制力范围外原因导致的，不能左右的

续表

变量（缩写）	英文翻译	测量项	测量项内容
稳定性归因 SA	Stability attribution	SA1	我认为是商家内部稳定性原因导致的，常常会发生的
		SA2	我认为是商家内部不稳定性原因导致的，是小概率偶然事件

8.2.3 实验过程

在量表设计完成后，我们模仿天猫、淘宝类网购平台设计开发一个简易的电商购物小程序，模拟网购运动鞋的场景在购物小程序平台中展示同类型多款运动鞋，并分别针对 3 类负面口碑评论设计独立情景，情景中包含 3 个程序步骤：第一，运动鞋下只有正面口碑评论时的潜在消费者初始信任测量；第二，评论列表中出现某类负面口碑评论后潜在消费者受损信任测量；第三，在负面口碑评论下采取 6 种不同反馈归因解释方式后潜在消费者修复后的信任测量以及潜在消费者对负面评论归因的评判测量。问卷中各个测量项的顺序随机排序。并在某款运动鞋的信任测量中针对 2 个问项设置了反向问题，以此区别出无效问卷。具体实验步骤如下表述，实验过程设计如图 8-2：

步骤 1：

1）商品 Y+数条正面评论——潜在消费者信任测量（初始）

步骤 2：

1）商品 Y+数条正面评论+A 类负面评论——潜在消费者信任测量（受损后）

2）商品 Y+数条正面评论+B 类负面评论——潜在消费者信任测量（受损后）

3）商品 Y+数条正面评论+C 类负面评论——潜在消费者信任测量（受损后）

步骤 3：

1）商品 Y+数条正面评论+A 类负面评论+6 种商家反馈归因方式——潜在消费者信任测量（修复后）

2）商品 Y+数条正面评论+B 类负面评论+6 种商家反馈归因方式——潜在消费者信任测量（修复后）

3）商品 Y+数条正面评论+C 类负面评论+6 种商家反馈归因方式——潜在消费者信任测量（修复后）

4）消费者负面评论归因的测量

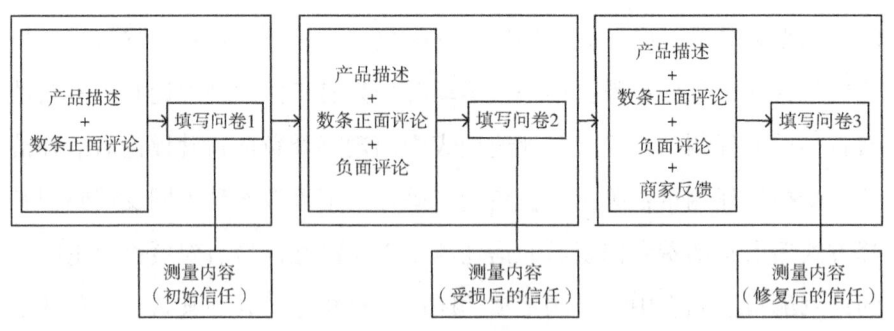

图 8-2 情景实验过程

在情景实验展开前我们首先介绍本次实验目的，并在实验小程序中对商品的陈列规避了图片、文字等信息，所有商品只附带评价列表。整个实验包含 3 类负面评论对应的 3 个情景，每个情景有 6 个操控项，每一次操控都是相互独立的实验。

8.2.4 数据收集

本次实验我们选取本科学历以上的青年网购消费者人群作为实验对

象，因为他们具有较好的知识基础，能够准确地理解情景模拟以及问卷中的题项，对研究的问题有贴切的看法。我们首先选择40人对情景实验前测，并及时收集对于题项的反馈意见，通过沟通讨论对题项语句表述进行修改。在确定最终问卷后，开展大规模调查。最终每个情景保证收集150份以上有效问卷，研究对象有42.8%的为在校大学生，有57.2%的为分布于不同工作岗位的青年消费人群。此前操控检验的30名实验对象不包含在本次正式调查问卷发放对象群体中。在回收的有效问卷中，收集产品质量问题的负面口碑评论问卷159份，收集商家诚信问题的负面口碑评论问卷157份，收集服务态度问题的负面口碑评论问卷151份。依据商家反馈归因解释方式的划分，外部归因、内部归因、可控性归因、不可控性归因、稳定性归因、不稳定性归因共收集467份样本数据。

8.3 数据分析与假设检验

8.3.1 变量测量的信度与效度

为了保证变量测量的有效性，本章首先检验测量模型的信度与效度。信度分析结果显示各个变量的Cronbach's α值都高于基准值0.6：消费者能力信任为0.787，消费者诚信信任为0.835，消费者善意信任为0.749，内外部归因为0.675，可控性归因为0.697，稳定性归因为0.732。因此，我们认为各个变量测量具有良好的可信度。

本研究利用SPSS和LISREL软件对数据进行探索性因子分析，分析结果显示，各变量的测量条目MSA均大于0.8，且Bartlett球形检验显著，15个问项聚合为6个特征值大于1的有效因子，如表8-4。从表8-4中可以看出，6个变量均被有效区分，具有良好的结构效度。

表 8-4　　　　　　　　变量的探索性因子分析

变量	测量项	信度分析结果	探索性因子分析结果					
			1	2	3	4	5	6
能力信任	AT1	Cronbach's α=0.787		0.789				
	AT2			0.821				
	AT3			0.774				
诚信信任	IT1	Cronbach's α=0.835	0.710					
	IT2		0.728					
	IT3		0.679					
善意信任	KT1	Cronbach's α=0.749			0.724			
	KT2				0.735			
	KT3				0.696			
内外部归因	EI1	Cronbach's α=0.675						0.744
	EI2							0.713
可控性归因	CA1	Cronbach's α=0.697					0.762	
	CA2						0.688	
稳定性归因	SA1	Cronbach's α=0.732				0.793		
	SA2					0.750		

8.3.2 反馈归因对潜在消费者信任修复机理的检验

8.3.2.1 信任变化情况

本章对3类不同负面口碑评论情景实验中的潜在消费者信任加总平均，得到消费者初始信任值、受损后信任值和修复后信任值。整个信任变化情况如图8-3所示。潜在消费者对商家能力维度初始信任值是4.110，诚信维度初始信任值是4.013，善意维度初始信任值是4.002；负面口碑评论产生信任受损后能力维度降为3.247，诚信维度降为

3.033，善意维度降为3.106；商家反馈对信任进行修复后，消费者能力维度信任恢复至3.612，诚信维度信任恢复至3.508，善意维度信任恢复至3.519。从图8-3我们可以看出，在看到负面口碑评论信息后潜在消费者的信任明显下降，在商家采取反馈措施后，信任各个维度有所回升。

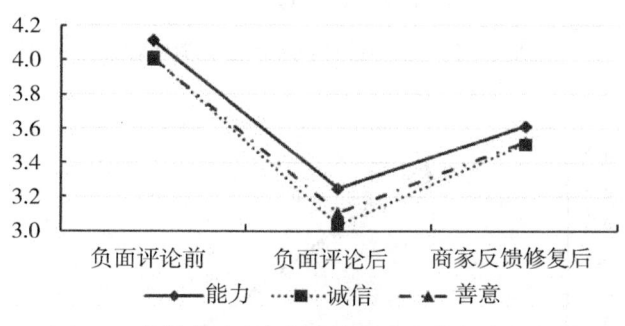

图8-3　情景实验中各期潜在消费者信任水平变化

8.3.2.2　不同类型负面口碑评论后消费者信任受损

（1）产品质量问题

由图8-4可以看出产品质量问题类的负面口碑评论前后潜在消费者能力维度信任受损最严重。而其他两个维度信任受损相对较小，说明产品质量类的负面口碑评论信息造成潜在消费者对商家能力维度的信任受到较严重的损害，而对其诚信和善意维度方面的信任负面影响不是特别显著。

（2）商家诚信问题

由图8-5可以看出商家诚信问题类的负面口碑评论前后潜在消费者三个维度信任受损都比较严重，说明诚信维度的信任受损会外溢到能力维度信任和善意维度信任。商家诚信方面一旦受质疑，那么潜在消费者对其产品或服务的质量水平也会产生不信任，同时也不会认为失去诚信的商家还会把顾客利益放在心上。

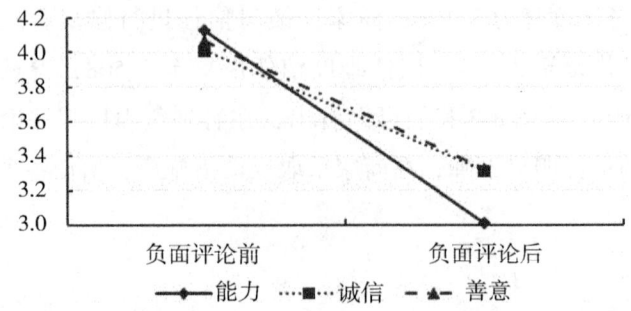

图 8-4　产品质量类负面口碑评论前后潜在消费者信任水平变化

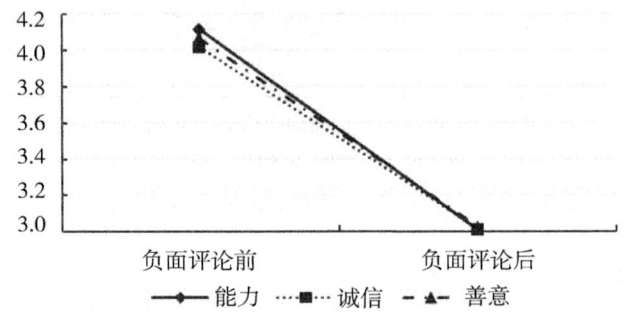

图 8-5　商家诚信类负面口碑评论前后潜在消费者信任水平变化

(3) 服务态度问题

由图 8-6 可以看出服务态度问题类的负面口碑评论前后消费者三个

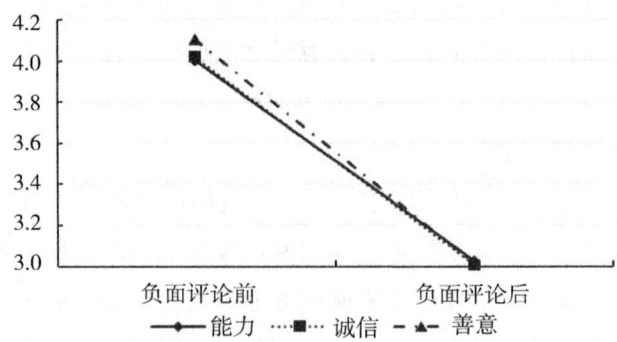

图 8-6　服务态度类负面口碑评论前后潜在消费者信任水平变化

维度信任受损从善意到诚信再到能力维度逐次递减，但都较为显著。商家的服务是需要与消费者沟通来交互彼此所需信息，进而建立信任，但如果商家服务态度有问题，对消费者爱答不理或冷眼对待，面对消费者的咨询或售后服务等方面敷衍答复，那么无论哪种维度信任都会受损显著。

8.3.2.3 商家反馈归因对潜在消费者信任修复影响

我们在商家不同反馈归因解释方式下对信任不同维度测量后还添加了潜在消费者对负面口碑评论归因的测量，目的是为了对反馈归因方式进行校验，如果潜在消费者对因果归因和属性归因的评判与反馈归因方式相符，那么该问卷样本有效，如果反馈方式采用外部归因情景下消费者问卷中因果归因题项判断为内部归因，那么该问卷样本数据被判定无效。

下面抽取外部归因和内部归因两个样本数据，考察负面口碑评论下商家不同的归因解释方式对潜在消费者信任修复的程度。

(1) 外部归因与潜在消费者信任受损

我们对商家反馈外部归因样本的题项得分加总平均，得出负面口碑评论产生前后，潜在消费者信任的均值，如表8-5所示。然后，分别对负面口碑评论前后信任的能力维度、诚信维度、善意维度采用独立样本T检验，能力维度T检验结果为0.902，双尾T检验的显著性概率为0.339，诚信维度T检验结果为1.305，双尾T检验的显著性概率为0.174，善意维度T检验结果为1.115，双尾T检验的显著性概率为0.286。结果表明商家反馈解释方式若采取外部归因，负面口碑评论产生前后潜在消费者信任的能力维度、诚信维度、善意维度没有显著性变化。

(2) 内部归因与潜在消费者信任受损

我们对商家反馈内部归因样本的题项得分加总平均，得出负面口碑评论产生前后，潜在消费者信任的均值，如表8-5所示。然后，分别对负面口碑评论前后信任的能力维度、诚信维度、善意维度变化进行显著性检验，能力维度 T 检验结果为 4.836，双尾 T 检验的显著性概率为 0.000，诚信维度 T 检验结果为 5.776，双尾 T 检验的显著性概率为 0.000，善意维度 T 检验结果为 5.014，双尾 T 检验的显著性概率为 0.000。结果表明商家反馈解释方式若采取内部归因，负面口碑评论产生前后潜在消费者信任的能力维度、诚信维度、善意维度都显著减少。

因此根据以上数据分析结果，我们验证假设 1 成立。即负面口碑评论信息下，商家反馈外部归因比内部归因使潜在消费者信任受损小。

表 8-5　　　　负面口碑评论前后潜在消费者信任变化

	外部归因			内部归因		
	负面评论前	负面评论+商家反馈后	信任受损	负面评论前	负面评论+商家反馈后	信任受损
能力维度	4.006	3.589	0.417	4.105	3.018	1.087
诚信维度	4.312	3.921	0.391	4.237	3.306	0.931
善意维度	4.267	3.875	0.392	4.271	3.194	1.077

(3) 可控性归因与消费者信任受损

为了检验负面口碑评论产生原因的可控性对信任受损的影响，我们首先抽取出商家反馈可控性归因方式问卷样本，对实验对象——潜在消费者可控性归因题项加总平均，如果得分大于 4，那么反馈可控性归因与消费者可控性归因一致，问卷样本有效，相反如果得分小于 4，那么问卷样本无效，剔除，同理对不可控性归因校验，最终得到可控组 (384 份)，不可控组 (375 份)。两组的能力维度、诚信维度、善意维度的均值和受损值如表 8-6 所示。我们对可控、不可控归因下信任受损程度进行了方差分析，对于能力维度，组间方差的 F 值为 46.590，在 0.01 水平上显著；对于诚信维度，组间方差的 F 值为 8.624，在 0.01 水平上显著；对于善意维度，组间方差的 F 值为 10.615，在 0.01 水平上显著。

(4) 稳定性归因与消费者信任受损

为了检验负面口碑评论产生原因的稳定性对信任受损的影响,我们首先抽取出商家反馈稳定性归因方式问卷样本,对实验对象——消费者稳定性归因题项加总平均,如果得分大于4,那么反馈稳定性归因与消费者稳定性归因一致,问卷样本有效,相反如果得分小于4,那么问卷样本无效,剔除,同理对不稳定性归因校验,最终得到稳定组(403份),不稳定组(396份)。两组的能力维度、诚信维度、善意维度的均值和受损值如表8-6所示。我们对稳定、不稳定归因下信任受损程度进行了方差分析,对于能力维度,组间方差的F值为45.708,在0.01水平上显著;对于诚信维度,组间方差的F值为9.376,在0.01水平上显著;对于善意维度,组间方差的F值为9.582,在0.01水平上显著。

以上数据分析结果表明,内部归因中,商家反馈不可控性归因比可控性归因使潜在消费者信任受损小;商家反馈不稳定性归因比稳定性归因使潜在消费者信任受损小。假设2与假设3均得到验证。

表8-6 商家反馈可控性归因与稳定性归因下潜在消费者信任变化

		内部归因		
		负面评论前	负面评论+商家反馈后	信任受损
可控	能力维度	4.284	2.719	1.565
	诚信维度	4.205	2.694	1.511
	善意维度	4.276	2.836	1.440
不可控	能力维度	3.897	3.454	0.443
	诚信维度	3.935	3.607	0.328
	善意维度	3.776	3.428	0.348
稳定	能力维度	4.103	2.681	1.422
	诚信维度	4.064	2.823	1.241
	善意维度	4.007	2.774	1.233

		内部归因		续表
		负面评论前	负面评论+商家反馈后	信任受损
不稳定	能力维度	3.961	3.623	0.338
	诚信维度	3.858	3.479	0.379
	善意维度	3.796	3.345	0.451

通过实证分析,我们对本章研究提出的假设检验结果汇总如表 8-7 所示。

表 8-7　　　　　实证分析假设检验结果汇总表

假　设	是否支持
假设 1:负面评论下,商家反馈外部归因比内部归因使潜在消费者信任受损小	支持
假设 2:内部归因中,商家反馈不可控性归因比可控性归因使潜在消费者信任受损小	支持
假设 3:内部归因中,商家反馈不稳定性归因比稳定性归因使潜在消费者信任受损小	支持

8.4　评论与反馈信息爬取与论证

继问卷调查实证分析方法验证假设后,我们通过对口碑评论数据的爬取与数据分析,进一步论证假设是否成立。前一章我们对天猫网购平台中多款运动鞋下的口碑评论与反馈数据进行采集并人工标注分类后,在反馈类型中,我们单独选取占比 41.2% 的"解释"类型商家反馈 4257 条记录,对采集结果进行 Excel 表格归置,采集结果样本如表 8-8 所示。

针对口碑评论与反馈信息爬取结果我们选取一段时间内的样本数据

进行反馈归因方式的划分，包括因果归因划分与属性归因划分。并对不同反馈归因方式与后续商品真实销售量（即所有评论量）的变化间关系进行分析，进一步佐证不同反馈归因解释方式对潜在消费者信任修复的正向影响作用，进而验证假设是否支持。

表 8-8　　某款运动鞋下口碑评论与反馈信息采集结果样本

买家	评论	商家反馈	时间
卡***诺匿名	首先这个鞋子还是很可以的，很轻，穿起来很舒服，就是这个鞋气味真的是太大味道了！严重的事情来了，店家把我的地址搞错了，明明已经改过了地址可还是送到了另一个地址，不喜欢店家。还有就是物流非常的慢！百世快递的人服务态度非常不好！真想怼回去，可谁叫我是小仙女呢，要优雅要冷静！	解释：亲爱的买家您好，由于网店的商品都是从仓库直接发货，并且发货过程中始终保持密封包装，所以可能会有此情况出现，请您见谅。根据您描述的情况建议您可以放在通风处晾晒几天即可。很抱歉因为快递问题给您带来的不便，我们今后在使用快递的时候会针对快递服务加以关注的。尽量减少耽误每一位买家的时间。我们会不断提高我们的总体服务质量，本店期待下次能为您提供更优质的服务^_^	03.01
广***秀匿名	没有想象中的好 发来的时候有一股味道 但是不怎么影响 不过这个价钱也还算可以了 原本想买带粉色的那双 但是没有我这个码 总体来说还不错 没有让我很失望 还没穿呢，快要体育中考买的鞋子 到时候再回来追评 OK 就这样吧	解释：亲爱的买家您好，由于网店的商品都是从仓库直接发货，并且发货过程中始终保持密封包装，所以可能会有此情况出现，请您见谅。根据您描述的情况建议您可以放在通风处晾晒几天即可	03.01

169

续表

买家	评论	商家反馈	时间
1***e 匿名	很好看也很舒服，大小正好，就是才打开的时候味道有点重。	解释：亲爱的买家您好，由于网店的商品都是从仓库直接发货，并且发货过程中始终保持密封包装，所以可能会有此情况出现，请您见谅。根据您描述的情况建议您可以放在通风处晾晒几天即可	03.01
d***8 匿名	鞋子没有异味，穿着比较轻便，鞋子属于瘦型款的，尺码要偏小半码，送给别人穿了，整体来说还是不错	解释：亲爱的买家您好，因鞋型及个人脚型有所差异，尺码可能会有所偏差，如您感觉穿着不适，只要不影响我们的二次销售，可以享受七天无理由退换货政策~谢谢您对我们的支持！祝您生活愉快~	03.01
歌***3 匿名	穿着很舒服哦 鞋码好像给我发小了一号 不过穿着正好 很显脚瘦 版型很好 挺满意的 发的顺丰 不到两天就到了	解释：亲爱的买家您好，因鞋型及个人脚型的不同，穿着感受上可能存在差异，如果您对商品有任何疑问，您可以联系我们的在线客服，我们会妥善为您处理~感谢您的理解与支持~	03.01

8.4.1 内外部归因方式与后续商品销量间关系

对采集到的口碑评论与反馈信息进行因果归因方式的判断，即划分为"外部归因"与"内部归因"，结果如表 8-9 所示。我们选取一定时间段内的评论与反馈信息进行分析，对商家反馈内容中失败交易发生原因归咎于商家外部环境因素的划分为"外部归因"；对商家反馈内容中失败交易发生原因归咎于商家自身因素的划分为"内部归因"。

8 负面口碑评论反馈解释的信任修复作用——基于归因理论探讨

表 8-9 反馈内外部归因方式划分

买家	评论	商家反馈	时间	因果归因方式
卡***诺匿名	首先这个鞋子还是很可以的，很轻，穿起来很舒服，就是这个鞋气味真的是太大味道了！严重的事情来了，店家把我的地址搞错了，明明已经改过了地址可还是送到了另一个地址，不喜欢店家。还有就是物流非常的慢！百世快递的人服务态度非常不好！真想怼回去，可谁叫我是小仙女呢，要优雅要冷静！	解释：亲爱的买家您好，由于网店的商品都是从仓库直接发货，并且发货过程中始终保持密封包装，所以可能会有此情况出现，请您见谅。根据您描述的情况建议您可以放在通风处晾晒几天即可。很抱歉因为快递问题给您带来的不便，我们今后在使用快递的时候会针对快递服务加以关注。尽量减少耽误每一位买家的时间。我们会不断提高我们的总体服务质量，本店期待下次能为您提供更优质的服务^_^	03.01	外部
广***秀匿名	没有想象中的好 发来的时候有一股味道 但是不怎么影响 不过这个价钱也还算可以了 原本想买带粉色的那双的 但是没有我这个码 总体来说还不错 没有让我很失望 还没穿呢，快要体育中考买的鞋子 到时候再回来追评 OK 就这样吧	解释：亲爱的买家您好，由于网店的商品都是从仓库直接发货，并且发货过程中始终保持密封包装，所以可能会有此情况出现，请您见谅。根据您描述的情况建议您可以放在通风处晾晒几天即可	03.01	内部
1***e匿名	很好看也很舒服，大小正好，就是才打开的时候味道有点重	解释：亲爱的买家您好，由于网店的商品都是从仓库直接发货，并且发货过程中始终保持密封包装，所以可能会有此情况出现，请您见谅。根据您描述的情况建议您可以放在通风处晾晒几天即可	03.01	内部

171

续表

买家	评论	商家反馈	时间	因果归因方式
d***8 匿名	鞋子没有异味,穿着比较轻便,鞋子属于瘦型款的,尺码要偏小半码,送给别人穿了,整体来说还是不错	解释:亲爱的买家您好,因鞋型及个人脚型有所差异,尺码可能会有所偏差,如您感觉穿着不适,只要不影响我们的二次销售,可以享受七天无理由退换货政策~谢谢您对我们的支持!祝您生活愉快~	03.01	外部
歌***3 匿名	穿着很舒服哦 鞋码好像给我发小了一号 不过穿着正好 很显脚瘦 版型很好 挺满意的 发的顺丰 不到两天就到了	解释:亲爱的买家您好,因鞋型及个人脚型的不同,穿着感受上可能存在差异,如果您对商品有任何疑问,您可以联系我们的在线客服,我们会妥善为您处理~感谢您的理解与支持~	03.01	外部

在内外部归因方式划分完成后,对一段时间($T_1 \sim T_2$)内内外部归因个数和后续商品销量(即评论总数)进行统计如图 8-7 所示。

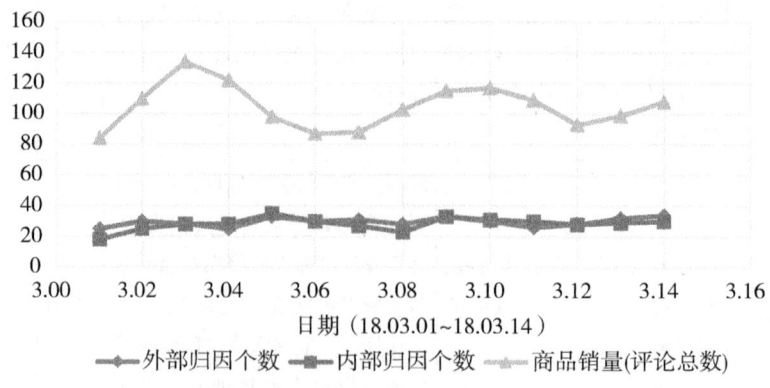

图 8-7 内外部归因个数与后续商品销量(评论总数)变化曲线图

8 负面口碑评论反馈解释的信任修复作用——基于归因理论探讨

从图 8-7 中,我们看出商品口碑评论数的变化呈现不规则的曲线变动,而外部归因与内部归因个数变化之间也没有较明显的规律,两者呈现较为缓和的趋势,说明商家反馈归因方式的选择并未刻意归咎于外部因素或将责任完全归咎于自身。为了更进一步分析就近时间内不同归因方式与后续商品销量变化间关系,我们对后续商品销量 y(评论总数)对时间 t 求导,得出 dy/dt;对外部归因个数与内部归因个数求差值 N ($N=N_{外}-N_{内}$)。根据微分方程与关系式我们利用 Matlab 软件编程计算求导与差值并绘制曲线图,如图 8-8 所示。

$$\begin{cases} f'(t) = dy/dt\,(T_1 \leqslant t \leqslant T_2) \\ N = N_{外} - N_{内} \\ f'(t) = \mu N \end{cases}$$

y:商品销量(评论总数)。

t:时间(在 T_1 到 T_2 时刻间)。

$N_{外}$:外部归因个数。

$N_{内}$:内部归因个数。

μ:商品销量变化导数与内外部归因差相关系数。

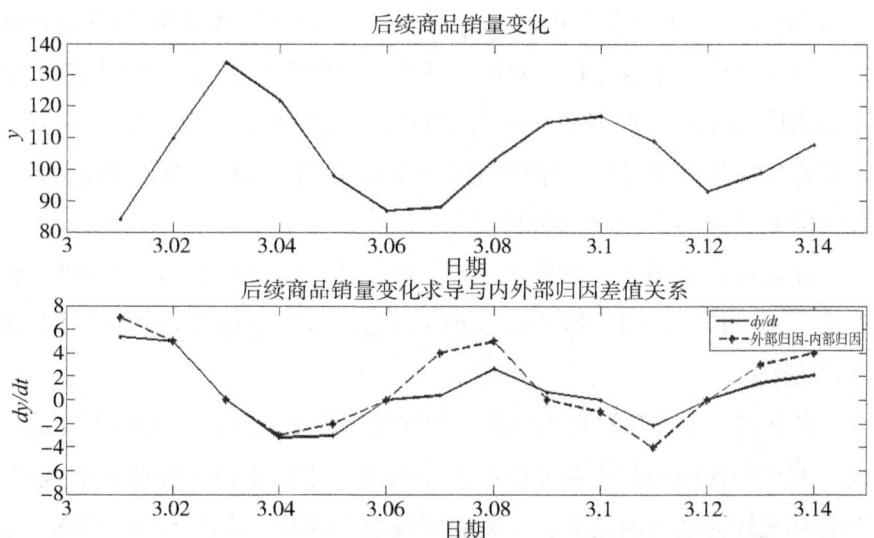

图 8-8 后续商品销量求导曲线与内外部归因差值变化曲线图

由图 8-8 我们可以看出：

当 $N_{外}-N_{内}>0$ 时，$dy/dt>0$，即后续商品销量（即评论总数）呈递增趋势；

当 $N_{外}-N_{内}<0$ 时，$dy/dt<0$，即后续商品销量（即评论总数）呈递减趋势。

我们可以较为显著地观察出后续商品销量（评论总数）对时间求导的曲线变化与外部归因减内部归因差值的变化呈现相近趋势，即外部归因与内部归因密度的比较对后续商品销量变动呈正相关关系。外部归因密度高于内部归因密度，那么后续商品销量有上升趋势；内部归因密度高于外部归因密度，那么后续商品销量有下降趋势。

该分析结果也佐证了本章所提出的假设 1：负面口碑评论下，商家反馈外部归因比内部归因使潜在消费者信任受损小。

8.4.2 可控性归因方式与后续商品销量间关系

对采集到的口碑评论与反馈信息进行因果归因方式判断后，筛选出内部归因方式的所有评论记录，并对其进行"可控性归因"与"不可控性归因"划分，结果如表 8-10 所示。同理，我们选取一定时间段内的口碑评论与反馈信息进行分析，对商家反馈内容中将失败交易发生原因归咎于商家内部控制力范围内的可改变的划分为"可控性归因"；对商家反馈内容中将失败交易发生原因归咎于商家内部控制力范围外的商家无法改变的划分为"不可控性归因"。

在可控性归因方式划分完成后，对一段时间（$T_1 \sim T_2$）内可控性归因个数、不可控性归因个数和后续商品销量（即评论总数）进行统计如图 8-9 所示。

从图 8-9 中，我们看出商品口碑评论数的变化呈现不规则的曲线变动，而可控性归因与不可控性归因个数变化之间也没有较明显的规律，两者呈现较为缓和的趋势，说明商家反馈归因并未明确区分可控性与不可控性。为了更进一步分析就近时间内不同可控性归因方式与后续商品

表 8-10　　　　　　　　反馈可控性归因方式划分

买家	评论	商家反馈	时间	可控性归因方式
j***t 匿名	本来女王节看中的是其他鞋子，但是好多冒牌货鞋子都要将近两百，后来看到安踏只要一百多，觉得同样的价钱还是买牌子货比较好。这款鞋子外观洋气，穿着似乎有点紧??不过还不错，挺舒服，轻轻的。其实有点担心是不是正品，因为，为什么发货会经过莆田??著名假鞋制造地??	解释：亲亲，为提高亲们的收货速度，系统将适配与您最近仓库发货【上海、成都、广东、北京、武汉、廊坊、济南、泉州等各地】如就近仓库无库存则会匹配其他仓库发出哦，若您收到商品有任何疑问欢迎您随时联系我们在线客服为您处理。感谢您对ANTA的支持	03.01	不可控
平***8 匿名	穿起来还行？买时以为能四季穿的，但实际穿了感觉不行，夏天穿肯定嫌热。劈开这个因素，这双鞋子我喜欢？	解释：您好，因为设计和款式的不同，鞋子在材质和性能上都有一定的差异，还望您见谅。如果您对商品有任何疑问，您可以联系我们的在线客服，我们会妥善为您处理~^_^	03.01	可控
爱***7 匿名	穿着不错，嗯明天出去玩可以穿，鞋底蛮软，就是这个布有点失望，没有想象中的好看，但是可以接受。	解释：您好，因为商品的款式设计的差异带给个人的感受是不一样的哦，您可以根据自己喜欢的款式进行选购哦。如果有什么疑虑可以跟我们在线客服联系，我们会尽心为您解决的哦。祝您生活愉快	03.01	可控

续表

买家	评论	商家反馈	时间	可控性归因方式
c***桑匿名	刚开始穿就觉得左脚鞋子莫名会顶脚,以为是我的脚趾甲太长了所以没在意,结果第二天剪完指甲后发现还是顶,然后我就把手伸进鞋子摸了一下,发现是鞋子本身的问题。左脚的鞋子做工明显没有右脚这么贴合,是有点凸的状态……因为鞋子本身不贵而且快递我很满意我就不差评了,中评吧……	解释:您好,新鞋需要与脚磨合一段时间,建议您可以用一块湿海绵将不舒适部位的鞋革沾湿,待一小时就有所软化,再穿就不会那么难受了。如果是产品有问题,建议您可以拍下清晰的照片,联系我们在线客服,我们将尽心为您服务,感谢您的理解与支持~	03.01	不可控
不***兽匿名	快递挺快的,七号晚上下单,8号中午就到了。鞋子轻便,但是这是瘦版的吧,建议脚掌宽的同学买大一号的。给大家个参考。我脚长22.5cm,脚掌有点宽,纠结了好久买了38码,有点长,懒得换了,脚后跟可以塞下一个手指头,其实37.5最合适,鞋带太长了!!!看了许多评价,这双鞋价格波动较大,我154买的。建议支持一下哈^o^	解释:您好,很抱歉造成您的困扰,因为平台活动和经营策略的施行,部分商品的价格会在一定时期内会有浮动,在商品活动中是很常见的现象,请您谅解。有任何问题也都可以向我们在线客服反馈,我们会在亲们每一次建议与意见中成长的~	03.01	不可控

销量变化间的关系，我们对商品销量 y（评论总数）对时间 t 求导，得出 dy/dt；对不可控性归因个数与可控性归因个数求差值 N_1（$N_1 = N_{不可控} - N_{可控}$）。根据微分方程与关系式我们利用 Matlab 软件编程计算求导与差值并绘制曲线图，如图 8-10 所示。

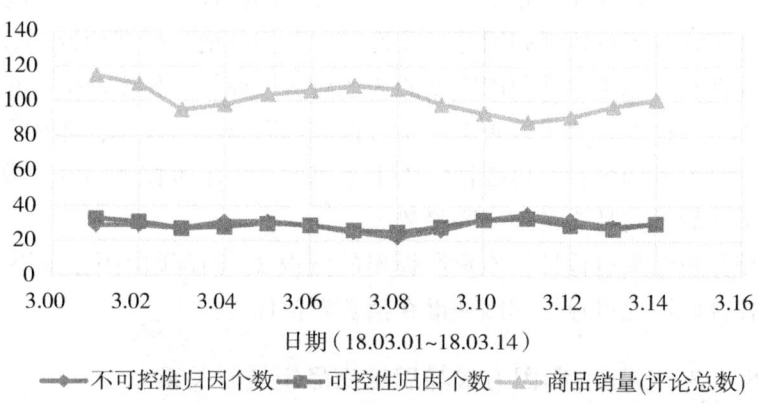

图 8-9 可控性归因个数与后续商品销量（评论总数）变化曲线图

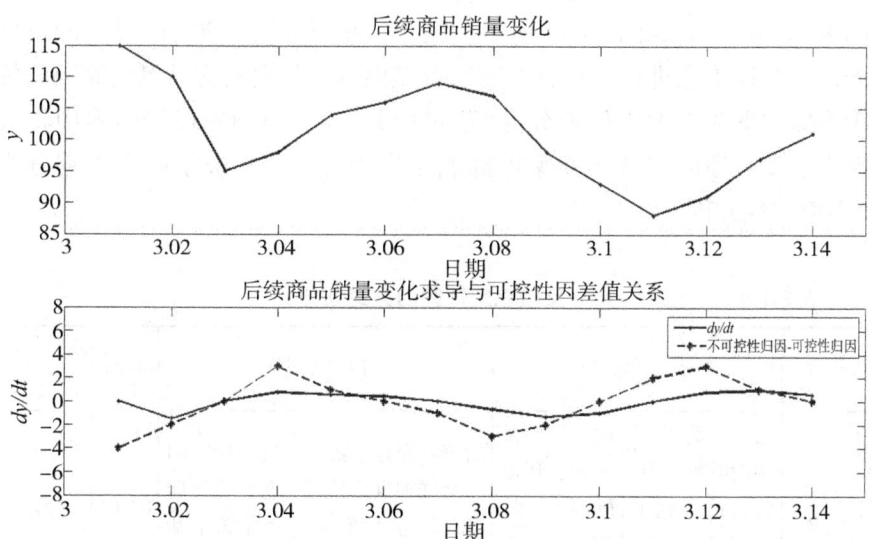

图 8-10 后续商品销量求导曲线与可控性归因差值变化曲线图

由图 8-10 我们可以看出：

当 $N_{不可控} - N_{可控} > 0$ 时，$dy/dt > 0$，即后续商品销量（评论总数）呈递增趋势；

当 $N_{不可控} - N_{可控} < 0$ 时，$dy/dt < 0$，即后续商品销量（评论总数）呈递减趋势。

我们可以较为显著地观察出后续商品销量（评论总数）对时间求导的曲线变化与不可控性归因减可控性归因差值的变化呈现相近趋势，即不可控性归因与可控性归因密度的比较对后续商品销量变动呈正相关关系。当不可控性归因个数密度高于可控性归因个数密度时，那么后续商品销量呈上升趋势；当可控性归因个数密度高于不可控性归因个数密度时，那么后续商品销量呈下降趋势。

该分析结果也佐证了本章所提出的假设 2：内部归因中，商家反馈不可控性归因比可控性归因使潜在消费者信任受损小。

8.4.3 稳定性归因方式与后续商品销量间关系

对采集到的口碑评论与反馈信息进行因果归因方式判断后，筛选出内部归因方式的所有评论记录，并对其进行"稳定性归因"与"不稳定性归因"划分，结果如表 8-11 所示。同理，我们选取一定时间段内的口碑评论与反馈信息进行分析，对商家反馈内容中将失败交易发生原因归咎于商家内部频繁发生的划分为"稳定性归因"；对商家反馈内容中将失败交易发生原因归咎于商家内部偶尔发生的、概率极小的事件划分为"不稳定性归因"。

表 8-11　　　　　　　　反馈稳定性归因方式划分

买家	评论	商家反馈	时间	稳定性归因方式
t***7 匿名	第二次购买，同款，第一次买的时候穿着不习惯，还以为自己买到了冒牌货?? 后来穿了一两天就好了，感觉蛮好的，很喜欢	解释：您好，新鞋穿着一段时间后会增加舒适感哦~有其他疑问随时联系我们~^_^祝您生活愉快	03.01	稳定

续表

买家	评论	商家反馈	时间	稳定性归因方式
诗***i 匿名	鞋子很秀气穿上很舒服 透气有弹性 奶奶也觉得很好看 不过鞋侧有胶水溢出来 有点担心会发胶 穿一阵子会来追评的 现在很喜欢	解释：您好，鞋子刷胶都是密集型手工操作的，生产的时候为了避免鞋子以后开胶，会在鞋子周围住一圈胶，所以可能会存在轻微超胶的现象，如您收到的产品有任何问题，请及时联系我们，我们将尽心为您处理~让您购物无忧哦~	03.01	不稳定
说***4 匿名	感觉一般般 有点比不上实体店的	解释：您好，很抱歉给您造成困扰了呢，由于商品不同批次生产，导致不同小升级的呢，不同时期设计且升级材质等出品的商品，会存在一定差异的呢。您放心，我们都是正品商品，这个您无需担心的哦，我们也可以提供发票等证明的哟~	03.01	稳定
n***5 匿名	给妈妈买的，妈妈说鞋子偏小了点。鞋子质量还是不错的，穿起来很舒适，鞋底比较有弹性。	解释：您好，很抱歉给您带来困扰，毕竟每个顾客的脚都有长短胖瘦之分，鞋子的款式设计也有差别，我司鞋子是适合大多数人的脚型的，可能有的顾客穿着刚刚好，有的顾客就会出现偏大偏小的情况哦，还望您见谅，若是尺码不合适可以联系我们办理退换的哟~^_^	03.01	不稳定
澧***芷 匿名	鞋子穿着很舒服，外观帅气！价格还可以，是正品，有安踏标签，但是，貌似没发票??? 聚划算买的就没发票吗???	解释：您好，发票现在是下单后，自主申请的哦。售前售中状态在我的订单有"开票申请"的地方；售后状态在我的订单—更多—开票申请。若对于发票开具有任何疑问，可以联系人工客服帮您进行解答哟，感谢您的理解与支持~	03.01	不稳定

179

续表

买家	评论	商家反馈	时间	稳定性归因方式
贝***贝匿名	宝贝到啦~超级快的说~而且很满意,穿着睡衣忍不住试了一下,哈哈哈,鞋子很轻,刚开始走着感觉鞋底有点小硬,走多了就觉得很舒服!支持安踏!	解释:感谢您的关注与惠顾。新购鞋子鞋底可能会稍硬的呢,穿着一段时间之后会有所改善的。产品本身没有质量问题,请您放心使用。如有任何问题欢迎您联系我们的在线客服,感谢您对我们的支持	03.01	稳定

在稳定性归因方式划分完成后,对一段时间($T_1 \sim T_2$)内稳定性归因个数、不稳定性归因个数和后续商品销量(即评论总数)进行统计如图8-11所示。

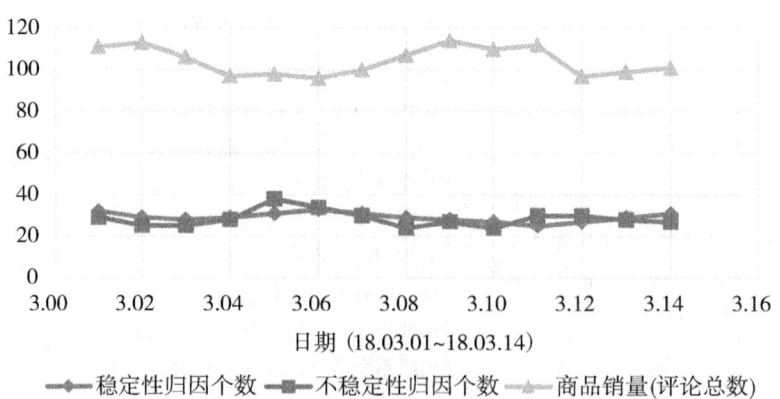

图 8-11 稳定性归因个数与后续商品销量(评论总数)变化曲线图

从图 8-11 中,我们看出后续商品销量(即评论总数)的变化呈现不规则的曲线变动,而稳定性归因与不稳定性归因个数变化之间也没有较明显的规律,两者呈现较为缓和的趋势,说明商家反馈归因并未明确区分稳定性与不稳定性。为了更进一步分析就近时间内不同稳定性归因方式与后续商品销量变化间的关系,我们对商品销量 y(评论总数)对时间

t 求导，得出 dy/dt；对不稳定性归因个数与稳定性归因个数求差值 N_2（$N_2=N_{\text{不稳定}}-N_{\text{稳定}}$）。根据微分方程与关系式我们利用 Matlab 软件编程计算求导与差值并绘制曲线图，如图 8-12 所示。

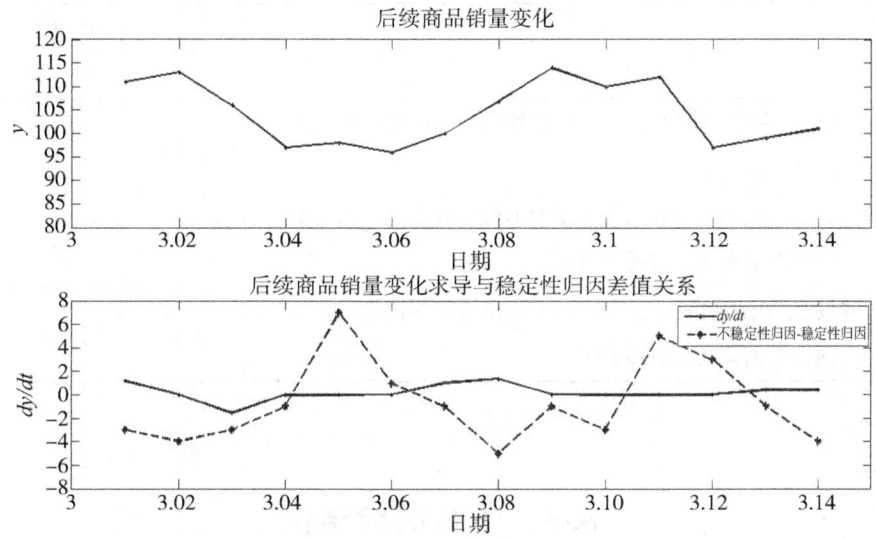

图 8-12　后续商品销量求导曲线与稳定性归因差值变化曲线图

由图 8-12 我们可以看出：

商品销量的变化与稳定性归因差各自呈现出不规则的变化趋势，后续商品销量(评论总数)对时间求导的曲线变化与稳定性归因差值的变化呈现不规则趋势，即稳定性归因与不稳定性归因密度的比较对后续商品销量变动没有相关关系。

该分析结果并未验证出本章所提出的假设 3：内部归因中，商家反馈不稳定性归因比稳定性归因使潜在消费者信任受损小。我们通过对某电商网站评论数据的采集分析从另外角度验证稳定性归因是否对潜在消费者信任修复造成显著影响尚待讨论，潜在消费者不会因为负面口碑评论的小概率发生原因而打消对商品或商家的质疑，也不愿去承担尽管发生可能性非常小的风险。通过对口碑评论信息的采集与分析，我们通过另外一种方式对模型中的三个假设进行了验证，结果汇总如表 8-12 所示：

表 8-12　　　　　　　　　　假设检验汇总表

假　　设	实证检验	评论采集检验
假设 1：负面评论下，商家反馈外部归因比内部归因使潜在消费者信任受损小	支持	支持
假设 2：内部归因中，商家反馈不可控性归因比可控性归因使潜在消费者信任受损小	支持	支持
假设 3：内部归因中，商家反馈不稳定性归因比稳定性归因使潜在消费者信任受损小	支持	不支持

8.5　本章研究结论

本书基于 Weiner(1986) 的归因理论，探讨了商家反馈不同的归因解释方式对负面口碑评论下受损后的潜在消费者信任修复机理。研究中分析了不同的反馈归因方式对潜在消费者信任不同维度的影响。为在线商家采取怎样的解释策略应对负面口碑评论提出了一些合理化建议。通过情景实验，本章得出以下结论：

(1) 商品评论中出现负面口碑评论时，在线商家应及时做出反馈，以减弱其负面影响。实验证明，反馈的存在对潜在消费者受损后的信任有修复作用。

(2) 对于不同类型负面口碑评论，信任不同维度的受损效果具有差异性，对于产品质量类负面口碑评论，潜在消费者信任维度中只有能力信任受损较为显著，而诚信信任和善意信任都不会受到能力信任受损的影响；但对于商家诚信类负面口碑评论和服务态度类负面口碑评论，潜在消费者诚信维度或善意维度信任一旦受损,就会波及能力维度信任,即潜在消费者如果认为该商家诚信品质无法令人信服,那么也不会信任其会提供高质量商品或服务。

(3)实验数据表明,商家反馈中将失败交易产生的原因归咎于商家外部环境因素相比归咎于商家自身因素,潜在消费者信任受损小。因为负面口碑评论的责任点在商家以外,那么潜在消费者不会对其商品或服务产生较大质疑,潜在消费者的信任水平也不会因此产生显著降低。

(4)如果失败交易产生的原因来自商家内部,那么商家反馈归因的缘由越不可控,潜在消费者信任受损越小。因为商家自身能力控制范围外的起因对潜在消费者各个维度的信任损害较小,潜在消费者不会因为不可控因素而对商家提供的产品或服务质量方面的信任产生显著受损影响,但对商家的诚信维度信任和善意维度信任不会因不可控归因而产生显著修复效果,因为诚信和善意维度的信任修复比较困难,诚信或善意维度信任可能因一条负面评论引发显著降低,但这两个维度的信任的修复却需要多条反馈以及正面评论才能恢复至原来水平。

(5)对于商家反馈解释归因方式中稳定性归因与不稳定性归因的比较,本书在问卷实证分析中验证了不稳定性归因比稳定性归因对潜在消费者信任损害较轻,但在评论采集结果分析中对该假设不支持,也说明潜在消费者对小概率风险感知的敏感性。当下电商平台中同类型商家竞争尤其激烈,因此潜在消费者对评论中负面评论产生的容忍度很小,口碑评论中出现负面事件后即使发生原因是偶然小概率的,但潜在消费者也不愿承担风险。

8.6 本章小结

本章基于归因理论,阐述了商家反馈归因解释方式的选择对于潜在消费者信任修复的影响差异。根据因果归因和属性归因两个步骤对商家反馈归因设计为内外部归因、可控性归因和稳定性归因。依据三种负面评论类别设计三个情景，分别针对每种类别负面评论按照操控目标进行不同方式归因反馈，并采用调查问卷方式测量潜在消费者信任(初始信任、受损信任、修复信任)。通过实证分析，我们得出外部归因比内部归因对潜在消费者信任受损小；内部归因中，不可控性归因比可控性归因使潜在消费者信任受损小；内部归因中不稳定性归因比稳定性归因使潜在消费者信任受损小。但在评论与反馈信息采集结果的分析中，对于本章提出的假设3，并未得到证实，即潜在消费者是否会因为商家反馈归因的缘由发生概率大小而打消对商家或产品的质疑，该假设尚待论证。

9 基于评论挖掘的网络负面口碑评论预警模型构建

9.1 基于评论挖掘的网络负面口碑评论预警问题的提出

在线商品的评论是电商网站平台获取商品口碑的重要依据,消费者通过互联网媒介对产品或服务进行线上咨询、沟通和评价(张艳丰等,2016),并通过公开的点评或打分来表明自身的消费体验(Goldsmith,2006),大多数线上消费者均认为在线商品的口碑评论相比商家的宣传和官方的评论更具有参考价值。与传统的商品口碑不同,基于线上评论信息的网络口碑虽不容易被人察觉,但我们仍然可以通过对评论数据的深度挖掘获得商品的口碑信息。以往对商务网站平台中商品口碑的评判大多依据商品的口碑整体评分,一般有数字评分和星级评分两种形式,然而打分方式只能概括地展示商品的口碑情况,不能较详实地实时反映产品的口碑动态信息,更无法实现产品口碑危机预警。而线上商品的评论信息则表达了消费者真实的购物体验和情感情绪态度,消费者的负面感知情感会促进经验消费者对负面口碑评论信息的发布意愿。因此,电商平台中的线上商家和企业应将产品的负面口碑评论作为网络口碑危机预警的重要信息源头,进而拓展危机预警方法,以长久、高效地维护商家和品牌的口碑信誉。

当下，我们基于线上商品评论挖掘的网络负面口碑评论危机预警研究仍然暴露有以下局限问题：①国内现有学者常常忽略在线评论信息中情感词的模糊属性而进行强硬分析，导致评论内容中的情感计算值存在较大偏差；②对产品不同属性特征的评论情感词的关注度有所欠缺。本章我们从在线商品评论信息中提取负面评论信息构建模糊情感词典，依据不同情感维度构建情感词典并通过模糊综合评判方法和模糊推理分析基于在线评论的网络口碑评论预警机制，并根据四分图对负面口碑评论危机进行分类，以帮助线上商家和企业及时发现并规避负面口碑评论风险，杜绝网络潜在消费者的流失(张艳丰等，2016)。

9.2 网络负面口碑评论预警模糊推理设计

本书从网络负面口碑评论预警设计的流程上首先将网络负面口碑评论危机预警划分为四个阶段(李金海等，2015)，分别是警源监测、危机评估、危机诊断和预警四个流程步骤。

9.2.1 网络负面口碑评论危机警源监测

警源监测主要通过对线上商品的评论信息和情感词进行抓取，针对情感词汇的模糊属性，对情感词进行筛选、提取、标注、分类以辨别在线评论的情感强度，实现网络负面口碑评论危机的警源监测，具体步骤如下：

(1) 语料收集

潜在的网络消费者在对线上商品评论信息进行浏览并采取购买行为时，负面语义文本信息在用户商品评论过程中以病毒式扩散传播引发网络负面口碑评论危机，本章选取电商平台中的负面口碑评论信息作为实验语料样本。

(2) 情感词提取

本书在对评论文本信息中的情感词进行提取时参考的基础词汇词典是中国知网 HowNet 情感词典，情感极性计算参考的情感词典是台湾大学的情感极性词典，根据评论内容属性提取在线评论文本中出现频次较高的情感词作为扩展情感词典。另外，在评论文本信息中，程度副词、形容词和否定词均对评论信息文本语义的情感强度以及情感极性具有非常重要的作用。对于否定词的处理，在评论文本中，少部分否定词对于文本的情感极性具有相反作用，而另一部分否定词对情感强度则具有削弱作用。本书为了避免否定词对评论文本的情感倾向相反或情感强度削弱的不良影响，将否定词与其后连接的任意词作为一个组合词进行综合考虑。例如在评论文本信息中出现了"不好""不考虑"等否定词与形容词共同构成的组合，我们将此直接作为一个整体组合词赋予其情感极性及情感强度，而不会简单地提取其形容词极性的相反值。

(3) 情感词极性的标注

线上商品的网络负面口碑评论危机主要针对负面评论文本信息中的负向情感极性词汇和负向评论进行模糊情感标注。本书对情感词的标注遵照以下规则：

①在 HowNet 情感词典、台湾大学的情感极性词典的基础上本书对评论信息文本进行基础情感词汇标注，参考特定的价值评价词极性分词标准，进而对评论文本中的情感词进行极性标注。

②在文本情感分析时我们遵循评论文本语句情感强度和评论句中情感词的情感强度模糊一致性原则来对主题词进行扩展词典情感标注。负面评论的星级评分可以当作是对负面情感倾向模糊集的重复定义。比如，100 条评分级别为 1 星的差评语句，我们可以等价为情感极性为 3 星的模糊集合的 100 次重复定义。对情感极性的标注规则具体如表 9-1 所示。

表 9-1　　　　基于评论句星级评分的情感标注规则

评论星级评分	级别	评论文本情感强度	评论文本情感词极性
3星	中评	1	1
2星	中评	2	2
1星	差评	3	3
1星	追加差评	4	4

(4) 情感词归类

线上评论文本中感知到的用户满意度是网络负面口碑评论的重要研究方向。网络负面口碑评论危机产生的原因是经验消费者的失败购买经历体验，通常这种情况下我们以用户满意度作为衡量口碑评论的主观重要指标。根据现有的研究，我们将情感属性指标分为感知质量、感知期望、感知价值和感知情感四类，分别构建与这四类属性指标相关的情感词典。其中，质量评价词典与感知质量相符、价值评价词典与感知价值相符、期望评价词典与感知期望相符、情感评价词典与感知情感相符。针对每个属性指标下的评论词我们分别赋值$\{1,2,3,4\}$四个等级的强度值 Strength(α)。在基础语料词典和扩展情感语料词典的划分基础上，进行情感词属性归类。

9.2.2　网络负面口碑评论危机评估

(1) 计算属性特征指标权重

本研究对情感属性特征指标权重的测量通过信息熵的方法计算获得。信息熵法相对其他方法偏向客观的确定权重的方法，根据各个属性指标值的变化程度，利用信息熵来计算各个属性指标的权重。

具体计算方法假设存在 m 个评价对象和 n 个评价指标形成数据矩阵：$Y=(y_{ij})_{m\times n}$。

相对具体某个指标 j，指标 y_{ij} 的变化程度越强烈，那么在综合评价中该指标的权重就越高。具体的计算步骤如下：

① 首先为了消除各个属性之间量纲和数量级不同带来的不可公度性，我们根据公式(9-1)将参与评价的各个指标进行格式标准化筛选清洗处理。在公式中，y_{ij} 代表的是第 i 个对象在第 j 项属性指标下的初始值。

$$X_{ij} = \frac{y_{ij} - \min_j(y_{ij})}{\max_j(y_{ij}) - \min_j(y_{ij})} \quad （公式9-1）$$

② 将所有的属性进行统一格式的归一化处理，计算第 i 个评价对象在第 j 项属性指标值的比重，具体计算列式如下：

$$P_{ij} = \frac{x_{ij}}{\sum_{i=1}^{m} x_{ij}} \quad （公式9-2）$$

③ 第 j 项指标的熵值列式如下：

$$e_j = -k \sum_{i=1}^{m} p_{ij} \ln p_{ij} \quad k = \frac{1}{\ln m} (k > 0, \ 0 \leqslant e_j \leqslant 1) \quad （公式9-3）$$

④ 第 j 项指标的熵权值列式如下：

$$W_j = \frac{1 - e_j}{\sum_{j=1}^{n}(1 - e_j)} = \frac{1 - e_j}{n - \sum_{j=1}^{n} e_j} \quad （公式9-4）$$

通过上述各个步骤的计算我们得到网络负面口碑评论评估涉及的各个要素指标权重向量为：$W_j = [w_1, w_2, \cdots, w_j]$。

(2) 负面口碑评论危机等级模糊评判

对于网络负面口碑评论评估涉及的各个要素数量较少，因此我们运用模糊综合评判方法对各个指标进行考核，该种方法相对较少的参与指标具有较好的精准性和实用性。具体评判模型构建过程如下：

① 确定口碑主题涉及的属性集合与评判等级划分集合。本书将网络负面口碑评论危机评估的属性集记作 $N = \{n_1, n_2, \cdots, n_n\}$，在线负面评论情感程度级别划分记作 $V = \{v_1, v_2, \cdots, v_n\}$，利用口碑信息关联的各个属性以及在不同属性中的情感强度值来综合评估负面口碑评论危机的等级。

②确定负面口碑评论危机各个要素在舆情评判综合指数上的相应权重值。口碑评论属性集合 N 上的模糊向量代表各个因素间的权重分配值，w_j 代表的是第 j 个因素的权重，并且符合 $\sum_{j=1}^{n} W_j = 1$。计算要素权重的方法按照公式(9-1)—(9-4)。

③确定模糊综合评判矩阵。对负面口碑评论危机不同等级的隶属度为情感强度集合 V 上的模糊子集 N_i 的评判记作：

$$Y = (y_{ij})_{m \times n} \qquad \text{（公式 9-5）}$$

④综合评判矩阵的标准化。将负面口碑评论危机各个要素的指标综合评价矩阵转变为从 N 到 V 的模糊关系矩阵 $Y = (y_{ij})_{m \times n}$，再将矩阵 Y 进行标准化得到矩阵 T_y，具体标准化计算公式如下所示：

$$T_y = \frac{r_{ij}}{\max(r_{ij})} \qquad \text{（公式 9-6）}$$

⑤将每个模糊负面口碑评论危机等级属性与对应的标准化矩阵综合评判结果进行乘积处理，得到模糊转变后的综合标准化评判矩阵：

$$B_{ij} = V_n \times T_y \qquad \text{（公式 9-7）}$$

⑥将负面口碑评论危机等级参考指标权重与综合评判矩阵的乘积作为测量属性值：

$$D_m = W_j \times B_{ij} \qquad \text{（公式 9-8）}$$

⑦综合后的评判可看作 V 上的模糊向量，记为 $D_m = [d_1, d_2, \cdots, d_m]$，取指标因素数值平均评分的倒数作为网络负面口碑评论危机的综合评判结果。

9.2.3 网络负面口碑评论危机诊断

本书引入顾客满意度的四分图模型对网络负面口碑评论危机诊断进行更深一步的探讨分析，顾客满意度的四分图模型是目前国内关于消费者行为研究领域中应用较为广泛的模型之一。本书通过网络负面口碑评论危机等级和产品当前的月销量数据变化情况进行系统聚类。

根据聚类分析结果，本研究进一步剖析网络负面口碑评论危机类型。通过在线评论数据反映的网络负面口碑评论危机和在线产品销量两个维度设计网络负面口碑评论危机四分位图，根据分类划分入四个不同的象限中，于是将网络负面口碑评论危机划分为 4 种类型，如图 9-1 所示：

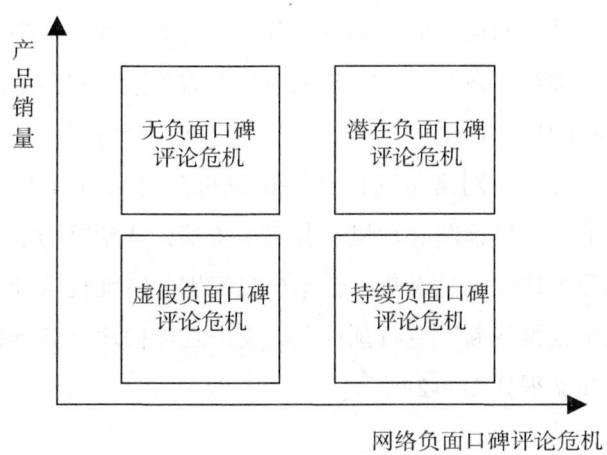

图 9-1　网络负面口碑评论危机象限图

如图 9-1 所示，负面口碑评论危机的象限四分图表述了负面口碑评论危机不同维度下的类别特征。我们根据象限四分图将分类解释为：①无负面口碑评论危机。纵向维度产品销量高并且横向维度网络负面口碑评论危机较低。②虚假负面口碑评论危机。横向维度网络负面口碑评论危机值和纵向维度产品销量值均较低。③潜在负面口碑评论危机。纵向维度产品销量和横向维度网络负面口碑评论危机值均较高。④持续负面口碑评论危机。纵向维度产品销量较低但横向维度产品负面口碑评论危机系数值较高。

9.2.4　网络负面口碑评论危机预警

本研究根据产品销量与负面口碑评论危机程度两个维度将负面口碑

评论危机的类别划分为四种类型，并将这四种类型对应至象限四分图中，根据对负面口碑评论危机的分析进而阐述四种危机类型，据此确定网络负面口碑评论危机预警报告，根据不同的负面口碑评论危机诊断结果，制定相对应的负面口碑评论危机干预策略，这样既能避免虚假负面口碑评论危机的无效干扰影响，又可以高效地规避网络负面口碑评论危机风险。

因此，产品的网络负面口碑评论危机预警措施的重点是及时对产品口碑发展状况进行有效监测、准确地预防虚假负面口碑评论危机并及时防止其由潜在的口碑评论危机转变为持续口碑评论危机。

综合以上分析，网络负面口碑评论危机预警从过程上分为警源监测、分析评估、危机诊断和危机预警四个步骤，从预警功能实现组成上可以具体划分为评论信息采集、情感信息识别、特征权重计算、等级模糊评判、危机预警诊断、危机预控方案七个功能模块，其预警模型的具体运行模式和流程如图 9-2 所示：

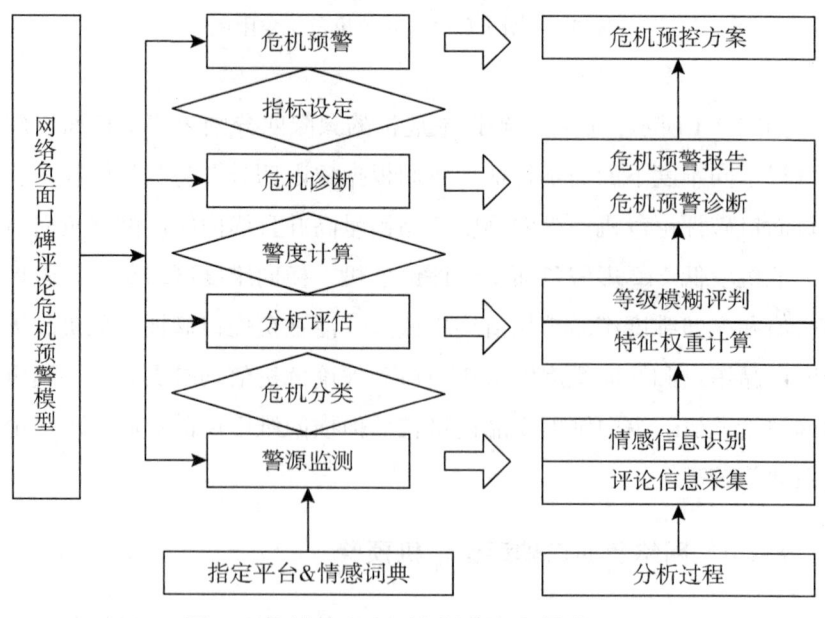

图 9-2 网络负面口碑评论危机预警流程图

9.3 数据实证检验及分析

9.3.1 口碑评论数据收集与计算

本研究以天猫平台的在线评论数据为例，利用 Python 语言编程爬取 6 个店家 2765 条在线评论文本数据，通过人工复核检查的方式筛除重复评论和无效评论后提取有效评论 2584 条进行计算。通过哈尔滨工业大学开发的语言技术平台 LTP 对评论信息数据进行因素和句法分类，过滤出顾客满意度指数模型（ACSI）中四项指标因素的评论文本并进行分析、筛选，结合情感词典，对口碑评论数据中符合感知情感因子的属性词进行模糊计算，统计如表 9-2 所示：

表 9-2　　　　负面评论词语扩展语料统计样例表

级别	质量评论词	价值评论词	情感评论词	期望评论词
1	一般，也就这个价	不便宜，不合理	麻烦，着急	郁闷，无语，差强人意
2	颜色有偏差，质感略差	不划算，性价比不高	琐碎，复杂	后悔，失望
3	色差严重，客服态度差	价格贵，不值这个钱	困难，不如意	生气，愤怒
4	垃圾，地摊货	亏大了	抵制，烂	离谱，夸张，崩溃

提取在线评论情感属性词并结合前面描述对属性词进行分类，结合前面公式我们计算出情感属性词的特征权重，实验过程中，我们取 $m=2584$，$n=4$，得出 2584×4 的矩阵数列，分析感知情感的四个因子分别所占权重：$W=(0.389, 0.208, 0.157, 0.246)$。

本书选取样本 6 的数据作为示例来验证模型的有效性。首先选取样本6的评论数据对网络口碑评论危机进行模糊计算推理。根据网络口碑危机预警模糊计算规则以及顾客满意度指数模型(ACSI)对在线评论进行属性归类和情感性划分，我们根据公式(9-5)得出模糊综合评判矩阵如表9-3所示：

表9-3　　　　　　　　　模糊综合评判矩阵结果

级别	感知质量	感知价值	感知情感	感知期望
1	58	60	42	70
2	39	51	21	48
3	51	47	22	54
4	42	28	20	33

首先，我们根据公式(9-6)—(9-7)对原始矩阵的数据进行标准规范化，以屏蔽不同模糊等级对综合评判结果产生影响。其次，将每个模糊等级属性与对应的标准化综合评判矩阵结果进行乘积处理，得到模糊变换后的综合标准评判矩阵如表9-4所示：

表9-4　　　　　　　　　综合标准化评判矩阵

感知质量	感知价值	感知情感	感知期望
0.841	0.914	0.582	1.006
1.216	1.572	0.636	1.368
2.297	1.935	0.843	2.441
2.296	1.573	1.514	1.839

最后，我们利用指标规定的各个属性的权重与上述综合评判矩阵的乘积作为测量属性值。

9 基于评论挖掘的网络负面口碑评论预警模型构建

$$D_m = [0.389, 0.208, 0.157, 0.246] \times \begin{bmatrix} 0.828 & 0.902 & 0.584 & 1 \\ 1.216 & 1.458 & 0.658 & 1.336 \\ 2.275 & 1.961 & 0.857 & 2.437 \\ 2.286 & 1.428 & 1.512 & 1.934 \end{bmatrix}$$

$$= [1.49, 1.31, 0.87, 1.53]$$

从权重与矩阵的计算结果可得知，样本 6 的四个感知因子(感知质量、感知价值、感知情感和感知期望)的属性值分别为[1.49，1.31，0.87，1.53]，网络口碑评论综合评判的得数由数值平均评分的倒数计算而来，因此我们计算样本 6 的网络负面口碑评论危机结果为 0.184。通过同样的方法，我们对其他样本也通过计算得到各个商家整体网络负面口碑评论危机的模糊综合评判结果如表 9-5 所示：

表 9-5　样本指标与品牌负面口碑评论危机的模糊评判计算结果

实验样本	感知质量	感知价值	感知情感	感知期望	口碑评论危机
1	2.86	1.49	2.78	2.36	0.105
2	0.95	1.26	0.81	0.61	0.279
3	1.67	1.93	0.70	0.98	0.183
4	3.44	2.58	3.36	2.14	0.083
5	3.09	2.52	2.39	2.71	0.094
6	1.49	1.31	0.87	1.53	0.184

根据表 9-5 的样本指标与品牌负面口碑评论危机的模糊计算结果，我们采用 Origin8.0 统计绘制软件求指标的属性值和网络品牌负面口碑评论关系的水平垂线图，如图 9-3 所示。

9.3.2　数据聚类分析

从上节中的研究结果我们可以得知，感知要素的四个影响因子(感知质量、感知价值、感知情感与感知期望)显示出较为突出的同簇对象

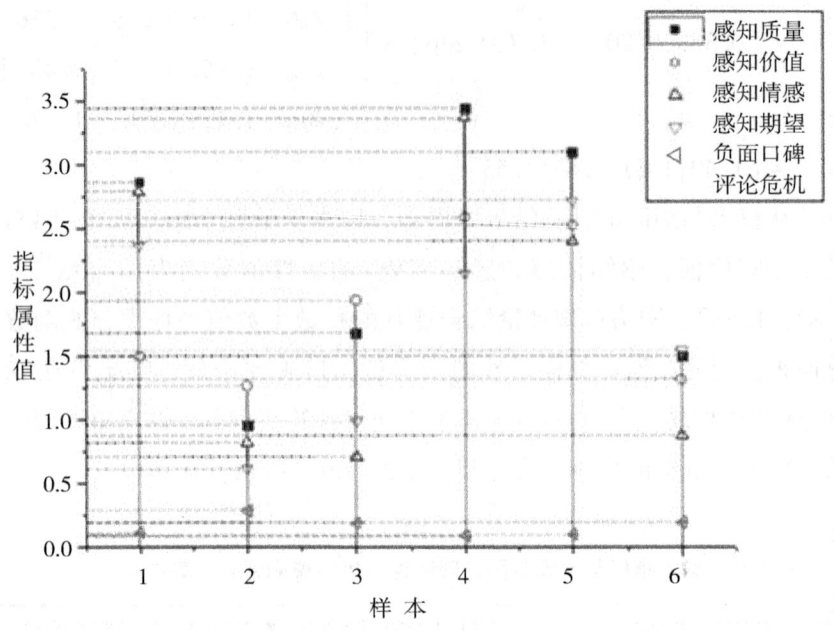

图 9-3 网络负面口碑评论危机属性指标关系图

趋势的相似性，而网络负面口碑评论危机与因素指标值呈反比趋势，因此我们将模型数据进行聚类分析，通过对样本数据的建模简化数据并对网络负面口碑评论危机样本进行有效归类。从实验数据和聚类结果分析可以看出：整体上，感知质量、感知价值、感知期望和感知情感与网络负面口碑评论危机成反比关系。无负面口碑评论危机类组样本，其网络口碑较好，同时销量也高，无需进行口碑干预；持续负面口碑评论危机类组样本，不仅产品销量差，其网络负面口碑评论也多，说明品牌要立刻进行口碑干预和问题自查，防止顾客连续流失和销量持续走低；潜在负面口碑评论危机类组样本，代表产品的销量较高，但同时负面评价也多，需要企业和商家调整营销方案，保障销量的前提是保证产品的质量，低价营销不是长久之计，质量才是销量的保证；虚假负面口碑评论危机类组样本，此类产品的销量和网络负面口碑评论均不高，说明产品质量并无大问题，但应加强口碑推广，提高产品的知名度，促进产品销量提升。

9.3.3 模型过滤效果分析

随机选取样本店铺标注后的 100 条评论作为测试数据，选用准确率和召回率值作为准确性识别的评判标准，通过对比模型计算和人工判断结果，以准确率分析模型的过滤效果。

实验结果表明网络负面口碑评论危机预警评分的准确率在 78% 以上，总体的评分准确率达到了较为满意的水平，本章节的研究成果在一定程度上可以辅助商家企业对网络口碑评论进行监测预警，以及时发现负面口碑评论危机并加以控制，本章所构建的模型在对网络负面口碑评论舆情预警的判定上具有较好的实验效果。另外，有个别样本的方差值偏离较大，分析原因主要是实验样本采样的规模较小，再有提取的时间段涉及平台及商家大促，因此对计算结果的一般性具有影响；筛选的属性词也较少，与情感词典的匹配度具有较大程度差异，因此导致个别样本数据的结果偏离理想值范围，这也是本研究将来需要更加细化和增加覆盖范围的地方。

9.4 本章小结

本章节利用对评论数据的挖掘与情感模糊计算方法来测量负面口碑评论危机程度并进行预警控制。对照构建的情感隶属推理词典对评论中匹配的情感词的隶属度进行计算，利用计算出的情感强度模糊性数值，运用模糊评判方法以及顾客满意度四象限分类图对负面口碑评论危机预警进行计算分类，最后利用平台数据对预警模型的监测评估效果进行评价。

10 研究结论与展望

在互联网蓬勃发展的趋势下，人们对社会现象的评头论足已基本转移至互联网中的各大应用软件平台进行，网络传播速度快、覆盖面广，使得负面口碑评论的传播速度变快，影响范围变广。为了及时识别网络口碑中的关键点与爆破点，进而构建负面口碑评论预警机制及时管制负面口碑评论的传播，本书利用对网络口碑数据的挖掘与分析，构建融合多源数据的负面口碑评论预警模型，以期对商品的口碑发展进程进行深入研究并剖析出口碑传播的规律，进而维持互联网口碑环境的健康可持续发展。

本书在现有的关于网络口碑识别与传播研究的基础上，以构建高效网络负面口碑评论预警模型为研究目标，从网络口碑关键点的识别方法、负面口碑评论的影响机理、网络负面口碑评论主题演化特征、负面口碑评论有效预警四个方面进行了深入探究，并通过抓取网络平台评论等相关数据信息对提出的方法、模型进行了实证检验，最终提出如何准确评估负面口碑评论危机等级并进行有效预警的对策。

10.1 研究结论

本书的研究结论主要从以下几个方面阐述：

第一，基于超网络的口碑点识别的研究。本章节研究以超网络模型为理论基础，依据超网络各层子网划分的方法对口碑传播网络进行子网划分解析，并在各个子网进行建模，应用神经网络分析方法挖掘口碑传播各个子层中的关键节点，并对关键节点的特征、作用、情感进行分析，最终对口碑的发展转变有精准明晰的认识从而为后续口碑的监测提供理论依据。本部分的研究结论如下：

a) 在网络口碑中高效地挖掘与识别出关键点与转折点，以此对网络口碑发展的各个时期不同主题下的关键点的作用进行分析归类；通过对关键点的挖掘有助于识别出网络中不同类型用户在网络口碑传播与演化中的角色特征，包括其情感倾向、情感强度、角色功能，这样我们可以对网络口碑的主题发展过程有更清晰的认识，以辨别网络口碑是朝积极方向发展还是消极方向发展，用户的情感倾向是积极正向的还是消极负向的，还是持中立观望态度的，据此对网络口碑发展的各个层面、各个角度有全面宏观的认识。

b) 对网络口碑节点的挖掘与特征分析，在掌握网络口碑传播发展关键转折点的同时，还对网络口碑超网络模型中各个子网络节点间超边关系进行了刻画，以点到线再到面的方式去追踪网络口碑发展的阶段特征，以此对未来网络口碑节点可能的发展方向，超边可能的连接面进行预测，进而对网络口碑未来发展做出预测与管控，甚至可以从关键节点发展的源头追溯以更及时地对网络口碑实现有效控制。

第二，负面口碑评论信息的负面影响机理研究。本章节分析了负面口碑评论不同于正面口碑评论的特点，并对负面口碑评论的影响因素进行了归纳分析，利用 ELM 模型理论对影响因素的作用路径进行分析，并对比研究其对潜在消费者购买意愿的作用，探讨消费者动机性调节变量是否对负面影响因素的作用路径有调节效应，最后对假设检验结果进行讨论总结。本部分的研究结论如下：

a) 负面口碑评论信息之所以能够快速传播，是因为负面口碑评论中常含有消费者真实负面情绪的表达与发泄，而此类情感文本信息最能引发潜在消费者的共情与共鸣，负面情绪的显著启动效应使得潜在消费者更容易被消极负面情绪感染，反对、悲伤、失落的情感倾向对网络用户会产生更快更强的消极渲染力,进而影响网络潜在消费者的购买意愿。

b)负面口碑评论在电商平台商品评论列表中凸显本身负面显著效应的同时,还具有首因效应,负面口碑评论越集中,评论列表中时间越新越接近,其负面影响效应越显著,也就越发会引起舆情危机进而影响商品的信誉度与销量。并且相对数量较大的好评中如果负面差评越是集中且靠前,那么网络用户对商品的不信任感、否定感越强烈。

c)负面口碑评论会引发网络潜在消费者较大的感知风险,相比正面好评对网络潜在消费者引起的感知收益,负面口碑评论之所以会激起网络潜在消费者更大的情绪共鸣是因为负面评论信息更容易引起消费者自我相关刺激,即消费者会更身临其境地感受失败消费经验,在自我相关刺激时投入更多的认知与控制资源。在负面口碑评论高关注度下网络用户认知并预估风险发生概率更高,故产生较强的消极影响作用。评论口碑评论中带有迟疑、犹豫、矛盾等情感词时会增加网络潜在消费者的感知风险。在口碑信息中同时存在好和不好两个对立面的观点评语时,会引发网络用户不确定性,这种不确定性非但没有减弱负面效果,还增强了网络用户态度的犹疑性,破坏了正面口碑评论与负面口碑评论创建的对比分明的立场环境,减弱了评论的肯定行和稳定性。除此以外,虚拟的购物环境、商品物流配送等特征无疑加重了网络消费者的风险感知。

d)对于网络消费者动机性的调节作用,在感知风险与购买意愿间最为强烈,这意味着网络消费者对商品的需求性越强烈,对口碑评论信息的涉入越深,那么其对负面口碑评论的感知风险越敏锐、强烈。因为动机性较强的网络消费者已然对商品的性能、品质等有了初步了解,同时也会比较同款型多家不同品牌的商品,于是对于负面口碑评论的容忍度较浅、敏感度更高,尤其负面口碑评论形成舆情后的效应更显著。因此,动机性在感知风险与购买意愿相互作用间调节效应最为显著。

第三,基于超网络的网络口碑主题演化方法研究。本章节对网络口碑动态主题演化的过程进行了深入分析，归纳演绎了网络口碑主题发展演化的规律特征，对网络口碑的管控与治理提供了可行性科学依据。通过对网络口碑涉及的各类要素进行主题演化分析，针对网络口碑主题发现超网络模型的时序子网变化属性，进而构建拓扑指标，基于超边数量和消退变化机理分析网络口碑主题演化规律。本部分的研究结论如下：

a) 从主题演化的角度分析网络口碑传播和演化的超网络结构特征，划分不同子网络层包括社交子网、观点子网、主题子网，进而构建包含舆情网络用户、关键词信息和主题聚类三种相关关系的静态主题模型。通过考察观点子网中不同微博中关键词的共现关联，社交子网中微博用户间的评论、转发关系和主题子网中聚类与博文间从属关系，设计基于网络口碑主题的拓扑分析指标，结合网络口碑实例，对口碑主题特征进行分析，最终得到子类主题属性的不同划分结果。根据子类中介中心度主题可以分为中心性主题和边缘性主题；根据子类超度主题可以分为活跃性主题和沉默性主题；根据子类超边连接度主题可以分为常见主题和罕见主题。

b) 当下网络口碑的发展与演化呈现动态复杂化特征，口碑主题的提取已不再是简单地从网络中寻找关键词。利用超网络模型方法构建口碑子主题动态演化模型，以口碑主题发现超网络模型的时序属性为线索，描述不同时间阶段超网络静态主题模型的各个时刻特征，以此构建基于不同子网节点间超边增长和消退动态演绎机理的口碑主题动态演绎模型，并分析拓扑指标随时序特征变化的特点，最终通过对主题演化特征分析将主题归纳为：高企子主题、活跃子主题、消退子主题、潜在子主题4类主题子类，对网络口碑的演绎有了宏观质的定义。

第四，负面口碑评论下商家反馈的正向弥补作用研究。本章节通过对在线商家反馈的内容分类得出三种不同反馈策略与两种反馈组合策略，利用对潜在消费者信任的探讨比较三种反馈策略对潜在消费者信任不同维度的影响差异性，三种反馈组合策略对潜在消费者信任和购买意愿的正向影响作用。并探讨商品类型在该影响过程中是否具有调节作用，信任在反馈策略与购买意愿间是否具有完全中介作用。本部分通过情景实验方法对假设进行验证并分析出对潜在消费者信任修复效果最理想的反馈策略。本部分的研究结论如下：

a) 在线负面口碑评论下商家反馈策略中，对潜在消费者能力维度信任的修复效果对比解释优于道歉，而道歉优于补偿。对潜在消费者诚信维度信任的修复效果对比补偿略微优于道歉，而道歉略微优于解释。但三种反馈策略的修复效果均值比能力维度低，表明修复效果均不理想。

b) 在线负面口碑评论下商家反馈策略中，对潜在消费者善意维度信任的修复效果对比补偿优于道歉，而道歉优于解释。三种反馈策略对商家善意维度信任的修复影响均值较高，表明商家反馈使潜在消费者对商家善意并顾及消费者利益方面有较好的修复效果。比较三种不同反馈组合策略对潜在消费者信任修复的正向影响是相符合的，说明在道歉的基础上添加解释会对潜在消费者购买意愿正向影响显著增强，而在道歉+解释策略的基础上添加补偿对潜在消费者购买意愿的影响却没有显著效果。

c) 虽然不同反馈策略对潜在消费者不同维度的信任修复作用差异显著，但商品类型并不影响二者间关系的强弱，即商品类型对不同反馈策略与潜在消费者信任间关系不存在调节效应。无论是反馈组合策略对信任的修复影响或者是对购买意愿的影响，都不会因为商品类型不同而产生差异效应。即无论是搜索型商品或是体验型商品，反馈策略的补救对潜在消费者是没有差别的。信任在反馈策略与购买意愿间起着完全中介作用。

第五，商家反馈解释归因对潜在消费者信任修复研究。本章节首先阐述了商家反馈中，解释对潜在消费者来说是对失败交易产生原因的说明，是对商品或服务进行辩解的机会。在对信任进行维度划分后，基于归因理论，本章节探讨了不同反馈归因方式对信任不同维度的修复的差异性，进而对商家反馈解释提供指导性建议。通过情景实验方法，对归因方式的探讨，本部分的研究结论如下：

a) 反馈归因方式中对失败交易发生原因责任的归属会影响潜在消费者的信任度。通过分析问卷收集数据我们得出，商家反馈归因解释方式中，将失败交易发生的原因归咎于商家外部环境因素比归咎于商家自身因素对潜在消费者的信任修复更好，因为消费者不会因快递原因而质疑商家所提供商品或服务的质量或专业技术能力。

b) 如果负面评论的原因产生来自于商家本身，例如商品颜色与图片有差异、原先承诺的小礼品并没有送，那么商家反馈归因的原因越不可控，潜在消费者信任受损越轻。因为如果发生缘由是商家可控能力范围外的，消费者就不会将责任完全归咎于商家，那么对商家各维度信任是有修复效果的。

c) 如果负面评论的原因归咎于商家内部不稳定因素，那么潜在消费者对负面事件再次发生的可能性推断很小，即失败交易再次发生是不可能的或可能性是很小的，在实证分析方法中验证了潜在消费者信任受损小。但在评论爬取与分析中，稳定性归因方式对潜在消费者未来的购买行为并未产生较为显著的影响，表明潜在消费者对风险感知较为敏感，同时信任也不会因为不稳定性归因而产生显著修复，该假设仍需进一步讨论与论证。

第六，基于评论挖掘的网络负面口碑评论预警模型构建研究。本章节利用对评论数据的挖掘与情感模糊计算方法来测量负面口碑评论危机程度并进行预警控制。对照构建的情感隶属推理词典对评论中匹配的情感词的隶属度进行计算，利用计算出的情感强度模糊性数值，运用模糊评判方法以及顾客满意度四象限分类图对负面口碑评论危机预警进行计算分类，最后利用平台数据对预警模型的监测评估效果进行评价。本部分的研究结论如下：

a) 提出基于网络口碑评论挖掘的负面口碑评论危机预警分析方法，根据 ACSI 模型的感知四要素因子，构建情感词典，并提取评论语句中的情感词对照词典进行情感强度模糊计算，进而对照危机等级分类对口碑评论进行分析。通过天猫平台 6 家样本评论数据信息的采集和推理，对模糊情感度计算规则与算法进行实证检验。对比人工分析结果，该模糊算法在监测评估的效果上具有一致性和可行性。

b) 在评论情感词数据挖掘的基础上构建负面口碑评论模糊语料库，运用模糊评判方法先对四个感知要素因子的情感度进行模糊评判，得出负面口碑评论危机值，进而划分为四个危机等级。通过实例检验，证明此种方法对负面口碑评论危机的预警分类结果理想，并通过召回率和准确率两个指标系数对模型的过滤效果进行了评估，结果良好。故该模型可以辅助企业商家对网络口碑评论危机进行有效分析与预测，为线上商品的负面口碑评论危机预警提供了有价值的参考依据。

10.2　研究局限与展望

本书在获得以上研究结论的同时，也存在一些不足之处，具体表现在以下几方面：

第一，在基于超网络的口碑评论点识别研究中，利用超网络将口碑复杂的网络结构切分为多个层次，但在现实社会中，社会网络的复杂性以及不同应用软件的特征使得网络结构更具复杂性，社会子网、观点子网、主题子网对口碑网络的表述仍然显得单一性、局限性。

第二，在对负面口碑评论的负面影响机理研究中，对实验检验的问卷收集数据较片面，发放对象较难覆盖各个阶层、各个领域，因此对模型的实证检验也就缺乏信度与效度，假设检验的结果相对主观性、片面性。

第三，在对基于超网络的口碑主题演化规律的研究中，在分析子网中节点间相互关联时，由于不同子网中涵盖的节点数量不一致，密度不一致，因此节点与节点间的连接就需要筛选具有代表性的。本书在节点筛选中没有考虑子网间节点稀疏不一致带来的影响，这也是本书的不足之处之一。

第四，在对基于评论挖掘的网络负面口碑评论预警模型构建研究中，运用模糊评判方法以及顾客满意度模型四要素因子进行了情感模糊分析，但仅仅四要素因子是较难完全诠释网络用户的情感特征的，因此选取的要素维度不够全面，没有考虑到网络用户发展的多元性、个体的差异性。

针对以上几点不足之处，未来本研究将从以下几个方面进行改进与展望：

第一，对网络负面口碑评论的识别在已分析几种子网络的基础上添加更多主题子网，进而对节点即超边关系进行分析，实现网络负面口碑评论识别的多元化。

第二，对负面口碑评论影响机理的研究在影响因素上添加更多个体差异性特征因素进行分析，在实证检验环节，将调查问卷覆盖的对象范围更广，以改进数据片面性带来的检验信度低的影响。

第三，在对超网络各层子网的节点关联分析中，将不同稀疏程度的节点添加个性化属性特征，以丰富节点数据，使得不同子网间节点的关联更合理。

第四，分析评论情感词特征时，在现有的满意度四个维度的基础上添加更多主题情感词典，进而抓取更多评论数据，对负面口碑评论的预警模型进行改进验证分析。

参 考 文 献

[1] 常颖,王晰巍,韦雅楠,王铎.用户跨屏在线信息搜索意愿影响因素研究——基于信息生态视角[J].情报科学,2018,36(10):122-127,155.

[2] 常志朋,陈立荣.多源异构数据环境下基于模糊积分融合的公租房退出方法[J].运筹与管理,2017,26(7):193-199.

[3] 崔金栋,杜文强,宋伟杰.信息生态视角下微博信息传播机理研究——以里约奥运会中国女排夺冠为例[J].情报理论与实践,2018,41(08):65-71.

[4] 邓福成,尹武松,陆和建.近10年我国基于网络舆情分析的政府决策机制研究综述[J].图书馆学研究,2014(16):7-12.

[5] 邓青,刘艺,马亚萍.基于元胞自动机的网络信息传播和舆情干预机制研究[J].管理评论,2016(8):106-114.

[6] 丁晟春,刘笑迎,李真.融合评论影响力的网络舆情热点主题演化研究[J].现代情报,2021,41(8):87-97.

[7] 杜建刚,范秀成.服务补救中情绪对补救后顾客满意和行为的影响——基于情绪感染视角的研究,管理世界,2007(8):85-95.

[8] 杜学美,丁璟妤,谢志鸿,等.在线评论对消费者购买意愿的影响研究[J].管理评论,2016,28(3):173-183.

[9] 范微娜.在线评论对信任和购买意向影响研究[J].电子商务,2013(7):34-34.

[10] 范艺萧. C2C 模式中声誉与口碑对信任和购买意向影响的实证研究[D]. 哈尔滨：哈尔滨工业大学，2009.

[11] 方正，江明华，杨洋，李蔚. 产品伤害危机应对策略对品牌资产的影响研究：企业声誉与危机类型的调节作用[J]. 管理世界，2010(12)：105-118，142.

[12] 冯兰萍，严雪，程铁军. 基于政府干预和主流情绪的突发事件网络舆情群体负面情绪演化研究[J]. 情报杂志，2021(6)：143-154.

[13] 冯霞. 移动互联网环境下突发事件的舆情特征及其应对[J]. 宿州学院学报，2016，31(11)：44-49.

[14] 冯小亮，黄敏学，张音. 矛盾消费者的态度更容易受外界影响吗——不同态度成份的变化差异性研究[J]. 南开管理评论，2013，16(1)：92-1.

[15] 高俊峰. 网络舆情场内领袖型信息受众的观点动员能力测度[J]. 情报科学，2019，37(01)：37-42.

[16] 顾芳芳. 网络舆情危机生成机制探究[J]. 新闻界，2011(08)：95-98.

[17] 顾秋阳，吴宝，池仁勇. 考虑思考时滞的社交网络舆情最优控制模型[J]. 中国管理科学，2021，29(11)：9.

[18] 关新华，谢礼珊，皮平凡. 负面报道对旅游目的地的影响及信任修复研究[J]. 经济管理，2017，39(8)：146-158.

[19] 郭国庆，杨学成，张杨. 口碑传播对消费者态度的影响：一个理论模型[J]. 管理评论，2007，19(3)：20-26.

[20] 郭宇，王晰巍，李师萌，等. 基于情感分析的社会网络用户影响力模型研究[J]. 情报学报，2017，36(11)：1139-1147.

[21] 韩平，宁吉，董志成. 电商服务失误的信任修复策略研究[J]. 西安交通大学学报(社会科学版)，2016，36(2)：24-31.

[22] 郝媛媛. 在线评论对消费者感知与购买行为影响的实证研究[D]. 哈尔滨：哈尔滨工业大学，2010.

[23] 贺凯彬,王锐,张涵. 从动态竞争理论的视角看电影口碑对票房的影响[J]. 营销科学学报, 2016, 12(3): 1-17.

[24] 何有世,何述芳. 基于领域本体的产品网络口碑信息多层次细粒度情感挖掘[J]. 数据分析与知识发现, 2018, 2(8): 60-68.

[25] 何跃,宋灵犀,齐丽云. 负面事件中的品牌网络口碑溢出效应研究——以"圆通夺命快递"事件为例[J]. 现代图书情报技术, 2015, 263(10): 58-64.

[26] 胡枫,赵海兴,何佳倍,李发旭,李淑玲,张子柯. 基于超图结构的科研合作网络演化模型[J]. 物理学报, 2013, 62(19): 547-554.

[27] 黄冰俏. 负面在线评论及商家反馈对消费者信任及对商家态度的影响研究[D]. 北京:北京邮电大学, 2015.

[28] 黄静,王新刚,张司飞,周南. 企业家违情与违法行为对品牌形象的影响[J]. 管理世界, 2010(5): 96-107.

[29] 黄克敏,先科,李帅. 网络舆情热点新闻发现技术研究[J]. 网络安全技术与应用, 2017(6): 151-152.

[30] 黄敏学,郑仕勇,王琦缘. 网络关系与口碑"爆点"识别——基于社会影响理论的实证研究[J]. 南开管理评论, 2019, 22(02): 45-60.

[31] 黄炜,黄建桥,李岳峰. 网络恐怖事件预警指标体系研究[J]. 情报杂志, 2017, 36(4): 6.

[32] 惠国保. 一种基于深度学习的多源异构数据融合方法[J]. 现代导航, 2017, 8(3): 218-223.

[33] 戢芳,周庭锐,尹训国. 负面网络口碑特征对消费者品牌态度变化的影响——信息易获得性与诊断力理论视角[J]. 财经论丛(浙江财经大学学报), 2013(5): 95-99.

[34] 姜晓伟,王建民,丁贵广. 基于主题模型的微博重要话题发现与排序方法[J]. 计算机研究与发展, 2013(S1): 7.

[35] 金玉芳, 董大海, 刘瑞明. 消费者品牌信任机制建立及影响因素的实证研究[J]. 南开管理评论, 2006, 9(5): 28-35.

[36] 乐可欣. 话题检测研究[D]. 北京: 北京交通大学, 2009.

[37] 李爱国, 邓召惠, 毛冰洁. 在线负面评论对体验型产品销量的影响——基于商家回复视角[J]. 商业研究, 2016(7): 138-144.

[38] 李北伟, 徐越, 单既民, 魏昌龙, 张鑫琦, 富金鑫. 网络信息生态链评价研究——以淘宝网与腾讯拍拍为例[J]. 情报理论与实践, 2013, 36(09): 38-42, 47.

[39] 李枫林, 柯佳. 基于深度学习框架的实体关系抽取研究进展[J]. 情报科学, 2018, 36(03): 169-176.

[40] 李宏. 负面在线评论及其补救措施对顾客购买意愿的影响[D]. 上海: 东华大学, 2012.

[41] 李宏, 喻葵, 夏景波. 负面在线评论对消费者网络购买决策的影响: 一个实验研究[J]. 情报杂志, 2011, 30(5): 202-206.

[42] 李慧. 负面口碑对酒店顾客购买决策的影响研究——以经济型酒店为例[D]. 杭州: 浙江大学, 2008.

[43] 李吉, 黄微, 郭苏琳, 孙悦. 网络口碑舆情情感强度测度模型研究——基于PAD三维情感模型[J]. 情报学报, 2019, 38(03): 55-63.

[44] 李金海, 何有世, 马云蕾, 等. 大数据时代基于在线评论挖掘的企业网络口碑危机预警研究[J]. 情报杂志, 2015(002): 53-58.

[45] 李凌凌. 在线评论情感倾向的影响及相关建议[J]. 电子商务, 2015(11): 59-60.

[46] 李明, 曹海军. 中国网络舆情研究13年(2005—2017): 理论, 方法与实践[J]. 情报杂志, 2019, 38(05): 120-126.

[47] 李巍, 王志章. 网络口碑发布平台对消费者产品判断的影响研究——归因理论的视角[J]. 管理学报, 2011, 08(9): 1345-1352.

[48] 李晓强. 基于变分不等式的电子商务供应链超网络研究[D]. 大

连：大连海事大学，2007.

[49] 李雪，赵春霞，舒振球，郭剑辉. 基于超图正则化的概念分解及在数据表示中的应用[J]. 控制与决策，2015，30（08）：1399-1404.

[50] 李亚平. 负面网络口碑对经济型酒店顾客购买决策的影响研究[D]. 开封：河南大学，2014.

[51] 李子茹. 面向酒店行业的在线管理反馈方式对客户满意度影响研究[D]. 哈尔滨：哈尔滨工业大学，2015.

[52] 李宗富. 信息生态视角下政务微信信息服务模式与服务质量评价研究[D]. 长春：吉林大学，2017.

[53] 梁剑寒. 商家负面评论反馈对顾客购买意愿的影响——基于归因视角的研究[D]. 厦门：厦门大学，2014.

[54] 梁晓贺. 基于超网络分析的微博舆情主题发现研究[D]. 中国农业科学院，2019.

[55] 廖海涵，王曰芬，关鹏. 微博舆情传播周期中不同传播者的主题挖掘与观点识别[J]. 图书情报工作，2018，62(019)：77-85.

[56] 刘彤，杨冠灿，侯元元. 基于多重关系整合的专利网络分析方法研究与应用[J]. 情报理论与实践，2016.39(2)：63-67.

[57] 刘婧. 基于元数据的多源异构海洋情报数据交互共享研究[J]. 情报杂志，2016，35(9)：168-173.

[58] 刘小敏，王昊，李心蕾，等. 不同特征粒度在微博短文本分类中作用的比较研究[J]. 情报科学，2018，36(012)：126-133.

[59] 刘怡君，陈思佳，黄远，马宁，王光辉，牛文元. 重大生产安全事故的网络舆情传播分析及其政策建议——以"8·12天津港爆炸事故"为例[J]. 管理评论，2016，28(3)：221-229.

[60] 刘怡君，李倩倩，田儒雅，马宁. 基于超网络的社会舆论形成及应用研究[J]. 中国科学院院刊，2012，27(05)：560-568.

[61] 娄策群，曾丽，庞靓. 网络信息生态链演进过程研究[J]. 情报理

论与实践, 2015, 38(006): 10-13.

[62] 逯鹏, 张姗姗, 高庆一. 基于共同邻居的点权有限 BBV 模型研究[J]. 计算机科学, 2014, 41(4): 49-52.

[63] 罗汉洋, 李智妮, 林旭东, 于素敏. 网络口碑影响机制: 信任的中介和性别及涉入度的调节[J]. 系统管理学报, 2019, 28(03): 401-414, 428.

[64] 罗永恩, 胡继承, 徐茜. 基于超图的多模态关联特征处理方法[J]. 计算机工程, 2017, 43(1): 226-230.

[65] 卿立新. 创新大数据时代的网络舆情管理[J]. 红旗文稿, 2014(22): 28-29.

[66] 马捷, 魏傲希, 王艳东. 网络信息生态系统生态化程度测度模型研究[J]. 图书情报工作, 2014, 58(15): 6-13, 27.

[67] 马军. 供应链超网络均衡模型研究[D]. 大连: 大连理工大学, 2013.

[68] 迈克尔·所罗门, 卢泰宏, 杨晓燕, 等. 消费者行为学(第 10 版)[M]. 北京: 中国人民大学出版社, 2014.

[69] 闵学勤. 信息不对称与非典时期的公众反应[J]. 南京大学学报(哲学·人文科学·社会科学), 2003, 40(5): 125-131.

[70] 宁连举, 孙韩. 在线负面评论对网络消费者购买意愿的影响[J]. 技术经济, 2014, 33(3): 54-59.

[71] 彭敏, 黄佳佳, 朱佳晖, 等. 基于频繁项集的海量短文本聚类与主题抽取[J]. 计算机研究与发展, 2015, 52(9): 1941-1953.

[72] 青平, 陶蕊, 严潇潇. 农产品伤害危机后消费者信任修复策略研究: 基于乳制品行业的实证分析[J]. 农业经济问题, 2012, 33(10): 84-92.

[73] 阮燕雅. 负面在线服务评论与产品评论对消费者在线信任的影响研究[J]. 中国经济问题, 2015(1): 100-108.

[74] 单初, 鲁耀斌. 正面与负面网上评价对 C2C 商家初始信任影响的

实证研究[J]. 图书情报工作, 2010, 54(12): 136-140.

[75] 石福丽, 朱一凡. 基于超网络理论的军事通信网络复杂性度量方法[J]. 通信学报, 2011, 32(12): 51-59.

[76] 史伟, 王洪伟, 何绍义. 网络口碑对市场销售分布的影响: 基于不同产品评价标准[J]. 系统工程理论与实践, 2016, 36(7): 1744-1752.

[77] 史小娜. 负面网络口碑对大学生购买意愿影响的实证研究[D]. 重庆: 重庆大学, 2012.

[78] 寿志钢, 朱文婷, 苏晨汀, 等. 营销渠道中的行为控制如何影响信任关系——基于角色理论和公平理论的实证研究[J]. 管理世界, 2011(10): 57-118.

[79] 苏莹, 刘建国, 郭强, 等. 考虑负面评价的个性化推荐算法研究[J]. 运筹与管理, 2012(6): 17-22.

[80] 苏创, 彭锦, 李圣国. 基于不确定微分方程的网络舆情传播模型研究[J]. 系统工程理论与实践, 2015, 35(12): 211-219.

[81] 谭婷婷. 网络微内容推荐方法及支持系统研究[D]. 武汉: 华中科技大学, 2011.

[82] 唐涛. 基于情报学方法的网络舆情监测研究[J]. 情报科学, 2014, 32(001): 124-127, 137.

[83] 唐晓波, 兰玉婷. 基于特征本体的微博产品评论情感分析[J]. 图书情报工作, 2016, 60(16): 121-127, 136.

[84] 唐小飞, 钟帅, 郑杰. 补救时机和人格特质对补救绩效影响研究[J]. 管理世界, 2011(4): 178-179.

[85] 陶晓波. C2C 网络零售环境下负面评价信息的反馈策略研究[J]. 北京工商大学学报(社会科学版), 2013, 28(1): 70-74.

[86] 滕立. 基于超网络的作者—机构—国家混合共现网络研究[J]. 情报学报, 2015(1): 28-36.

[87] 田世海, 王春梦, 杨文蕊. 基于 ANP 和随机 Petri 网的突发事件网

络舆情危机预警机制研究[J].中国管理科学,2021(7).

[88] 田泽民.酒店管理回复策略对潜在顾客的回复满意度影响[J].内蒙古财经大学学报,2016(3):64-68.

[89] 王丹,张海涛,刘雅姝,任亮.微博舆情关键节点情感倾向分析及思想引领研究[J].图书情报工作,2019,63(04):15-22.

[90] 王广雷,吴晓伟,楼文高.基于人际竞争情报分析的产业集群超网络协调发展研究[J].情报理论与实践,2013,36(12):68-72,128.

[91] 王建亚,宇文姝丽.网络舆情生态系统的构成及运行机制研究[J].情报理论与实践,2014,37(01):55-58,16.

[92] 王琦,王琳.在线评论情感倾向的影响效应及管理措施[J].北京邮电大学学报(社会科学版),2015,17(1):43-51.

[93] 王绮,郑晓涛.在线评论的生动效应和商户再反馈对消费者购买意愿的影响——以经济型酒店为调查样本[J].湖南师范大学社会科学学报,2016,45(1):105-113.

[94] 王妤扬,王东晨.企业危机应对策略对消费者后续行为影响机制的实验研究——基于归因视角[J].未来与发展,2014(4):91-98.

[95] 王晓玉,晁钢令,吴纪元.产品伤害危机及其处理过程对消费者考虑集的影响[J].管理世界,2006(5):86-95.

[96] 王雪芳,张红霞.全行业危机下沟通策略的选择与消费者信任重建[J].管理学报,2017,14(9):1362-1373.

[97] 王治莹,李勇建.政府干预下突发事件舆情传播规律与控制决策[J].管理科学学报,2017,20(2):43-52,62.

[98] 魏莹,李锋.基于主路径分析的关键节点识别与谣言扩散抑制研究[J].情报科学,2018,36(06):13-19.

[99] 武华维,罗瑞,许海云,董坤,王超,岳增慧.科学技术关联视角下的创新演化路径识别研究述评[J].情报理论与实践,2018,41(8):137-143.

[100] 邬启为. 基于向量空间的文本聚类方法与实现[D]. 北京：北京交通大学, 2014.

[101] 吴礼龙. 基于信息生态的竞争情报系统构建研究[D]. 天津：南开大学, 2010.

[102] 吴鹏, 刘恒旺, 沈思. 基于深度学习和OCC情感规则的网络舆情情感识别研究[J]. 情报学报, 2017, 36(09)：972-980.

[103] 吴凤慧, 成颖, 郑彦宁, 等. 文本聚类中文本表示和相似度计算研究综述[J]. 情报科学, 2012, 30(4)：6.

[104] 席运江, 党延忠, 廖开际. 组织知识系统的知识超网络模型及应用[J]. 管理科学学报, 2009, 12(003)：12-21.

[105] 肖静, 李北伟. 基于演化博弈论的网络信息生态链演化过程研究[J]. 情报理论与实践, 2014, 37(003)：36-40.

[106] 谢卫红, 杨超波, 朱郁筱, 李忠顺, 蒋瞰阳. 网络舆情监控算法研究与分析[J]. 科技管理研究, 2019(22)：197-205.

[107] 徐彪. 公共危机事件后政府信任受损及修复机理——基于归因理论的分析和情景实验[J]. 公共管理学报, 2014(2)：27-38.

[108] 徐彪, 张媛媛, 张珣. 负面事件后消费者信任受损及其外溢机理研究[J]. 管理科学, 2014, 27(2)：95-107.

[109] 许海云, 董坤, 刘春江, 王超, 王振蒙. 文本主题识别关键技术研究综述[J]. 情报科学, 2017(01)：155-162.

[110] 许诺, 唐锡晋. 基于百度热搜新闻词的社会风险事件5W提取研究[J]. 系统工程理论与实践, 2020, 40(2)：9.

[111] 薛可, 阳长征, 余明阳. 品牌危机中归因认知与风险偏好对购买意愿的影响[J]. 西南民族大学学报（人文社会科学版）, 2014(11)：108-112.

[112] 闫光辉, 赵红运, 任亚缙, 等. 基于时间特性的微博热门话题检测算法研究[J]. 计算机应用研究, 2014(01)：43-46.

[113] 杨广芬. 基于变分不等式的闭环供应链超网络研究[D]. 大连：

大连海事大学，2007.

[114] 杨立新，刘宗胜．论抗辩与抗辩权[J]．河北法学，2004，33(10)：6-12.

[115] 杨小溪．网络信息生态链价值管理研究[D]．武汉：华中师范大学，2012.

[116] 杨小溪，郑珊珊，晋兆雨，等．基于信息生态理论的网络舆情预警评价指标体系研究[J]．情报理论与实践，2021，44(3)：6.

[117] 杨学成，郭国庆，汪晓凡，等．服务补救可控特征对顾客口碑传播意向的影响[J]．管理评论，2009，21(7)：56-64.

[118] 杨燕，蔡新蕾．原始性创新的触发机制研究——基于动机性信息处理理论和利益相关者视角[J]．科研管理，2016，37(9)：1-10.

[119] 杨扬．网络口碑对体验型产品在线销量的影响——基于电影在线评论面板数据的实证研究[J]．中国流通经济，2015(5)：62-67.

[120] 于凯，荣莉莉，郭文强，刘泉，颜克胜．基于线上线下网络的舆情传播模型研究[J]．管理评论，2015(8)：200-212.

[121] 于亚秀，李欣，鲁丹，程静．基于多源异构数据库融合创新决策支持服务——以华东师范大学学科评估系统为例[J]．图书馆学研究，2017(4)：74-80.

[122] 袁国栋．网络舆情危机演变特征及其预警方案研究[J]．现代情报，2021，41(7)：154-159.

[123] 元文娟．面向在线用户评论的管理反馈实证研究[D]．哈尔滨：哈尔滨工业大学，2011.

[124] 曾子明，万品玉．融合演化特征的公共安全事件微博情感分析[J]．情报科学，2018，5(1)：73-82.

[125] 张德鹏，陈春峰，张馥丽．在线评价对顾客消费行为的影响——以外卖O2O平台为例[J]．企业经济，2017(3)：144-149.

[126] 张红宇，周庭锐，严欢，唐小飞．网络口碑对消费者在线行为的影响研究[J]．管理世界，2014(03)：184-185.

[127] 张继东, 蒋丽萍. 融入用户群体行为的移动社交网络舆情传播动态演化模型研究[J]. 现代情报, 2021(05): 159-166.

[128] 张燚, 刘进平, 张锐, 等. 不同属性外国品牌负面信息披露对品牌来源国认知的影响[J]. 管理学报, 2015, 12(4): 593-601.

[129] 张耕, 郭宁. 负面在线评论对产品销量的影响: 基于淘宝网的实证研究[J]. 消费经济, 2012(6): 86-89.

[130] 张维冲, 王芳, 赵洪. 多源信息融合用于新兴技术发展趋势识别——以区块链为例. 情报学报, 2019, 38(11): 1166-1176.

[131] 张艳丰, 李贺, 彭丽徽. 基于情感隶属度模糊推理的网络口碑舆情监测评估实证研究——以手机品牌在线评论数据为例[J]. 图书情报工作, 2016(23): 120-128.

[132] 张艺炜, 邓三鸿, 胡昊天. 共生理论视域下网络舆情演化研究[J]. 现代情报, 2021, 41(7): 3-12.

[133] 赵丹, 王晰巍, 李师萌, 等. 新媒体环境下的网络舆情特征量及行为规律研究——基于信息生态理论[J]. 情报学报, 2017, 36(12): 9.

[134] 赵洁, 马铮, 周晓峰, 金培权. 基于突发词项频域分析的微博突发事件检测[J]. 情报理论与实践, 2015, 38(1): 124-129.

[135] 赵俊, 霍良安, 刘霞. 具有发酵期的舆情传播与控制模型[J]. 系统管理学报, 2016(4): 717-724.

[136] 郑春东, 郭伟倩, 王寒. 负面网络消费者评论及商家回复对潜在消费者的影响[J]. 北京工商大学学报(社会科学版), 2015, 30(1): 86-92.

[137] 钟毅平, 范伟, 蔡荣华, 等. 正性情绪诱导下的自我参照加工: 来自ERPs的证据[J]. 心理学报, 2014, 46(3): 341-352.

[138] 周而重. 博客舆情热点发现与分析[D]. 北京: 北京工业大学, 2013.

[139] 朱莉, 杜雅清. 城市群应急资源协调调配的超网络模型[J]. 数学

的实践与认识, 2015, 45(16): 27-37.

[140] 祝瑶. 产品伤害危机对消费者情感反应及补救预期的影响研究 [D]. 武汉: 华中科技大学, 2010.

[141] Arndt J. Word of Mouth Advertising: A Review of theLiterature[M]. New York: Advertising Research Foundation, 1967.

[142] Bansal H S, Voyer P A. Word of Mouth Processes within a Services Purchase DecisionContext[J]. Journal of Service Research, 2000, 3 (2): 166-177.

[143] Balahur AB, Perea-Ortega JM. Sentiment analysis system adaptation for multilingual processing: The case of tweets [J]. Information Processing & Management, 2015, 51(4): 547-556.

[144] Bambauer-Sachse S, Mangold S. Brand equity dilution through negative online word-of-mouthcommunication [J]. Journal of Retailing & Consumer Services, 2011, 18(1): 38-45.

[145] Basuroy S, Ravid S A. How Critical Are Critical Reviews? The Box Office Effects of Film Critics, Star Power, andBudgets[J]. Journal of Marketing, 2003, 67(4): 103-117.

[146] Blau P M. Exchange and power in sociallife[M]. J. Wiley, 1964.

[147] Blei D, Ng A, Jordan M. Latent Dirichlet Allocation[J]. Journal of Machine Learning Research, 2003, 3(4-5): 993-1022.

[148] Boshoff C. Recovsat: An Instrument to Measure Satisfaction with Transaction-specific ServiceRecovery[J]. Journal of Service Research, 1999, 1(3): 236-249.

[149] Briceño L, Cominetti R, CE Cortés, et al. An Integrated Behavioral Model of Land Use and Transport System: A Hyper-network Equilibrium Approach[J]. Networks & Spatial Economics, 2008, 8 (2-3): 201-224.

[150] Brooks R C. "Word-of-Mouth" Advertising in Selling NewProducts

[J]. Journal of Marketing, 1957, 22(2): 154-161.

[151] Brown T J, Barry T E, Dacin P A. Gunst R F. Spreading the Word: Investigating Antecedents of Consumers' Positive Word-of-Mouth Intentions and Behaviors in a RetailingContext[J]. Journal of the Academy of Marketing, 2005, 33(2): 123-138.

[152] John Bohannon. Counterterrorism's New Tool: "Metanetwork" Analysis[J]. Science, 2009, 325(5939).

[153] Chatterjee P. Online Review: Do Consumers Use Them?[J]. Advances in Consumer Research, 2001, 28(2): 29-133.

[154] ChenK, Luo P, Wang H. An influence framework on product word-of-mouth (WoM) measurement[J]. Information & Management, 2017, 54(2): 228-240.

[155] Chen Y, Ganesan S, Liu Y. Does a Firm's Product-Recall Strategy Affect its Financial Value? An Examination of Strategic Alternatives during Product-Harm Crises[J]. Journal of Marketing, 2009, 73(6): 214-226.

[156] Cheung C M K, Lee N, Matthew K O. What drives consumers to spread electronic word of mouth in online consumer-opinion platforms[J]. Decision Support Systems, 2012, 53(1): 218-222.

[157] Chevalier J A, Mayzlin D. The Effect of Word of Mouth on Sales: Online Book Reviews[J]. Social Science Electronic Publishing, 2004, 43(3): 345-354.

[158] Coombs W T. Choosing the Right Words: The Development of Guidelines for the Selection of the "Appropriate" Crisis-ResponseStrategies[J]. Management Communication Quarterly: An International Journal, 1995, 8(4): 158-161.

[159] Darby M R, E Karni. Free competition and the optimal amount of fraud[J]. Journal of law and economics, 1973: 67-88.

[160] Dellarocas C. The Digitization of Word of Mouth: Promise and Challenges of Online FeedbackMechanisms[J]. Management Science, 2003, 49(10): 1407-1424.

[161] Dowling G R, Staelin R. A Model of Perceived Risk and Intended Risk-handlingActivity[J]. Journal of Consumer Research, 1994, 21(1): 119-134.

[162] Deerwester S C, Dumais S T, Landauer T K, et al. Indexing by latent semantic analysis [J]. Journal of the American Society for Information Science, 1990, 41(6): 391-407.

[163] Deng Y T, Staelin R, Wang W, William Boulding. Comsumer sophistication, word-of-mouth and "False" promotions[J]. Journal of Economic Behavior & Organization, 2018, 152: 98-123.

[164] Denning P J. The science of computing: supernetworks[J]. American scientist, 1985, 73(3): 1257-1269.

[165] Dirks K T, Lewicki R J, Zaheer A. Repairing Relationships within and betweenOrganizations: Building A Conceptual Foundation [J]. Academy of Management Review, 2009, 34(1): 68-84.

[166] Doherty O, Kieran C. Deliberative public opinion: development of a social construct[J]. History of the Human Sciences, 2017, 30(4): 124-145.

[167] Ferrin D L, Kim P H, Cooper C D, et al. Silence Speaks Volumes: The Effectiveness of Reticence in Comparison to Apology and Denial for Responding to Integrity-and Competence-based Trust Violations [J]. Journal of Applied Psychology, 2007, 92(4): 893-908.

[168] Fiske S T. Attention and Weight in Person Perception: The impact of Negative and ExtremeBehavior[J]. Journal of Personality and Social Psychology, 1980(38): 889-906.

[169] Ford G T, Smith D B, Swasy J L. An empirical test of the search,

experience and credence attributes framework[J]. Advances in consumer research, 1988, 15(1): 239-243.

[170] Fu, Gang, Ding, Ying, Seal, Abhik, Chen Bin, Sun Y Z, Evan Bolton. Predicting drug target interactions using meta-path-based semantic networkanalysis[J]. BMC Bioinformatics, 2016, 17(1): 1-10.

[171] Gendel-Guterman H, Levy S. Consumer Response to Private Label Brands' Negative Publicity: A Relational Effect on Retailer's Store Image[J]. Journal of Product & Brand Management, 2017, 26(2), published online first.

[172] Gefen D, Karahanna E, Straub D W. Trust and TAM in Online Shopping: an Integrated Model[J]. MIS Quarterly, 2003, 27(1): 51-90.

[173] Gefen D, Straub D W. Consumer trust in B2C ecommerce and the importance of social presence: Experiments in e-products and e-services[J]. Omega, 2004, 32(6): 407-424.

[174] Gillespie N, Dietz G. Trust Repair after an Organization-Level Failure [J]. Academy of Management Review, 2009, 34(1): 127-145.

[175] Herr P M, Kardes F R, Kim J. Effects of Word-of-Mouth and Product-Attribute Information on Persuasion: An Accessibility-DiagnosticityPerspective[J]. Journal of Consumer Research, 1991, 17(4): 454-462.

[176] Hofmann T. Probabilistic Latent Semantic Indexing[C]//Proceedings of the 22nd Annual International SIGIR Conference. New York: ACM Press, 1999, 50-57.

[177] Hung C, Chen S J. Word sense disambiguation based sentiment lexicons for sentiment classification[J]. Knowledge-Based Systems, 2016, 110(oct. 15): 224-232.

[178] Hung, Chihli. Word of mouth quality classification based on contextual sentimentlexicons [J]. Information Processing & Management: Libraries and Information Retrieval Systems and Communication Networks: An International Journal, 2017, 53(4): 751-763.

[179] Huo L, Ma C. Dynamical analysis of rumor spreading model with impulse vaccination and time delay [J]. Physica A: Statistical Mechanics and its Applications, 2017, 471(Complete): 653-665.

[180] Ida, Aarum, Hanne Devle, Dag Ekeberg, Svein J. Horn, YngveStenstrom. The effect of flash pyrolysis temperature on compositional variability of pyrolyzates from birch lignin[J]. Journal of Analytical and Applied Pyrolysis, 2017.

[181] James H S, Jr. The trust paradox: A survey of economic inquiries into the nature of trust andtrustworthiness [J]. Journal of Economic Behavior & Organization, 2002, 47(3): 291-307.

[182] Jonah, B. Word of Mouth and Interpersonal Communication: A Review and Directions for Future Research. Journal of Cousumer Psychology, 2014, 24(4): 586-607.

[183] KIM B. A fast K-prototypes algorithm using partial distancecomputation [J]. Symmetry-Basel, 2017, 9(4): 316-324.

[184] Kim D J, Ferrin D L, Rao H R. A trust-based consumer decision-making model in electronic commerce: The role of trust, perceived risk, and theirantecedents[J]. Decision Support Systems, 2008, 44(2): 544-564.

[185] Kim D J, Ferrin D L, Rao H R. A trust-based consumer decision-making model in electronic commerce: The role of trust, perceived risk, and theirantecedents[J]. Decision Support Systems, 2008, 44(2): 544-564.

[186] Kim Y. Convolutional Neural Networks for Sentence Classification[J].

Eprint Arxiv, 2014: 1746-1751.

[187] Klaus Jonas, Philip Broemer, Michael Diehl. AttitudinalAmbivalence [J]. European Review of Social Psychology, 2000, 11(1): 35-74.

[188] Klein L R. Evaluating the potential of interactive media through a new lens: search versus experience goods[J]. Journal of business research. 1998, 41(3): 195-203.

[189] Lacko D, Huysmans T, Vleugels J. Product sizing with 3D anthropometry and K-mesoids Clustering[J]. Computer-Aided Design, 2017, 91: 60-74.

[190] Lau, Geok Theng, Sook Han Lee. Consumers' Trust in a Brand and the Link to Brand Loyalty[J]. Journal of Market Focused Management, 1999, (4): 341-370.

[191] Lee J, Park D H, Han I. The effect of negative online consumer reviews on product attitude: An information processingview [J]. Electronic Commerce Research & Applications, 2009, 7 (3): 341-352.

[192] Lee M J, Chun J W. Reading others' comments and public opinion poll results on social media: Social judgment and spiral of empowerment [J]. Computers in Human Behavior, 2016, 65: 479-487.

[193] Levin D Z, Cross R. The strength of weak ties you can trust: The mediating role of trust in effective knowledge transfer[J]. Management Science, 2004, 50(11): 1477-1490.

[194] Lewicki R J, Bunker B B. Developing and maintaining trust in work relationships[M]// Kramer R M, Tyler T R. Trust in Organizations: Frontiers of Theory and Research. Thousand Oaks, CA: Sage Publications, 1996: 114-139.

[195] Li X, Hitt L M. Self-Selection and Information Role of Online

ProductReviews[J]. Information Systems Research, 2008, 19(4): 456-474.

[196] Lipani A, Roelleke T, Lupu M, et al. A systematic approach to normalization in probabillistic models [J]. Information Retrieval Journal, 2018, 21(4): 1-32.

[197] Liu J, Zhao X D, Xu Z H. Identification of rock discontinuity sets based on a modified affinity propagation algorithm[J]. International Journal of Rock Mechanics and Mining Sciences, 2017, 94: 32-42.

[198] Luo X. Quantifying the Long-Term Impact of Negative Word of Mouth on Cash Flows and StockPrices[M]. INFORMS, 2009.

[199] Maheswaran D, Meyers-Levy J. The Influence of Message Framing and IssueInvolvement[J]. Journal of Marketing Research, 1990, (27): 361-367.

[200] Mayer R C, Davis J H, Schoorman F D. An integrative model of organizational trust[J]. Academy of Management Review, 1995, 20(3): 709-734.

[201] Mcdougall G H G, Levesque T. Customer satisfaction with services: putting perceived value into theequation [J]. Journal of Services Marketing, 2013, 14(5): 392-410.

[202] Mckinney V, Yoon K, Mariam Zahedi, Fatemeh. The Measurement of Web-Customer Satisfaction: An Expectation and Disconfirmation Approach [J]. Information Systems Research, 2002, 13 (3): 296-315.

[203] Mcknight D H, Cummings L L, Chervany N L. Initial Trust in New Organizational Relationships[J]. Academy of Management Review, 1998, 23, (3): 473-490.

[204] Mehrabian A, Russell J A. An approach to environmental psychology [M]. MIT, 2017.

[205] Milliken F J. Three Types of Perceived Uncertainty about the Environment: State, Effect, and ResponseUncertainty[J]. Academy of Management Review, 1987, 12(1): 133-143.

[206] Mizerski R W. An Attribution Explanation of the Disproportionate Influence of UnfavorableInformation [J]. Journal of Consumer Research, 1982, 9(3): 301-310.

[207] Menezes S, Liska R, Cirillo A. Data classification with binary response through the Boosting algorithm and logistic regression[J]. Expert System With Application, 2017, 69: 62-73.

[208] Nagurnery A, Dong J. Supernetworks: decision-making for the informationage[M]. Cheltenham: Edward Elgar Publishing, 2002.

[209] Nelson P. Information and consumer behavior[J]. The Journal of political economy, 1970: 311-329.

[210] Park D H, Lee J, Han I. The Effect of On-Line Consumer Reviews on Consumer Purchasing Intention: The Moderating Role ofInvolvement [J]. International Journal of Electronic Commerce, 2007, 11(4): 125-148.

[211] Pavlinek M, Podgorelex V. Text classification method based on self-training and LDA topic models[J]. Expert System with Applications, 2017, 80: 83-93.

[212] Pavlou P A, Liang H, Xue Y. Understanding and mitigating uncertainty in online exchange relationships: A principal-agent perspective[J]. MIS Quarterly, 2007, 31(1): 105-136.

[213] Pullig C, Netemeyer R G, Biswas A. Attitude Basis, Certainty, and Challenge Alignment: A Case of Negative Brand Publicity[J]. Journal of the Academy of Marketing Science, 2006, 34(4): 528-542.

[214] Richins M L. Negative Word-of-Mouth by Dissatisfied Consumers: A PilotStudy[J]. Journal of Marketing, 1983, 47(1): 68-78.

[215] Rotter J B. A New Scale for the Measurement of Interpersonal Trust [J]. Journal of Personality, 1967, 35(4): 651-655.

[216] Rustagi S, King W R, Kirsch L J. Predictors of Formal Control Usage in IT Outsourcing Partnerships [J]. Information Systems Research, 2008, 19(2): 126-143.

[217] Salton G, Wong A, Yang C S. A vector space model for automatic indexing[J]. Communication of the ACM, 1975, 18(11): 613-620.

[218] Schlosser A E, White T B, Lloyd S M. Converting web site visitors into buyers: How web site investment increases consumer trusting beliefs and online purchase intentions [J]. Journal of Marketing, 2006, 70(2): 133-148.

[219] Schweitzer M E, Hershey J C, Bradlow E T. Promises and Lies: Restoring ViolatedTrust [J]. Organizational Behavior & Human Decision Processes, 2006, 101(1): 1-19.

[220] Sheffi Y. Urban transportation networks: equilibrium analysiswith mathematical programming methods[M]. Englewood Cliffs: Prentice-Hall, 1985.

[221] Signal J, Hsu L, Foodim S, et al. Affecting Perceptions of Political Candidates Accused of Sexual and FinancialMisconduct[J]. Political Psychology, 1988, 9(2): 273-280.

[222] Siomkos, George J, Kurzbard, Gary. The Hidden Crisis in Product-harm Crisis Management[J]. European Journal of Marketing, 1994 (2): 30-41.

[223] Smith A K, Bolton R N, Wagner J. A Model of Customer Satisfaction with Service Encounters Involving Failure and Recovery[J]. Journal of Marketing Research, 1999, 36(3): 356-372.

[224] Skowronski J J, Carlston D E. Social Judgment and Social Memory: The Role of Cue Diagnosticity in Negativity, Positivity, and Extremity

Biases[J]. Journal of Personality and Social Psychology, 1987(52): 689-699.

[225] Suo Q, Sun S, Hajli N, Peter E. D. Love. User ratings analysis in social networks through a hypernetworkmethod [J]. Expert Systems with Applications, 2015, 42(21): 7317-7325.

[226] Thirumalai S, Sinha K K. Product Recalls in the Medical Device Industry: An Empirical Exploration of the Sources and Financial Consequences[J]. Management Science, 2011, 57(2): 376-392.

[227] Tiffany Avant. Responding to Tripadvisor: how hotel responses to negative online reviews effect hotel image, intent to stay, and intent to return [D]. Columbia: University of South Carolina-Columbia, 2013.

[228] Tinggui C, Qianqian L, Jianjun Y, et al. Modeling of the Public Opinion Polarization Process with the Considerations of Individual Heterogeneity and Dynamic Conformity [J]. Mathematics, 2019, 7(10): 160.

[229] Tomlinson E C, Mayer R C. The Role of Causal Attribution Dimensions in TrustRepair[J]. Academy of Management Review, 2009, 34(1): 85-104.

[230] Ullrich S, Brunner C B. Negative Online Consumer Reviews: Effects of Different Responses[J]. Journal of Product & Brand Management, 2015, 24(1): 66-77.

[231] Verhagen T, Nauta A, Feldberg F. Negative online word-of-mouth: Behavioral indicator or emotional release? [J]. Computers in Human Behavior, 2012, 29(4): 1430-1440.

[232] Vischia P, Dorigo T. The inverse bagging algorithm: anomaly detection by inverse bootstrap aggregating [C]. //IEEE. 12th Conference on Quark Confinement and the Hadron Spectrum.

Thessaloniki: IEEE, 2017, 137: 381-387.

[233] Schmitt M, Gollwitzer M, Forster N, Montada L. Effects of Objective and Subjective Account Components on Forgiving [J]. Journal of Social Psychology, 2004, 144(5): 465-485.

[234] Tian R, Liu Y. Isolation, Insertion, and Reconstruction: Three Strategies to Intervene in Rumor Spread Based on Supernetwork Model [J]. Decision Support Systems, 2014, 67(2): 121-130.

[235] Wangchamhan T, Chewchanwattana S, Sunat K. Efficient algorithms based on the K-means and chaotic league championship algorithm for numeric, categorical, and mixed-type data clustering [J]. Expert System with Application, 2017, 90: 146-167.

[236] Wang T, Yeh R K-J, Chen C. What drives electronic word-of-mouth on social networking sites? Perspectives of social capital and self-determination [J]. Telematics and Informatics, 2016, 33(4): 1034-1047.

[237] Wang W, Benbasat I. Recommendation agents for electronic commerce: Effects of explanation facilities on trusting beliefs [J]. Journal of Management Information Systems, 2007, 23(4): 217-246.

[238] Weiner B. An Attributional Model of Motivation and Emotion [M]. New York: Springer-Verlag, 1986.

[239] Wellman B. Structural analysis: From method and metaphor to theory and substance [J]. B. wellman & S. d. berkowitz Social, 1988, 94.

[240] Wojciszke B, Brycz H, Borkenau P. Effects of information content and evaluative extremity on positivity and negativitybiases [J]. Journal of Personality and Social Psychology, 1993, 64(3): 327-335.

[241] Wojciszke B. Morality and Competence in Person and Self-Perception [J]. European Review of Social Psychology, 2005, 16(1): 155-188.

[242] Wright A A, J G Lynch Jr. Communication effects of advertising versus direct experience when both search and experience attributes are present[J]. Journal of consumer research, 1995: 708-718.

[243] Xie Y, Peng S. How to Repair Customer Trust after Negative Publicity: The Roles of Competence, Integrity, Benevolence, and Forgiveness[J]. Psychology and Marketing, 2009, 26(7): 572-589.

[244] Yan F, Li Z, Jiang Y. Controllable uncertain opinion diffusion under confidence bound and unpredicted diffusion probability[J]. Physica A: Statistical Mechanics and its Applications, 2016, 449: 85-100.

[245] Yoon S, Shin S. The Role of Negative Publicity in Consumer Evaluations of Sports Stars and Their Sponsors[J/OL]. Journal of Consumer Behavior, 2017, published online first.

[246] Zhao L J, Qin X Y, Wang X L, Wang J J. Rumor spreading model considering forgetting and remembering mechanisms in inhomogeneous network[J]. Physic A: Statistical Mechanics and its Application, 2013, 392(4): 987-994.

[247] Zitnik M, Zupan B. Data Fusion by Matrix Factorization[J]. IEEE Transactions on Pattern Analysis and Machine Intelligence, 2015, 37(1): 41-53.

附　　录

附录1　研究内容二的调查问卷

负面口碑评论对电商消费者购买意愿影响因素调查

您好！

　　感谢您在百忙之中填写问卷，请根据您的真实体验与感受如实填写。本问卷采用匿名形式，所有数据仅供学术研究，我们将严格保密您的信息，请放心作答。谢谢您的参与，祝您万事如意！

1	鞋子的版型很好看，质量轻，穿着很舒服，细节设计蛮好的。卖家是顺丰发货，速度很快。网面鞋面的设计有时候会显出前脚的形状，有点小尴尬。	正面评价
2	鞋子太闷脚了。脚感差了些。闷脚可能是材质的原因，不透气，不好。	负面评价
3	鞋很好看 喜欢 穿上也挺舒服哒 快递速度也是超快 超级快。	正面评价

		续表
4	鞋子真的比 roshe one 舒服,很贴脚,重点是鞋底软,很轻,穿起来一点都不累。	正面评价
5	鞋底硬邦邦的,跟想象中还是有些差距。	负面评价
6	还可以吧就是感觉不怎值这个价,味很大。	负面评价

第一部分

针对上述产品的正负面评论信息,请根据您网购商品时接触到的负面评论信息经历来作答:

1—>完全不同意,2—>不同意,3—>部分不同意,4—>不确定,5—>部分同意,6—>同意,7—>完全同意

	1—>完全不同意	2—>不同意	3—>部分不同意	4—>不确定	5—>部分同意	6—>同意	7—>完全同意
1 您对产品的负面评论信息在情感倾向方面的评判:(1—>完全不同意,7—>完全同意)							
1)具有消极情感倾向的负面口碑信息使网络用户对产品印象更差							
2)带有负向情感色彩的负面口碑信息描述的产品质量更不可信							
3)负面口碑信息中如果有谩骂语言会使我对产品感知价值更差							
2 您对产品的负面口碑信息在时效性方面的评判:(1—>完全不同意,7—>完全同意)							
4)口碑评论列表中负面评价的日期越近越不会买							
5)口碑评论列表中负面评价越靠前我越易认为产品质量差							

续表

	1—>完全不同意	2—>不同意	3—>部分不同意	4—>不确定	5—>部分同意	6—>同意	7—>完全同意
6)产品口碑信息中负面评论越集中越容易让我觉得产品质量不可信							
3 您对产品的负面口碑信息在专业性方面的评判：(1—>完全不同意，7—>完全同意)							
7)可以感觉出评论发布者是具有丰富网购经验的人							
8)大部分负面评论表述清楚、描述客观全面							
9)可以感觉出大部分负面评论有明确充分的拒绝理由							
4 您对产品的负面口碑信息在不确定性方面的评判：(1—>完全不同意，7—>完全同意)							
10)口碑评论信息让我常常不能判断商品的真实质量水平							
11)常常看过口碑评论信息后我无法肯定商品实物是否与自己期望一致							
12)我很难通过口碑评论信息确定商品的风格是否适合自己							
5 您对产品的负面口碑信息在有用性方面的评判：(1—>完全不同意，7—>完全同意)							
13)产品的负面评论对我网上挑选产品是很有用处的							
14)产品评论中的负面评论使我对产品的了解和挑选过程更加深入							
15)负面评论提升了我挑选产品的效率							
6 您对产品的负面评论信息在风险方面的评判：(1—>完全不同意，7—>完全同意)							
16)担心该商品的信息存在虚假性，不可信							

231

续表

	1—>完全不同意	2—>不同意	3—>部分不同意	4—>不确定	5—>部分同意	6—>同意	7—>完全同意
17) 担心该网上商店可能会做出诱导消费者的行为							
18) 担心该产品或服务的质量、售后和退换货不能保证							
19) 担心产品性能各方面无法达到满意							
7　您对该产品的购买意愿：(1—>完全不同意，7—>完全同意)							
20) 如果自己打算买该类产品，会考虑买这一款和在这家网店购买							
21) 愿意向朋友推荐同款产品和这家网店							
22) 如果产品体验好我可能会再次购买							
8　您对该产品的是否有需求：(1—>完全不同意，7—>完全同意)							
23) 我对该类产品非常感兴趣							
24) 我对该类产品生活需求性很大							
25) 我常常购买同款型产品							

第二部分

9. 您的性别

　　A. 男　　　　B. 女

10. 您的年龄

　　A. 18 岁以下　　B. 8~23 岁　　C. 24~29 岁　　D. 30~34 岁

　　E. 35 岁以上

11. 您的最高学历

　　A. 大专　　　B. 本科　　　C. 硕士　　　D. 博士及以上

12. 您的职业

A. 学生 B. 教师 C. 医生 D. 企业员工

E. 事业单位公务员 F. 其他

13. 您的网购年龄

A. 一年以下 B. 一年以上三年以下 C. 三年以上

14. 您是否给过差评

A. 是 B. 否

附录2　八爪鱼采集器爬取评论与商家反馈结果示例（归置 Excel 表）

买家	颜色	鞋码	评论	商家反馈	时间
s***8（匿名）	颜色分类：A742887014金兩	尺码：41	躺了右脚鞋面有一点点磨破，解释：您好，感谢选购骆驼		03.10
w***7（匿名）	颜色分类：A742887014咖啡	尺码：39	照片上看颜色还可以，收到 解释：您好！我们的每款产		03.10
石***3（匿名）	颜色分类：A742887014金兩	尺码：42	初次评价：02.15 不错，很合我心意。		买了一个月才拆开，发现大了要换货，联系卖家同意给换，售后4ब部
1***s（匿名）	颜色分类：A742887014	尺码：41	初次评价：02.27		
追***晶（匿名）	颜色分类：A742887014	尺码：41	宝贝很棒，喜欢。 袋是有点 解释：亲，为您排忧解难是		收货23天后追加：03.07 鞋码超级大，要比平常大两个码，这款鞋穿41的还是
乾***4（匿名）	颜色分类：A742887014	尺码：43	鞋子质量很好没有色差 正 解释：亲，为您排忧解难是		收货23天后追加：03.02 老公平时穿42的
一***旬（匿名）	颜色分类：A642129104	尺码：38	鞋子我可也穿了一阵，解释：亲，感谢亲亲对骆驼		03.02
s***u（匿名）	颜色分类：A742887014	尺码：41	售后小姐姐服务不错（3号）解释：亲，为您排忧解难是		03.01
阿***9（匿名）	颜色分类：A642129104	尺码：41	初次评价：01.13		收货63天后追加：03.01 挺好的，这种鞋买大的话嘛，质量很好解释：一双新鞋与脚，剪刀以后还穿发现
笨***5（匿名）	颜色分类：A742887014	尺码：44	初次评价：03.03		收货17天后追加：03.01 鞋子号大的问题，按照详情介绍，买了正常号的鞋
倍***霜（匿名）	颜色分类：A742887014	尺码：42	偏大一码，颜色比图片浅，解释：您好！因每个人的脚 这款鞋有码数，鞋子有点偏解释：您好！因为有您的支持，我		03.01 02.25
港***宗（匿名）	颜色分类：A742887014	尺码：44	挺好的，穿着舒服，用着很 快递退货鞋子也很好 穿起解释：因为有您的支持，我		02.24
港***8（匿名）	颜色分类：A742887014	尺码：44	舅舅根喜欢，我也宽得穿着 解释：非常感谢您对骆驼的支持		02.26
棉***强（匿名）	颜色分类：A742887014	尺码：43	东西很好不过鞋子有大做，解释：感谢亲对骆驼品牌的		02.22
童***o（匿名）	颜色分类：A742887014	尺码：43	记得要实体隐样不太容易踩解释：感谢亲对骆驼品牌的		03.05
1***i（匿名）	颜色分类：A742887014	尺码：43	质量不错，样式也很大气，解释：一双新鞋与脚，就像一对恋		02.20
紫***阳（匿名）	颜色分类：A742887014	尺码：41	真的太棒了，无论激过这是解释：感谢您对骆驼品牌的		02.21
李***阳（匿名）	颜色分类：A742887014	尺码：41	暂人脚运动鞋43，这款微子		01.29
w***n（匿名）	颜色分类：A742887014	尺码：44			01.31
新***3（匿名）	颜色分类：A742887014	尺码：40	鞋子质量还行，穿的会变大		02.13
q***5（匿名）	颜色分类：A742887014	尺码：42	哈哈，亲的的也是小骆驼 解释：因为有您的支持，我		01.30 02.20
m***o（匿名）	颜色分类：A742887014	尺码：39	鞋码，宝贝我买的，还是根稻码，解释：感谢您的		02.22

附录3　研究内容四的调查问卷

您好！

　　感谢您在百忙之中填写问卷，请根据您的真实体验与感受如实填写。假如您非常需求一双运动鞋，请根据运动鞋下的评论做出评判，本问卷采用匿名形式，所有数据仅供学术研究，我们将严格保密您的信息，请放心作答。谢谢您的参与，祝您万事如意！

某款运动鞋
商品评价
正面评价1. 鞋子版型不错，质量比较轻，颜色正
正面评价2. 鞋子很好看，客服服务很耐心
负面评价3. 鞋子脚踝处不平，有凸起，穿起来磨脚（产品质量类负面评论）
商家反馈（道歉）：
您好，非常感谢您的批评，给您造成的困扰我们深表歉意！感谢您的光临！期待下次能为您提供更优质的服务！
正面评价4. 鞋型很棒，送了袜子

　　通过以上商品评论您对店家与商品的信任评判：

1. 您对商家的能力信任评判：

1) 我相信该商家提供的商品或服务具有很高质量

　　　完全不同意□　　不同意□　　部分不同意□　　不确定□

　　　部分同意　□　　同意　□　　完全同意　□

2) 我相信该商家具有能力支持安全可靠交易

　　　完全不同意□　　不同意□　　部分不同意□　　不确定□

　　　部分同意　□　　同意　□　　完全同意　□

3）我相信该商家可以提供高效率的在线交易服务

　　完全不同意□　　不同意□　　部分不同意□　　不确定□

　　部分同意　□　　同意　□　　完全同意　□

2. 您对商家的诚信信任评判：

1）我相信商家对待消费者是诚实的

　　完全不同意□　　不同意□　　部分不同意□　　不确定□

　　部分同意　□　　同意　□　　完全同意　□

2）我感觉商家提供的商品信息是真实的

　　完全不同意□　　不同意□　　部分不同意□　　不确定□

　　部分同意　□　　同意　□　　完全同意　□

3）我相信商家会履行与消费者间的协议

　　完全不同意□　　不同意□　　部分不同意□　　不确定□

　　部分同意　□　　同意　□　　完全同意　□

3. 您对商家的善意信任评判：

1）我感觉商家不会因自己利益而损害消费者利益

　　完全不同意□　　不同意□　　部分不同意□　　不确定□

　　部分同意　□　　同意　□　　完全同意　□

2）我相信商家会将顾客利益至上

　　完全不同意□　　不同意□　　部分不同意□　　不确定□

　　部分同意　□　　同意　□　　完全同意　□

3）我感觉商家会尽力解决消费者购物中遇到的问题

　　完全不同意□　　不同意□　　部分不同意□　　不确定□

　　部分同意　□　　同意　□　　完全同意　□

4. 您对该商家的购买意愿评判：

1）我会考虑买这一款和在这家网店购买

　　完全不同意□　　不同意□　　部分不同意□　　不确定□

　　部分同意　□　　同意　□　　完全同意　□

2）我愿意向朋友推荐这一款产品和这家网店

完全不同意□　　　不同意□　　　部分不同意□　　　不确定□

部分同意　□　　　同意　□　　　完全同意　□

3) 我计划不久后会买该产品

完全不同意□　　　不同意□　　　部分不同意□　　　不确定□

部分同意　□　　　同意　□　　　完全同意　□

附录4 研究内容五的调查问卷

对于本书研究内容五的调查问卷,为了模拟真实网购情景,我们开发出模拟电商购物网站平台,并将网站链接发与调查对象,实验调查对象可以用手机直接操作实现,具体步骤截图如下:

在线负面评论下商家反馈对信任变化影响调查

您好!

感谢您在百忙之中填写问卷,请根据您的真实体验与感受如实填写。本问卷采用匿名形式,所有数据仅供学术研究,我们将严格保密您的信息,请放心作答。谢谢您的参与,祝您万事如意!

调查问卷

假如您要在网上购买一双运动鞋,有以下几款商品供选择。请分别点击每款商品的链接,根据其下的评论,并完成相应问卷。

(每款商品都有对应的问卷,只有完成了所有问卷才能提交。)

- 01——A款
- 02——B款
- 03——C款
- 04——D款
- 05——E款
- 06——F款
- 07——G款
- 08——H款

模拟电商购物网站

第一步：初始信任测量——

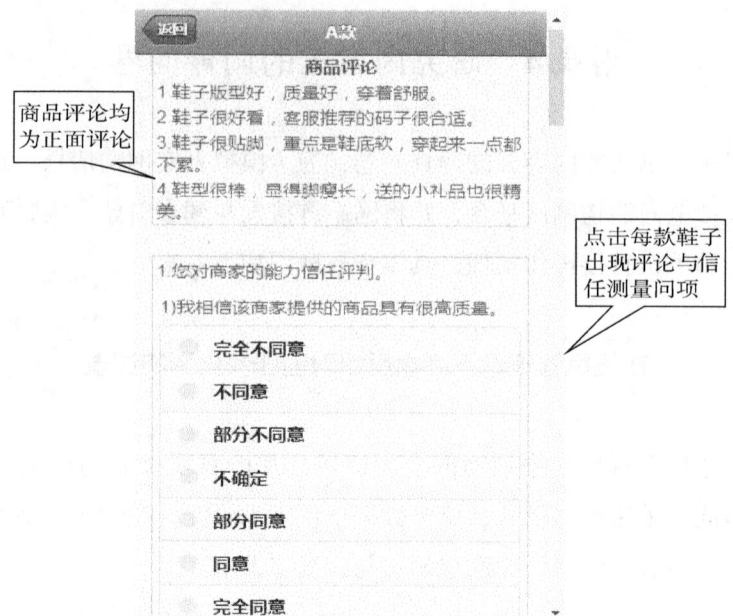

第二步：负面评论产生后受损信任测量——

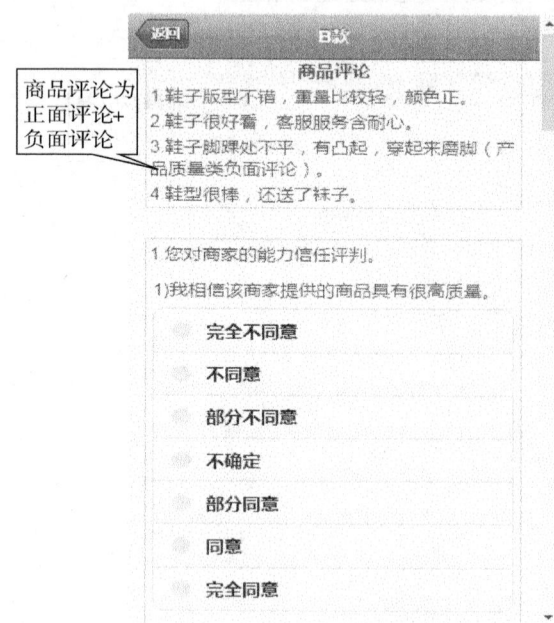

第三步：商家反馈后修复信任测量——

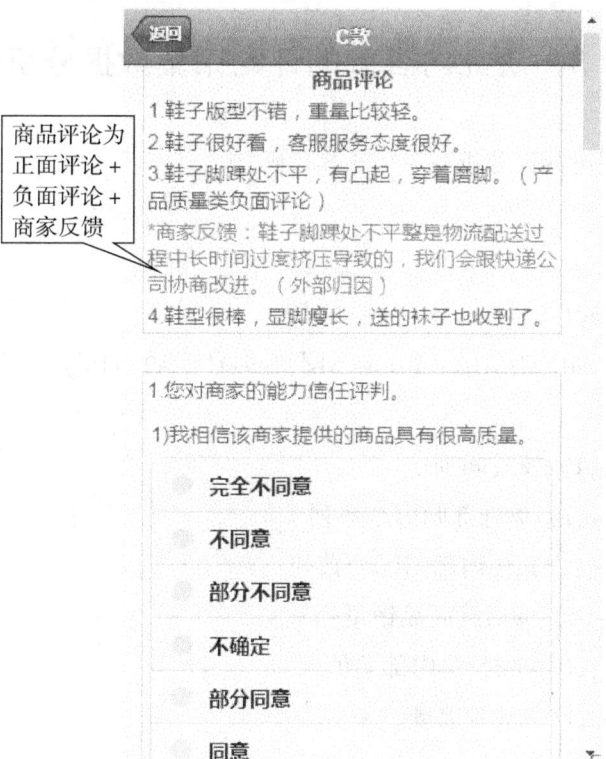

附录5　研究内容五的评论采集数据分析代码

采集评论数据分析——Matlab 代码

```matlab
clear;
clc;
%a=load('C:\Data\Kekong.xls');
A=xlsread('C:\Data\Waibu.xls','Sheet1','A2:F15');%读取Excel文件数据
t=A(:,1);%时间列
K=A(:,2);%外部归因个数列
NK=A(:,3);%内部归因个数列
y=A(:,4);%后续商品销量列
H=A(:,6);%外部-内部差值列
subplot 211%图1-销量
plot(t,y,'.-')
set(gca,'XTick',3.00:0.02:3.16);
xlabel t; ylabel y
subplot 212%求导-差值
mthd = 'cubic';%差值方法
dt = 0.000001;
dy = arrayfun(@(X)diff(interp1(t,y,X+[-0.1 0.1]*dt/100,mthd,'extrap'))/dt,t);
plot(t,dy,'.-')
%grid on
xlabel t;ylabel dy/dt
set(gca,'XTick',[3:0.02:3.16]);
```

```
set(gca,'YLim',[-8 8]);%轴的数据显示范围
set(gca,'YTick',[-8:2:8]);%设置要显示坐标刻度
%set(y1,'Marker','.','Color',[1 0 0]);
%set(H1,'Marker','.','Color',[0 1 0]);
hold on
plot(t,H,'*-')
hold off
```